說演故事在閱讀教學上的應用

林秀娟　著

C O N T E N T

表　次

圖　次

第一章　緒論

第一節　研究動機與研究問題

　　我是一位媽媽也是一位老師，處於這樣身分的人都知道唸故事給孩子聽有多重要！也因此，床邊故事就成了親子間每晚的溫馨時刻；有些故事書唸完一遍就未曾再唸第二遍，有些故事書是說了一遍又一遍……這本繪本到底該說幾次全憑兒子作主，這個溫馨時刻他是主角，也因此我漸漸了解孩子喜歡的類型書籍。及至兒子唸大班我仍未教他識字，但是母子兩人卻很快樂的玩味著繪本中的句子；有時模擬故事中的主角說話的口吻、神情、動作；有時運用神情輪流接力說故事；有時甚至演起戲來了。2003 年屏東縣舉辦幼兒說故事比賽，我鼓勵他為自己的幼稚園時期參加一次比賽，留下一個美好的回憶，他也很爽快的答應了。選定的故事是床邊故事互動最多的《明鑼移山》，我還在擔心他無法記住故事的內容，想不到他已在那兒學著故事中的智者吞雲吐霧，並且告訴明鑼（爸爸飾）移山之計。這一次的得獎給兒子一個大大的正增強，繪本的魅力在他心中開啟了花朵。

　　一個很偶然的機會裡，兒子和同事的孩子窩在教室角落旁，聽著幼福出版社有聲書《西遊記》，這樣的情景發生了數次後，我了解兒子大概已經「移情別戀」了！我和他在網路上一起挑選他喜歡的故事。當有聲書寄來的那一刻，他喜悅不已。在每天例行性的家事忙完之後，總見兒子趴在音響前聽個不停，每次催促他上床都欲罷不能。有一天，他突然心血來潮說要演一場「孫悟空智鬥雙妖」讓我和先生觀賞。我除了訝異之外，還很想知道這個國字不識半個的幼稚園大班生如何演戲、如何說

臺詞……看他將臥房中的枕頭、被單等拿來當道具；不僅一人飾演四個角色，旁白、對話、走位，在我看來雖然有些粗糙，不過能如此自得其樂而且還有模有樣，對故事的領悟必定下過一番心力。這一段維妙維肖的模仿影片成了兒子的最佳回憶。

　　進入小一我每天固定陪他拼音十分鐘、閱讀二十分鐘，選定的書籍是光復書局小寶貝系列（三）。從陪他唸拼音、唸語詞、唸句子，有時句子太多則玩一些小遊戲，讓他藉由玩忘記拼音的辛苦。從一頁一行再慢慢進入一頁兩行……結合學校推動的閱讀活動——紀錄閱讀心得每完成五十本就給予一百元的禮卷，再加一份爸爸給的玩具。在此強力的誘因獎勵之下，不知不覺中他已寫了一百五十本的閱讀存摺紀錄，也養成了閱讀的習慣。小二那年，兒子正準備要參加全國體操比賽。教練在他放學後展開嚴密的訓練，每天大約練習到晚上八點左右再拖著疲憊的身子回家吃飯、洗澡、寫功課，一切就緒後約莫十一點鐘了。我催促他：「趕快睡覺！不要看書了，你還不累呀！」沒想到他卻回過頭來說：「看到書，我就不累了！」這頗讓我動容！暗中慶幸他已經懂得享受閱讀的樂趣了！

　　現在有愈來愈多的教師透過辦理活動（如：相聲、戲劇等）的方式，來引導學生閱讀各類書籍，我認為這是一種好現象，可作為教師教學實務參考，不僅從中提高學生學習的興趣，相較於以往純背誦的方式，更有助於強化記憶力。許多閱讀活動，邀請大人為孩子朗讀故事、說演故事培養共讀的樂趣。這些活動都是希望提升閱讀的品質，培養兒童帶得走的能力——閱讀。當學校積極推動各個階段的閱讀計畫時，我比較擔心的是，倘若無法與課程安排相互結合，這些計畫恐怕只能淪為「美麗的口號」，因為在正常課程之外，往往沒有太多的時間可進行閱讀活動。

　　過去香港教師用閱讀報告來評量學生的閱讀能力，學生一學期要讀三十本書。現在的教法完全不同，學生改做閱讀檔案，可以藉由演戲、

編廣播劇、即興劇、辯論等活動的方式來表現閱讀成果。此外，香港學校規定每天第一節課是「閱讀課」，除了閱讀之外什麼也不教，讓師生專心閱讀。香港政府也大刀闊斧改善學校的閱讀環境。現在香港每一個學校都有圖書館，並且在走廊、運動場、福利社都設有書，甚至洗手間也擺著書，讓學生隨時接觸到書籍。根據 2007 年最新公布的「國際閱讀素養調查」（Progress in International Reading Literacy Study，簡稱 PIRLS），在全球四十五個國家地區中，臺灣小學四年級學生的閱讀能力僅得第二十二名，遠遠落後其他國家。但是同為繁體中文教育的香港卻大幅躍升為全球第二，成績耀眼。更糟的是，臺灣學生每天看課外讀物的比例只有 24%，排名全球倒數第一，遠遠低於 40%的國際平均值。（天下雜誌教育基金會策劃‧編著，2008：12）究竟臺灣的閱讀環境出了什麼問題？臺灣閱讀運動的下一步又該如何做？

　　天下雜誌創辦人殷允芃帶著幾位同仁去臺東，參觀學校聯合舉辦的閱讀成果發表會時，從活動中看見了孩子的自信與尊嚴。兒童劇表演過後幾天，到臺東初來國小拜訪老師。在教室裡，殷允芃不經意地翻閱著一本本裡面登記著學生借閱的紀錄，其中有個學生叫念慈的兩個月之內借了三十二本書，她問到念慈住的地方便前往尋找。念慈是個隔代教養的孩子，跟他的祖母住在一起。當殷允芃去尋找她時，她正在河邊洗衣服。「我們看到了念慈，她給我們一些啟發，一個很窮困的家庭裡，因為閱讀可以讓她們看見世界，可以有些想像，可以走出來。」（天下雜誌教育基金會策劃‧編著，2008：148）而念慈正是這兒童劇裡的主角。柯華威認為，臺灣學生閱讀是為功課而非興趣，缺少獨自閱讀時間是關鍵原因。臺灣學生每天「為興趣而閱讀」的比例，低於國際平均，學生對閱讀時間並未特別珍惜。此外，她還建議老師應該多閱讀學生的作品，加強上課熱情與「說故事」技巧，才能吸引學生閱讀。（同上，15）

　　教師增加學生閱讀的策略很多，有說故事、畫故事、寫故事、演故事……這些都是可以強化學生閱讀興趣的活動；但倘若要提升學生閱讀

理解，說、演閱讀內容則是少不了的。學生能將所閱讀文章轉述他人，
又要讓人聽得懂，這些除了要說的有技巧之外，也要了解文章中的關鍵
語言。而這究竟該如何指導，也依老師個人的專長、興趣而定。(鄭麗玉，
2002：75) 從以上的例子可看出，閱讀提升的趨勢已從純粹的靜態閱讀，
轉至多元化、活動式的閱讀。相對的，把這種趨勢具體化為研究的使命，
希望有朝一日能因「理論引導有功」而看到有優秀的多元化、活動式閱
讀風氣的形成，也就成了我研究相關課題的一大動力。至於所要解決的
問題，則在於如何在閱讀教學中應用現今正流行的說、演故事方式來確
保成效，及其所可以開展的面向。這是從我的「研究動機」所帶出來的
「研究問題」，必然要由我自己去面對。

第二節　研究目的與研究方法

　　既然研究問題是這樣，那麼試著加以解決就是研究目的的所在。而
它無非是要建構一套可以用來說明閱讀教學藉由說演故事方式可激發學
生閱讀興趣和提升學生閱讀能力的理論體系。在九年一貫課程中，我們
都希望學生得到的是帶得走的能力，而「說」的技巧更是學生與人溝通
的媒介，而「演」的實踐則不啻為學生強化能力與自信的開端；從說與
演中拓展閱讀活動，讓學生對文本再次的詮釋；在反覆的練習中增加學
生的語感能力，並從與人互動中去了解合作的重要，期望藉由故事的情
節柔化他的心靈，而仔細想想每一個環節都在激起學生的閱讀興趣，這
才是一切閱讀活動的根本。而我正準備要提供個人對讀者劇場、故事劇
場、室內劇場、相聲、偶戲、舞臺劇等應用在閱讀教學上的構想，為有
興趣在此區塊從事教學活動的教師參考。
　　本研究屬於理論建構，而理論建構的規律在周慶華《語文研究法》
一書則有敘及：

理論建構，講究創新。大致上從概念的設定開始，經由命題的建立到命題的演繹及其相關條件的配置等程序而完成一套具體系且有創意的論說。（周慶華，2004a：329）

根據這點，本研究要建構的理論，必須先將所涉及的面向一一列出加以設定在研究閱讀教學的意涵上涉及故事、說演故事、閱讀教學之間的關係，這樣形成了概念一：故事、說演故事、閱讀教學。

此概念一形成後，閱讀教學還涉及到有關即興表演的部分，希望藉由不同的文本能讓學生產生新知及同理心，藉由演的表現深化美感及昇華道德。這便形成了概念二：讀者劇場、故事劇場、室內劇場、相聲、偶戲、舞臺劇。

此概念二都是關係較正式的場合，學生倘若能在其中樂於表現，那麼在概念三即興演部分學生就可以充分發揮了。因此概念三：表演、比賽、讀書會、家庭聚會、其他場合。

概念一、概念二與概念三都設定後，接著要建立命題以確認所要發展的觀點。我所建立的命題有三：閱讀教學與說演故事結合是可以開啟的新紀元（命題一）；藉由說故事可以提升學生閱讀的興趣，說故事在閱讀教學上可以採用讀者劇場或故事劇場或室內劇場（命題二）；說而優則演，演故事在閱讀教學上可以採用相聲或偶戲或舞臺劇（命題三）。依據先前的論述，說與演其實是相輔相成的，如何能將所閱讀的文本潤飾後說出、演出推廣於不同場合，就成了我的研究目的所在（演繹）。

茲將「概念設定」、「命題建立」及「命題演繹」的發展進程圖示如下：

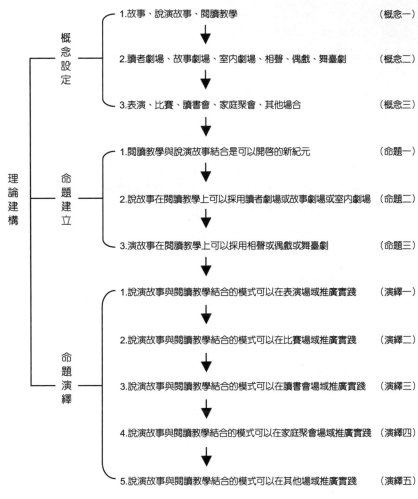

圖 1-2-1　說演故事在閱讀教學上應用的理論建構示意圖

　　理論架構清楚明白後，將在後面各章節中逐步析理印證。研究的成果首先期望能透過實踐「直接」回饋給學生，讓學生產生喜愛閱讀、主動閱讀、獨立閱讀，發現閱讀的樂趣。其次希望能回饋給教學者，免除演戲帶來的負面影響，讓教師們有一個參考性的方案。最後盼望能回饋

給社會大眾，畢竟欣賞演出是人的本能而傳達藝術的訊息是每一位新時代教育工作者的職責，但願大家經由教學品質的提升、深化美感經驗，促成優質社會風氣的實現。

　　本研究理論架構的鋪陳，是為了藉由說演的方式來探討閱讀教學的諸多現象。而研究中涉及有關經驗的整理，還有賴於各種相應的方法，包括現象主義方法、敘事學方法、心理學方法以及社會學方法等。現象主義方法，是指探討所經驗的語文現象的方法。（周慶華，2004a：94-95）在本研究中的第二章文獻探討裡，將現有關於故事、說演故事、閱讀教學的實施及各種劇場的表現形式等論述，就個人的經驗所及作個探究。從另一個角度看，都僅能就我所意識的、所經驗到的才能加以檢視，所以將在文獻中去探究說演故事被討論的情況。

　　第三章提及說演故事的定義、類型、目的與方法等。當中故事經由「敘述」而產生，而敘述是指處理時間序列裡的一系列事件。凡是故事形式的考慮、故事技巧的選用和故事風格的形塑等，都要在「敘述」名下得著定位。所謂敘事學方法就是從「有關事件的敘述所會涉及的成分或要素（包括敘述主體、敘述客體、敘述文體、敘述者、敘述話語、敘述接受者及敘述觀點、敘述方法、敘述結構等），不論它在相關論述裡是否都被『全備式』的討論，都得綜合取來充當對敘述的認知基礎，以便藉為構設一種擬似新的敘述理論」所形塑出來的。（周慶華，2002：99-104）而所要處裡的課題既然大多關聯到故事，那麼藉助敘事學方法也就是理所當然的事。

　　第四章要探討閱讀教學的課題，會運用到心理學方法。所謂「心理學方法，在這裡是特指研究語文現象或以語文形式存在的事物所內蘊的心理因素的方法……而該方法所蘊含的語文現象或以語文形式存在的事物，無從脫離心理機制而自行存在。」（周慶華，2004a：80-86）此外「心理學中的『觀察法』是指在自然條件下，對一個人的行動、言說、表情、動作、等進行有目的、有系統的觀察，了解他心理活動的方法。」以上

兩種方法都將納入本研究，來觀察學生。此外，並搭配吳英長《學思集（一）——兒童文學與閱讀教學》一書中提到的「兒童從小的生活經驗以及聽取的故事都會在他心中形成一個故事基架。兒童故事的發展由兩歲開始、五、六歲為分水嶺直到十歲才趨向完成。這基架的順序是：先找單一情節，然後將單一情節擴展到複雜情節。也因此當兒童遇到事情時，他就會在內心取材適合他處理問題的方式」（吳英長，2007：38）作為考量學生閱讀教材的準則：

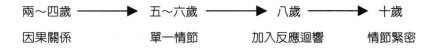

圖 1-2-2　兒童故事基架圖

　　第五章說故事在閱讀教學上的應用、第六章演故事在閱讀教學上的應用、第七章相關理論建構實踐應用的場域，都得配合情境處理，所以要運用到社會學方法。所謂「社會學方法，在此專指研究語文現象或以語文形式存在的事物所內蘊的社會背景方法……它的有效性已不是靠『觀察、調查、實驗』等方式來保證，而是靠『解析』文本的功力以及從文本中萃取自己所要的證據」，「這樣的社會學已可稱之為『文本社會學』。它包含兩個層面：一是解析語文現象或以語文形式存在的事物是如何的被社會現實所促成；一是解析語文現象或以語文形式存在的事物又是如何的反應了社會現實。」（周慶華，2004a：87-89）而上述的課題在「冀其發生」的前提下，都會跟這兩個層面相呼應。

　　據周慶華在《語文研究法》一書中對所列舉的各項研究方法可知，每種研究方法都有它的侷限，無法完全顧及研究對象的每個層面。（周慶華，2004a）因此，只能儘量以各種研究方法互相搭配，以便使我的論述能夠順利進行！

第三節 研究範圍及其限制

根據上述，本研究的範圍劃定是：說演故事、閱讀教學的課題、說故事在閱讀教學上的應用、演故事在閱讀教學上的應用、相關理論建構實踐應用的場域，這些都是我所要處理的。茲將其分述如下：

說演故事：故事藉由「說」將故事裡的情節傳達到聽者耳裡，可見傳遞者所處位置的重要性。當我們說故事時，不僅是說故事裡的文字，更重要的是體會主角的經歷，再經由聲調適切地傳達出劇情曲折的變化，使一層不變的文字，活生生的呈現在聽者的心目中，且能深深影響聽者的心靈。故事另一層次的提升是加入「演」的成分，兒童自小就會玩辦家家酒遊戲，扮演對學生來說其實是已具有的能力，配合學習目標、按照兒童的能力發展、興趣和生活經驗，透過肢體伸展、語言聲音的表達等親身經歷而設計的課程，一定能深得學生的喜愛。（黃郁瑛，2005：14）

閱讀教學的課題：這裡所謂的閱讀教學題材是文字故事書，所以漫畫書就不在我的討論範圍內。文字故事書一般所指的讀者是八至十二歲左右的學生，因為這個年齡層的學生學會的字越來越多，生活領域也從家庭逐漸走向學校甚至社區，生活從單純變成多采多姿；智力、理解力和從前大有不同，故事書的選材也從單一情節轉變成複雜情節。其實，這階段的孩子更需要藉故事書來自我學習、逐漸成長，這樣的改變與學生心理發展有重大的關係。因為符合他們的發展，才能適時提供他們感興趣或必要的經驗。這年齡的學生主要發展是尋求獨立，團體的友誼及互動，是非善惡、價值觀的判斷能力，建立模仿學習的偶像及更豐富的想像力、創造力及解決問題的能力。文字故事書也有許多類型，不同的類型有不同的趣味與文學特性，因此對於這年齡的學生閱讀教學選材不得不特別重視！（林玉体，1999：37-103）

　　說故事在閱讀教學上的應用：說故事時，大聲的念給學生聽，孩子自然對字的音和形產生印象，甚至不自覺中認得不少的文字，進而激發孩子閱讀的興趣，養成閱讀的習慣。當面對的是年齡較大的學生時，老師不妨將其中精采的部分唸給全班聽，鼓勵學生自己去閱讀，再跟學生討論故事的內容，引導學生提出自己的看法或讓學生去預測故事內容，讓他們多方想像也是不錯的作法。（同上，1999：105-133）

　　演故事在閱讀教學上的應用：演的形式多樣化，黃郁瑛表示：她和一位朋友聊到小時候的學習經驗，問她還記不記得小時候學華文時讀過的課文，對方想了想說都忘光了，只記得學過孟母三遷的故事。再問她為何仍記得，她說：「當時老師讓我們用演的，大家分組，從劇本到演出，每個人都很投入，絞緊腦汁想辦法演出各種不同的版本，現代版的、古代版的、連超時空版的都出現，大家玩得很高興。我還記得我演的是孟母……」聽到朋友那一次的經驗，再次印證，當戲劇元素適切的融入學習活動，特別是語言的學習，不但可以將抽象的文字變成能感動的具體經驗，把學習的內容記得更清楚。尤其透過「扮演」了解文學作品的背後深層意義，不僅對語文學習有莫大的助益，還可以在戲劇虛擬的情境中發揮更多的創意。（黃郁瑛，2005：14）

　　相關理論建構實踐應用的場域：表演、比賽、讀書會、家庭聚會及其他場合的應用。表演──學生許多人都玩過角色扮演的遊戲，表演是活絡閱讀教學的形式，應該是一種隨著學生的感覺走，不應過分強調制式的教條，以免毀了學生的興致。比賽──談到比賽就不得講到技巧，比賽者的膽識、說得一口標準的國語、選材的內容、外型的討喜等，都是指導者所要注意的。讀書會──透過群體的閱讀正式思考型的討論，讓學生閱讀的面向不再是平面，多角度的思考讓學生更深入而細心的思考文本裡的深奧秘密。家庭聚會──客廳就是舞臺，故事的呈現的方式從聽到演或者操作布偶，都以親子間能互相參與為主，甚至鼓勵自己的孩子能利用肢體語言表達故事的情節，進而促進家庭中和諧的氣

氛。其他場合——不在上述那些場域範圍內的都算，可以隨需要而隨時
發揮。

　　至於本研究的限制，由於坊間的兒童書籍相當多，依據前引吳英長
的說法，兒童從小的生活經驗以及聽取的故事都會在他心中建立一個故
事基架。（詳見前節）因此，我們選定的閱讀教材以符合兒童發展為主，
如寓言、傳說、童話、故事、傳記、少年小說等，這也是我要舉為試煉
取證的。對於戲劇裡的成人劇因為劇情不斷複雜化，不太符合學生的心
理發展，所以將它排除於非本研究的範圍外。此外，本研究僅能就中文
及翻譯文本進行討論印證，無法詳為列舉其他並廣作發揮；相關的實務
探討，還有待本理論建構後另行展望。

第二章　文獻探討

第一節　故事

　　故事是本論述的重要研究對象，因此針對說演故事在閱讀教學上的應用，先將「故事」可能涉及到的幾個問題，在本節中依定義、功能、分類方式等加以說明；並搭配相關文獻的檢視，希冀對它有多一點的掌握。

　　故事是所有敘事性文體的「共構」；「故事」的意義，原指「過去的事蹟」。司馬遷在《史記・太史公自序》裡說：「余所謂述故事，整齊其世傳，非所謂作也。」（司馬遷，1979：3299-3300）他所敘述的故事，體裁或資料來自於「世傳」。而所謂「世傳」，它包括了歷代的神話、傳說、民間故事、掌故、軼事及名人的生平事蹟，以及社會上廣被傳頌的風俗民情事件；司馬遷只是根據既有的資料加以「整齊」──剪裁整理，然後筆「述」下來而已，所以說是「述」故事。著名的《格林童話》，也是兩位德國兄弟雅各・格林（Jacob G rimm）與威廉・格林（Withelm G rimm）根據當時德國流傳的民間故事，以文字「忠實地敘述，並不加油添醋」而成的。雖然格林兄弟稱為「童話」，但是題材卻是由當時流傳於民間的故事蒐集、筆述而來的；格林兄弟僅就故事的某些細節給予必要的潤飾，但對故事本身卻未變更竄改。（林文寶等，1996：165-166）

　　中國的司馬遷及西方的格林兄弟，他們對於故事的認知及整理的態度，純粹是站在尊重題材或忠實於資料的立場，他們的謹慎態度，無形中對「故事」的意義也設下了嚴格的限制；無疑的，這也對故事作了「狹義」的認定。在西方也有對故事有不同見解的，英國小說家佛斯特（Edwad Morgan Forster）為「故事」下的定義是：故事是一些依時間順序排列的

事件的敘述（故事與情節不同：故事可以是情節的基礎，但情節則是一種較高級的結合體）。（李文彬譯，1993：25）

　　畢業於西點軍校的哈門（Kendall Haven）因緣際會下成為美國專業的說書人，以他近二十年的說故事經驗將「故事」作了以下的論述：故事是組織性語言裡最核心的一塊，我們用故事保存歷史、傳達價值觀與信仰；我們用故事組織自己的想法、描述身處的時代；我們用故事賣香皂、贏得選戰。在老師教授的語文藝術中，故事也是最普遍且最基礎的語言元素。他對故事的定義及其特點分析如下：故事就是一段圍繞著C,C,S,&G 四個核心要素建構而成的豐富而詳盡的敘述：

(一) 角色（Characters）：角色是所有故事中最重要的組織元素。因為故事是發生在角色身上，角色是驅動故事的力量。角色是故事中做動作、產生衝突、奮鬥的人。角色是每個故事元素與事件的核心。沒有角色，其他元素就是沒有意義，彼此也不再相關。

(二) 衝突（Conflicts）：故事發生在角色身上，衝突便是角色所面臨的問題與弱點創造出來的。衝突越激烈、越危險越好。有衝突就有對立。這對手可能是外在的也可能是內在的；可能是生物，也可能是自然力。讀者真正有興趣的，其實是隨著問題與弱點而來角色所面臨的風險與危機。而衝突就是角色所面對的內在弱點與外部間的總和，以及伴隨二者的風險與危機。

(三) 奮鬥（Struggles）：奮鬥指的是角色為了要克服衝突所採取的行動。沒有行動，就沒有故事。這些奮鬥的過程中有風險與危機，會發生有意義的行動，刺激與張力也在此建立。

(四) 目標（Goals）：讀者需很清楚看到衝突、奮鬥、風險和危機發生的特定原因，這些衝突、奮鬥、風險和危機對他才有意義。為了達到目標，角色必須面對風險、危機與衝突，並且承擔一切。（鄭鳳珠譯，2005）

　　上述兩位西方人對故事的定義就不只是「述」故事而已，而是以主角所面臨相關的生活事件依時間順序排列而成的。這樣的呈現方式更貼

近讀者的生活經驗，讓讀者對於故事更想知道接下來主角將會如何化險為夷，這便是故事的魅力所在。

就敘事理論來說，故事是由一系列事件構成的。用理論化的語言，事件就是故事「從某一狀態向另一狀態的轉化」。在這裡轉化一詞強調了事件必須是一個過程，一種變化；如果換用比較通俗的話來說，在故事中事件就是行動。至於該事件的「生成」，則不論是「寫實」或「虛構」，也不論是否有因果關係，故事都是所有敘事性文體的「共構」。（周慶華，2002：9-14）

此外，現代諸多學者對故事也下了不同的定義：在《吳英長學思集（一）兒童文學與閱讀教學》中提及文學作品的「故事」特指經由三元素組成，也就是大家耳熟能詳的（一）人物：泛指各種角色，且主角最好只有一個。（二）情節：稱為事情的開始、發展和結束的順序組合，若要使故事更加精采還得加入衝突的張力和解決問題的技巧。此外，故事若能有重複的情節，最能達到學生共鳴的高潮。（三）步度：指故事中事情的進行速度。一般學生較耐不住性子，在兒童讀物中情節的節奏稍微快些，較符合兒童的心理發展。以上三元素組成後「把許多事情排列起來用一定的次序，先提出衝突，然後敘述解決衝突的過程，最後交代解決的結果，便是故事。一般來說，教育性的兒童讀物中應免於說教，讓學生在潛移默化中學習，最後是故事需要有好的結局，以啟發學生向善的光明面。（吳英長，20007：23-33）

在謝佩芝《故事──打開兒童成長大門的金鑰匙》中提及故事的特性：（一）故事就是我們對日常生活的敘述。自人類學會說話，故事就開始流傳。每個留在記憶中的事件組合成一個細小的故事，當許多故事組合起來就會成為生活的敘事。（二）故事就是我們對日常生活的篩選。有些經驗，我們會不斷重複、長篇大論地講述；有些經歷卻輕描淡寫地描述，甚至被忽略、忘掉。原因是所有事件的建立、鋪排，都是經過一個明顯的篩選程序，然後產生範型，被記憶，被陳述。（三）故事就是我們

對日常生活的傳釋。好比有一個故事:「有人想知道三個工匠對他們自己所做工作的看法。於是問『你在做什麼?』第一個工人說:『做工。』第二個工人說:『攢點吃的。』第三個工人說:『蓋漂亮的房子。』」三種不同的演繹反映出三種截然不同的人生態度:一個為工作而工作;一個為賺錢餬口;一個為理想而工作。(四)故事可以再塑造新的經驗或加強同一個信念。如《聖經》上所說:「一句話說得好,如同一個金製的蘋果,放在一個銀製的網上,非常奪目瑰麗。」這句話正是教人要注意自己的話,話一出口,就會轉化為別人思想入口的內容。(謝佩芝,2006:31-37)

莎莉絲(JO Salas)在《即興真實人生——一人一故事劇場中的個人故事》中描述:我們從有生以來,就被故事包圍住,因此我們的生活就是故事的寫照。故事必定從一個地方開始,接著訴說事情是如何開始,然後有哪些情節發展,是驚奇或轉折,然後再結束。故事的大小可說是無限的,有一分鐘精緻的寓言故事,有維多利亞小說式的龐大情節。無論它是小而簡單或是大而糾纏,情節之間的相互連結也告訴我們這是一個故事的呈現。每一個故事都有其核心的概念,所要傳達的一個中心思想,作者都是藉著一個一個的片段來呈現。(李志強等譯,2007:13-19)

針對以上對故事的定義,讓我們更清楚故事要有人物、時空背景、情節(發生了什麼事)、解決問題歷程。也就是「從某一狀態向另一狀態的轉化」。輕鬆型的故事節奏比較鬆散,就如生活紀事一般;緊湊型的故事節奏比較嚴謹,就如一場歷險記一般。不管是輕鬆型或緊湊型,一篇有結構性的故事能讓我們沉浸在當下,有如自己就是書裡的主角,對於人物發生的事件讓我們急於想了解內容,心情也會跟著故事的情節起伏,時而歡喜、時而悲傷。因此,故事情節與步調倘若能搭配得當,該故事必能歷久彌新。

故事有其功能性,可以在社會上廣為流傳。首先,故事是一種特定的敘述結構,它有固定的風格,也有一定的特點,包括故事完結的概念。這種建構上的要求為故事創造了無與倫比的力量與魅力。故事可以把人

類的智慧和經驗傳遞下去；故事可以塑造信仰和價值；故事是學習與記憶的基礎；故事是知識的基石；故事是有效使用語言文字的典範；故事可以創造同理心，連結人性；故事教我們要去預測行動的可能後果（因果關係），因此連結了過去、現在、未來。（鄭鳳珠譯，2005：4-7）

其次，藉由故事吸引學生上課的注意力讓功能性更擴展到課堂上，而老師倘若能善加利用故事，對教學及班級經營必有更大的助益。大體上故事在這方面的功能有：（一）引發小朋友上課的興趣；（二）消除師生間的距離；（三）激發學生的想像力；（四）增加語言文字的欣賞力；（五）促進學生對社會的適應；（六）矯正兒童的異常行為。（吳英長，2007：118-120）傳統童話可以幫助兒童處理成長過程中諸多的心理問題，像自戀、戀父（母）情節、兄弟姊妹間的爭吵，對父母的依附、自我價值感以及道德責任等，甚至統整其人格。

最後，故事的結構方式可分為下列幾種：故事結構法、心智圖法、概念構圖等。這些結構法，讓讀者能更快的加以運用學習，更容易理解該文章。我們知道，故事體常繞著某一個特定主題所發生的人、事、物、時、地等背景加以敘述，以主角主要面臨的問題或衝突、解決問題的經過，以及結局和啟示，而藉由結構方式更方便串起讀者對其文章的描述和詮釋的心中構圖。（王瓊珠，2004：17-20）

綜合以上說法，當學生在閱讀故事時，故事裡的情節、衝突、化解過程及失敗經驗、成功經驗等，都在潛移默化中，藉由文字輸送長久儲存腦海。當學生在生活情境裡遇到相似的問題時，他就會在腦海中搜尋訊息以取得相關的經驗來應用。因此，故事的功能是多面向的：可傳承，可穩定民心，可提高教學效果，更可活化學生的生活能力。

至於故事的類型，眾說紛紜，茲將其整理如下：吳鼎依題材的不同，將「故事」分成十二類：

(一) 以日常生活事件為題材的，稱為「生活故事」。

(二) 以神仙幻想為題材的，稱為「神仙故事」。

(三) 以科學或自然現象為題材的，稱為「科學故事」。

(四) 以歷史人物或現實為題材的，稱為「歷史故事」。

(五) 以地理風景名勝古蹟為題材的，稱為「地理故事」。

(六) 以公共衛生或個人衛生等為題材的，稱為「衛生故事」。

(七) 以道德規範、名人嘉言懿行為題材的，稱為「道德故事」。

(八) 以民間傳說為題材的，稱為「民間故事」。

(九) 以探險為題材的，稱為「探險故事」。

(十) 以藝術為題材的，稱為「藝術故事」。

(十一) 以文學為題材的，稱為「文學故事」。

(十二) 以聖經為題材的，稱為「聖經故事」。（吳鼎，1980：257-258）

　　林文寶等人認為兒童文學的目的是透過文學來培養出一個富有創造性能，同時在理智與情感都能平衡的健全國民，也就是透過遊戲的情趣來達到智慧啟發的目的，因此判定故事、寓言、神話、童話、小說原則上不論其材料來源如何，就其本身來說都含有故事性，所以統歸為散文類。（林文寶等，1996：5-11）

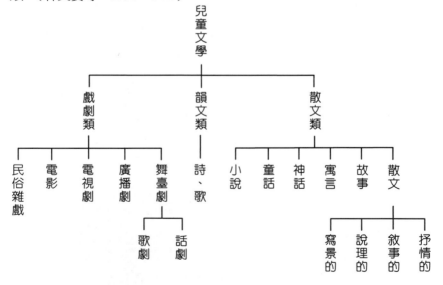

圖 2-1-1　兒童文學分類圖（資料來源：林文寶等，1996：167）

在周慶華《創造性寫作教學》中提及兒童文學是切合兒童經驗的。
雖然這在實踐和檢證上會有某種程度的困難，但依舊可以比照一般分類
學而自出一個分類系統。這個分類系統，新加入一項「童話」，而其餘則
可以從相關的次次文體類型中分化出「童謠」、「童詩」、「故事」（兒童生
活故事）、「少年小說」、「兒童戲劇」、「童話」等幾類。當中除了「童謠」
和「童詩」，其餘都含有故事體：

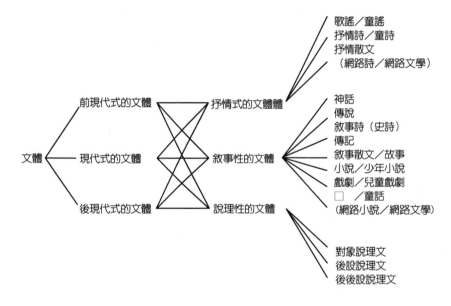

圖 2-1-2　一般文體與兒童文學文體分類圖（資料來源：周慶華，2004b：15）

將周慶華的分類方式與上述作一比較，發覺其分法是較完整的（一
般所劃分的寓言，可通於故事或童話文類而未必要單獨列出）；其中尚有
正在發展中的網路文學。網路文學雖然經由現代作家的開發而逐漸蓬
勃，但有關它的依賴電腦科技能否長存則還有爭議，以至它的「可能伸
展」到影響文體的走向部分，則不在此談論範圍。由於文體分類中，故
事是屬敘事性文體，而敘事性文體經人類的實踐已經出現前現代式的文

體、現代式的文體、後現代式的文體等，這些都得包括在內，才能說得清楚故事的「發生演變」情況。可見敘事性文體涵蓋面廣，且以不同的「故事性」為其存在的價值。（周慶華，2004b：15-21）

第二節　說演故事

在一次說故事培訓的課程中，講師提及回想一下你第一次聽故事的經驗。這讓生長在小琉球的我，因父親常年在外捕魚，母親忙著做農事，感覺對於聽故事這件事似乎很飄渺。記得小時候和奶奶一起入睡時，總是聽她說：日本人轟炸機來襲時，如何躲避的驚險歷程、看星星和月亮說著嫦娥的故事、以及在一次挑水的路程中看見觀世音菩薩顯現在天空等，不論其故事的真實性為何？現在回想起來，每天與奶奶窩在棉被裡，聽她敘述生活經驗中的林林總總，心情既驚險又好奇。原來這是我聽故事的起源呀！這口述生活故事對說者而言輕鬆又無壓力，既可傳承祖先的生活事蹟又可拉近祖孫情感。

把故事介紹給孩子，最好的方式是把它講出來，而不是讀出來。把故事「講」給孩子聽，能讓你與孩子們增加視線上的接觸；且故事聽起來比較生動活潑，能牢牢的吸引住孩子的注意力。在說故事前，老師可以特別要求孩子們注意聆聽故事中的某些部分。譬如說：「你在聽故事的時候，看看能否發現哪個人物會和你一樣，經歷這種『害怕』的感覺？」或「聽聽看，這個故事中有多少種動物？」（林玫君譯，1994：14）

幼兒期是語言發展的敏感期，這個時期只要提供足夠的語言環境，聽說能力就能迅速增長，大部分幼兒都能在這個時期發展出與他人互動的良好聽說能力。「說故事」常常是學生活動中最能吸引大部分孩子的團體活動，不管多麼調皮搗蛋的孩子，只要故事開講，大都能乖乖坐好豎起耳朵專注地聆聽。（陳淑敏，2006：43-44）而當幼兒開始聽故事時，其實也邊聽邊跟著模仿了。聽久了，也就開始說起他自編的故事了。

　　人類的語言學習同時是個人也是社會性的過程。它是個人思想與學習的媒介，因此語言不僅是我們生理與社會發展所必備的，它也是我們的家庭、社區和社會分享共同知識時所不可欠缺的。語言習得與發展就「自然」觀點，語言是與生俱來的。它根本不是學來的，小孩子只需把他們與生俱來的語言和他們居住地區所講的語言相調節，他們就有共通語言了。很多支持這種觀點的人，認為只有口說語言是與生俱來的。「養成」的觀點主要是根據行為主義而來。就行為學派的觀點，語言和其他所有事一樣，都是透過某種操作的控制學來的。環境的刺激使我們作出反應，從這種刺激與反應的過程中語言就成形了。（洪月女譯，1998：203-205）而本論述所提及的是屬於「養成」觀點的。

　　故事創作後，倘若只是直接呈現在讀者面前而為讀者所接受，那麼它只是一個傳播工具而已。如果它還要經由一個轉化的過程再現而為聽眾或觀眾所接受，那麼就會牽涉到其他的問題。這些問題，都是關係「故事的說演」。「說」是指將故事予以複述或轉述；「演」是指將故事予以表演呈現。由於說故事時會搭配著姿態、表情和動作等肢體語言，而演故事時除了肢體語言還需要相當多的「口說」來傳達，以致於「說」、「演」經常是一體呈現的。而我們所以需要這些姿態、表情、動作等肢體語言輔助，是因為有特定的傳播對象在接受影響。我們對這些對象不需要明顯的教訓條例，但是藉由說演故事的呈現依舊得有教育意義的存在。（周慶華，2002：311-324）

　　要如何才說得好，以及如何讓自己成為好的說故事者，首重的是──聲音的魔力。著名劇作家佛瑞尼克斯（Phrynichus）取材當代史實的《麥利特斯圍城記》演出時，雅典觀眾因為「目睹」麥利特斯這個文明鼎盛的希臘城市慘遭波斯攻滅，由於演出十分逼真令觀眾當場同聲哭泣。事實上，不只在歐洲，在中國古代傳統說唱藝術的鼓詞、相聲、說書當中，不也是單憑表演者聲音變化的絕活吸引觀眾？現在校園中因為多元化閱讀教學的盛行，說故事更是教師們必備的拿手絕活。這時聲音就是一種

魔力，透過此起彼落、相互唱和的方式，能同時在數十人、數百人、數千人、乃至數萬人心中造成震撼，那是多麼令人感動的一件事！（江文明，2005）

　　我們知道，說故事與閱讀息息相關。說故事可以是閱讀結果的出口，也可以是引導孩子進入閱讀的前導活動；說故事可以整合孩子聽、說、讀的能力。常聽故事的孩子，腦中累積了許多未來進入閱讀情境的能力。對於不愛看書的孩子，說故事則可以激發孩子閱讀的興趣。由於坊間對於故事的錄音帶、影片出版相當多，聽故事、看故事已是現在兒童童年的例行公事，但是大部分都只停留在「聽」、「看」之中而未能有「說」的機會。然而，光聽不說、光看不練，說得能力終究不會增強。要學生口語表達佳，則促進語言精熟度的活動是不可少的。一般說故事的活動大部分都是「家長或老師說，學生聽的模式」，這樣的模式互動性少。在學生尚未養成說故事的能力時，其實可以用故事接龍的方式；這樣的方式具有雙向對話的效果，你一句、他一句、我一句，像似在玩遊戲，更可以激發學生學習敘述性的語句，擴展語言精熟度。其實無形中鼓足了「說」的勇氣，就是跨越學習障礙的開始。在說話當中，看著同學說故事，自己無形之中膽子也壯大了；倘若能再善用一些角色扮演的遊戲、偶戲的操作，學生的學習興致就更加濃厚，也更可提高學生優質性的語言能力。（林麗英，1998：81-117）

　　說故事的方式，論者提及的很多，茲將其擇要敘述如下：有些故事適合看，有些故事適合講，故事要講得好不僅選材很重要，說故事者的技巧更不是一日可成的，要如何練就這番功夫？在吳英長的經驗分享中，談到講故事有三步驟：

步驟一、選故事：

(一) 語調有變化，用詞口語化。

(二) 情節起伏有變化，對於衝突必須有妥善安排。

(三) 故事內容富教育意義，但不流於說教式。

(四) 開始練習講故事時,選擇情節簡單一點的材料。

(五) 對於引致恐懼情緒的故事,需要作適度的修正。

(六) 選擇的故事必須吸引你自己。

步驟二、準備故事:

(一) 分析故事的內容:吸引人處、情節性質、故事氛圍。

(二) 找出故事的骨架:故事的重要事件、高潮點和結尾。

(三) 揣摩故事的氣氛和每個角色的語氣。

(四) 一再的將故事朗讀。

(五) 根據「心眼」去安排故事的背景、人物出現的順序、空間、位置及動作表現。

(六) 靠近故事的高潮點時,速度變慢、語調降低,逐漸形成一個期待,最後獲得圓滿的結局。

(七) 記住故事內容特別美好或要緊的句子。

步驟三、實地練習:

(一) 大聲唸給自己或朋友聽:注意速度快慢、高潮是否停頓、語氣的氣氛……。

(二) 利用試聽媒材錄音機、攝影機,找出講故事時的優缺點。

(三) 講時注意小朋友的表情。

　　總之,故事裡的情節語調必須有誇張的變化,人物的對話易聽易懂讓兒童便於體會情節中喜怒哀樂的情緒反應;其次情節要有變化且緊湊,所有主角遇到的困難都能獲得圓滿的解決;最後是故事內容富教育意義且不流於教條式,當然故事最先吸引的應該是你才對。(吳英長,2007:1120-125)

　　說故事活動,不僅說的人多,說故事的場域也很多。說故事可以純口述,也可以加上道具(如圖畫、器物、布偶、模型、照片、剪報等)的輔助,全看現場的需要而定。還有說故事可以是純敘述,也可以夾雜議論;但就故事的連貫性、完整性及聽眾的期待來說,議論夾雜部分仍

屬不被看好。此外,說故事可以單語(一人說),也可以多語(如相聲、接龍等);以及可以劇場性,也可以非劇場性。(周慶華,2002:327-328)其中劇場性的說故事,又可以分讀者劇場、故事劇場和室內劇場等。

　　讀者劇場,是由兩個或兩個以上的朗讀者,作戲劇、散文或詩歌的口語表現,必要時將角色性格化、敘述、各種素材作整體組合,以發展出朗讀者和觀眾一種特殊的關係為目標。它表現的方式是讓演員朗讀者,從頭到尾都在舞臺或固定的區位上,以搭配少許的身體動作、簡單的姿勢及臉部表情,朗讀出所設計的各個部分。

　　故事劇場,它比讀者劇場更為口語化,敘述者的說明是由角色所分攤。因此,劇中人物有時候會以第三者的身分,用旁白或獨白來敘述一些情況。演員往往需要穿著劇裝,當敘述時其他演員還可以表演啞劇的動作;同時可以將歌舞、音樂作搭配演出,是較具動態的一種故事敘述戲劇表演。

　　室內劇場,室內劇場是鑑於室內音樂和觀眾之間的密切關係,而將它應用到語言教學,以期藉由敘述者的敘述內容拓展人際之間的關係。它在說故事中,著重於人物行為動機的動作表現,敘述的內容必須十分完整;敘述者可融入故事內擔任某一角色,或以作者的身分以旁白對觀眾講話,演員除了對話也需要作簡單的動作。

　　以上這些方式,彼此之間固然有重疊的地方(如純口述／加上道具和純敘述／夾雜議論等,也會分別在單語／多語和劇場性／非劇場性中存在),但如果從各自的特色來說,也不妨讓它們「互為類型」。(張曉華,2003:243-265;周慶華,2002:328-329)

　　再來是演故事方面。演故事全是劇場化了,它是經由表演者在舞臺上實踐而產生的。對於舞臺與觀眾結構的結合,無非是要達到最高的戲劇效果;而可能因不同的考慮而有不同結構的方式。一般的舞臺劇有所謂「敘事性結構」和「劇場性結構」的區分。其中敘事性結構,是以各種可能方式來呈現故事。它還可以分為五個次類型:(一)純戲劇式結構;

（二）史詩式結構；（三）散文式結構；（四）詩式結構；（五）電影式結構。劇場式結構則可包含近似敘事性結構和純劇場性結構兩個層次。（周慶華，2002：329-345）

　　綜合以上說法，當書面語要轉換為口說語時，需要藉由其他的媒介物。這媒介物能使靜靜躺在那裡的故事，像沾上魔法似的呈現在觀眾面前，透過聲音、肢體、動作等更吸引觀眾的目光。因為這說與演所呈現的方式甚多，其目的最主要的無非是要吸引觀眾，讓更多人了解有這故事體裁的文本，再藉由美學方式以說演故事方式呈現；讓演說者得到心靈的解放、增加自信心，讓聽者得到共鳴，讓故事文本得以流傳。因此，說演故事在傳播上更具重要的地位，故事藉由說演能傳播的更廣更遠。

第三節　閱讀教學的課題

　　學習語文的作用是使人能有效地表情達意和溝通，而閱讀正是語文教學的重點環節。學生可藉由閱讀學習到有關語文知識，而閱讀也是學習其他學科的基本，所以閱讀能力的強弱便直接影響學生日後的學習和工作效率。加上現今資訊發達，學生必須具備一定的閱讀能力，才能使他們在校或將來進入社會都能跟得上時代。在學校教育中，閱讀佔有重要的地位，而閱讀能力是受多方因素影響。在平日的教學中，常見學生訴說「看不懂」文章的內容，或是抓不著文章的要旨。作為教師，有必要去分析學生所遇到的困難。學生面對閱讀材料時，最基本的是腦袋中必須積存一定數量的字詞，才能順利的閱讀；而透過順利的閱讀，學生才能進一步去理解內容，增長知識。也因此，閱讀主宰了孩子以後的學習能力，也決定了他的日後發展。

　　何謂閱讀？閱讀是從眼睛提供視覺刺激給大腦，大腦建構出意義，這時必須經歷四個循環：視覺、感知、語法及語意。比較有效的作法是把它們想成一個連續的歷程，一旦我們開始閱讀（接收視覺刺激），每個

循環就緊接著他前面的循環。我們馬上從閱讀的情境脈絡中建立起對意義的預期，而這預期將影響我們看文章時會去注意讀哪些部分。因此，我們閱讀有時是以一種很主觀的方式進行或是以很想讓視覺全部掃射搜尋全部文字，就全看閱讀者當時的心情。（洪月女譯，1998：161）

　　柯華崴在《閱讀動起來》中指出，臺灣學生接受 PIRLS 閱讀測驗的反應是題目怎麼會這麼長？因此對一向不習慣閱讀長篇文章的學生來說，是一種壓力也是挫折。問題就出在我們的課本普遍太短。PIRLS 閱讀測驗文章普遍是一千至一千六百個字之間，而比較同施測的四年級課本只有三百至六百字之間。推動閱讀就只能靠老師嗎？家庭是學童第一和最重要的閱讀環境，而我國的家庭教育真的有做到嗎？國際教育評估協會在新聞稿中還特別說明與四年級學生閱讀成就有最明顯關係的因素，是家庭所提供的閱讀環境。關於家庭的影響，PIRLS 的結果可分為三方面來討論：家長的社經地位、家長的閱讀活動、父母的閱讀態度。這三者的低分組家庭沒辦法幫忙自己的孩子時，誰該來做這些事？我們該如何努力，讓臺灣像芬蘭一樣，不僅社經地位不會影響孩子的閱讀表現，甚至也讓性別差異造成的影響減至最小。（柯華崴，2008：89-103）

　　錢伯斯（Janblans）曾指出閱讀是需要有策略的，這個策略就是閱讀循環。其間的每一項環節都牽動著另一個結果，是一個週而復始的循環，所以開始正是其結果，而結果又是另一個開端。其循環如下：（一）選書：選書是閱讀活動的開始，書籍應該多樣化以便因應各種不同學生的需求。其次是書籍要放在學生隨手可拿得到的地方。最後是鼓勵學生多多閱讀，並隨時提供協助。（二）閱讀：閱讀是需要時間的。閱讀文學作品的樂趣，來自於探索故事的角色人物、情節發展、想像空間、以及令人讚嘆的遣詞造句。因此，我們要利用一些插圖和文字，藉由一些圖文並茂的內容吸引學生的注意力有耐性花上一些時間閱讀，並從中發掘閱讀文學的樂趣。除了時間之外，閱讀還需要一個能讓人專心而不被打擾的場所。（三）回應：人之所以為人，就是我們無論閱讀什麼，總會產生某

種感覺。第一種感覺上的回應是，讀完一本書後期待能再經歷相同的閱讀樂趣。這種感覺驅使我們想再重讀一次這一本書，或是想去看看同一作者的其他作品，或是相同主題的更多作品。如此一來，我們就有動力再去選讀其他的書，再次歷經另一個閱讀循環。第二種感覺上的回應是，讀完一本書後，迫不及待地想和人談論自己閱讀的心得。（許慧貞譯，2001：14-23）

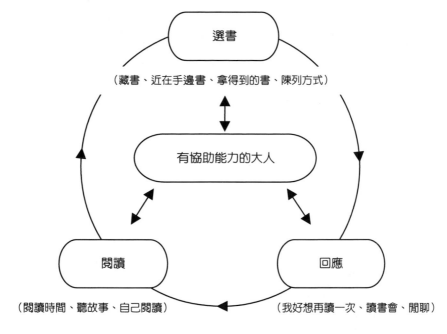

圖 2-3-1　「閱讀循環」的示意圖（資料來源：許慧貞譯，2001：16）

　　如何讓閱讀落實在學生生活中？閱讀是一種本能，是遊戲，只要可以揮動、品嚐、觸摸、傾聽、並且感覺周遭的各種訊息，學生們幾乎沒有任何學不會的事情。因此，兒童的閱讀，其關鍵在有能力的大人。

　　綜合以上所說，可知學生學習閱讀的課題是需有能力的大人從旁指導，而這有能力的大人最關鍵的便是家長和老師。透過家長和老師的從

旁協助指導，才能更顯現其效果。而每次協助的時間長短、從幾歲開始
協助到幾歲截止，端看學生的閱讀是否進入到自我閱讀部分；學生倘若
能進入自我靜讀時，應該就已懂得享受閱讀的樂趣，家長和老師方可漸
漸放手觀察。

　　如何進行協助學生的閱讀習慣？家庭是社會組織的最小單位，且為
一個人出生後成長的搖籃。因此，家庭環境的良窳，對個人性格與學業
或其他方面的成就有深遠的影響。不同的社會有不同的家庭文化，不同
的家庭文化塑造不同的學童性格。利特斯（Kontos）指出：只有當孩子
在環境中看到成人有意義的閱讀、書寫，了解閱讀的意義之後，他們才
會變成好的閱讀者。有關研究報告：父母的教育態度對子女的學業成就
最有影響，如果父母的教育態度良好，即使本身職業或教育程度不高，
子女仍然會有較高的教育水準。其次孩子倘若接觸文字的機會多（上圖
書館或書局），其早期閱讀能力優於少有接觸文字的孩子。所以父母親倘
若能注重身教，為孩子榜樣，自身有良好的閱讀習慣，且能注重親子間
閱讀互動關係的建立，對孩子提供豐富的閱讀資源，讓孩子在良好的家
庭環境下成長，將有助於孩子閱讀能力的提升。（引自謝美寶，2003：
27-33）

　　至於老師的部分，就更專業了。閱讀教學的方法，是為了便於教學
各種語文經驗；同時它在安排教學活動時，通常都要讓閱讀教學本身居
於「核心」地位。（其他幾項才能環繞它而一體成形）。這樣一來，它就
只是一個「過程」，而它的方法性則是以「閱讀教學」為名，而結合各種
可能獲取語文經驗的方法，和各種可能的教學活動安排的方法等所成就
的。其實，閱讀教學的方式就只是一個如何讓閱讀教學更精實有效的後
設反省形式而已。它所涉及認知的層面有「閱讀教學如何可能」一個基
本的課題以及「閱讀的性質」、「閱讀教學的理念」、「閱讀教學的選材依
據」、「閱讀教學的機動安排」等周邊的課題。周慶華認為在「閱讀教學
如何可能」方面，可以將「閱讀教學」一詞設定為具有三種意涵：（一）

閱讀／教學：閱讀就是教學（假想受教者），教學就是閱讀。（二）閱讀→教學：先閱讀後教學。（三）閱讀←教學：為了教學一併去閱讀。而在現實中無妨優先採用第二種意涵。由於閱讀教學可以設定在「先閱讀後教學」的層次，所以它就有「下指導棋」或「先覺覺後覺」的意味。也就是說，自己要先有本事而後再去教人閱讀。為什麼需要閱讀教學？閱讀教學是一種「經驗的異己再現」，可以當它是交流而使得它有相對的存在價值。由於閱讀行為的社會性特徵和閱讀活動的社會化過程，都不是一個初次閱讀或閱讀未深的人所能察覺的，以至由有經驗的人給予引導而廣開閱讀的眼界，也就能夠減少獨自摸索的時間。（周慶華，2007：47-53）

　　日前新北市為提升學生的閱讀能力，擬增加語文學習領域節數。但從整體情況來看，要提升學生的閱讀能力，單靠學校來負責是不夠的。現代人受到速食文化的影響，對於文字的閱讀機會越來越少。父母是影響孩子一生的關鍵人物，大人尚無自動閱讀的習慣，要如何以身作則培養孩子閱讀的習慣？因此，增加語文領域的節數並非提升閱讀的主要方法。對閱讀活動的推行，不論是家庭式或學校化，我們共同的目的都是希望學生能「愛上閱讀」，使書籍在他們生活中能隨時可讀、隨處可得、隨時可靜下心來。閱讀倘若能成為生活中不可失的一部分時，培養閱讀的好習慣，才是促使學生變得更有內涵、更有學識的根本之道，那閱讀教育的推動就功不可沒了。

　　閱讀不等於僅是認識書本上的文字，它對於文章內容是都要進行理解的。也就是說，讀者能看得懂、讀得懂、能將它的意思再複述一次。文章對它的預設讀者具有意義潛能，它是相當完整、表達意義的符號系統，只要讀者具有足夠的相關知識都能看得懂。然而，文章不僅表現意義，它也受意義的影響。你與我還有我們的祖先們合力創造了語言，因此我們能溝通意義。我們需要語言來進行社會性的溝通，而語言的每個層次都將受這個需求的影響。只當語言和書寫文章遵循為溝通而衍生出

來的某些規則時，我們才能聽懂或讀懂語言。哈勒第（Harde）指出文章
需呈現三種不同的意義：（一）經驗的意義：就是從經驗得知觀念的意義，
對於擁有共同的界定。（二）人際的意義：語言不僅分享經驗，同時也分
享對經驗的態度、感覺反應及觀念。（三）文字的意義：文字的結構不僅
表示文法，也表示意義。文章同時呈現這三種意義。它將經驗的、人際
的以及文字的意義融合成一個連貫的文章。作者使用適當的語法結構來
表達文字的意義，然後選擇合適的字彙和字形來傳達微妙的人際與經驗
的意義。（洪月女譯，2001：148-149）但是讀者是否能讀懂，就得視讀
者生活經驗的累積了。所以作者與讀者是否能溝通，完全依賴作家的文
筆歷練及讀者的人生領悟；而要如何來提升閱讀的理解，則是讀者進入
深度閱讀考驗的開始。

　　余光中曾在《中國時報》發表過〈句短味長說幽默〉，其中最令我驚
喜的一句話是「字是靜的，句卻是動的」（余光中，2008）。該文中許多
例句都是語言活生生的樣品。沒錯！學習過程倘若能和經驗結合必是事
半功倍；學生的學習如果只透過文字必是助益不大。當文字遇上語言時，
句子就如同一串串的影像呈現在學生面前，讓學生感覺更加有趣！余光
中這短短的一句話正與錢伯斯的想法不謀而合。在余光中的文章中讓我
們體會到，短句倘若無法理解，又如何聽得出說者語調中的幽默？理解
成為與人溝通的重要課題。

　　閱讀是一種複雜的認知歷程，它是讀者與文章間交互建構意義的過
程，而閱讀理解是讀者在閱讀過文章後，對於文章內容及字句意義的正
確了解。個人在閱讀理解的歷程中，如果能有效的處理訊息，方能產生
有意義的學習，因此了解文章的認知歷程與相關理論是探討閱讀問題時
所必須釐清的首要工作。（楊惠菁，2005：29）

　　分析閱讀的成分方能使教學者了解閱讀者的問題所在，也就是困難
點是出現在識字或理解、甚至是識字和理解之下更細部的能力。識字分
為兩個途徑：一是見字就知義（字形→字義）；二是透過語音中介，就是

從字形→字音→字義，它係經由「類比／規則路徑」識字。閱讀理解則包括字義理解、推論理解、以及理解監控三部分。字義理解，包括：「字義取得」、「語法分析」兩部分。「字義取得」是由讀者自己的心智辭典對字義上下文的判斷而來。「語法分析」是運用語言的句法學原則，確定字組的意義和身分。推論理解，包括：「整合」、「摘要」、「詳細論述」三部分。「整合」是將兩個（或兩個以上）不相連句子的意義串連起來，使成為連貫的敘述。有時是出現複合句，有時是出現不相連的兩個子句。「摘要」是指讀者在閱讀一篇文章後，歸納出主要概念以概括全篇的主旨。文章包括程序性和陳述性，能力好的讀者通常從文章中的段落或標題或提示就可摘取重點。「詳細論述」則是在推論過程中加入導讀者原有的經驗，以擴展文章訊息的內涵。理解監控，包括「目標設定」、「策略選擇」、「目標檢視」、「修正補強」。理解監控的功能乃在確保讀者的閱讀既有效率又有效能。閱讀能力佳的讀者在閱讀中隨時監控自己的理解情形，並依據評估的結果隨時修正。（王瓊珠，2004：8-13）

　　綜合以上的說法，每天該鼓勵學生閱讀，透過大量的閱讀學生養成閱讀的習慣奠定閱讀的能力，無意間就會習得廣泛的知識。對於有閱讀問題的學生，家長或老師更可運用閱讀的策略協助學生漸漸走入閱讀情境。家庭中倘若能每天有固定的時間為閱讀時間，孩子閱讀的能力必定大為提升。

第四節　說演故事與閱讀教學

　　每個人最早都是透過聽故事而開始接觸到文學作品的，漸漸地大人們就開始和我們玩故事遊戲了。這些故事所以會如此吸引人，主要是它都是用很簡單、熟悉的話語透過聲音讓大家認識，在日積月累的薰陶下建構了自個心中的故事結構。因而在日後的聽故事過程中，便會在腦中抓取屬於自己的故事基架。（許慧貞譯，2001：91-104）

　　語言是從使用的過程中，經由參與口語和書寫活動而學來的。時常參與對談是小朋友能學會口說語言的原因。語言的學習是一種創新的過程。人類發明語言以便彼此溝通，並藉它來學習和思考，因此語言是社會性的創新。然而，社會乃由個人組成，所以語言也是個人的創新。事實上，我們每個人都在創新語言，而且終其一生都不斷地在創新。不過我們在家庭和社會的環境下創新語言，而家庭和社會對我們所創新的語言早已有個公認的傳統用法。皮亞傑（Peaeygen）把這種創新和傳統的拉力稱為「不平衡」。我們的個人創新以及周遭人所使用的社會傳統語言分別牽引著我們往兩個相反的方向推進。如同維高斯基（Vengarsgen）所說的，我們的個人語言會向社會語言靠近，一直到最後我們把社會語言「內化」為止。這時社會語言變成我們用以學習和反思經驗的內在語言的基礎。（洪月女譯，2001：206）

　　孩子在不識字的階段，求知慾可不輸給大人，甚至他們更好奇，想像力更豐富，且急著想了解自己和周遭的關係。各種類型的故事正可以滿足孩子的需求，尤其是父母以說故事的方式來吸引他們，進而使孩子發現，原來故事裡的點點滴滴都是爸媽看著書上黑黑的字及彩色的圖案說出來的，必會引起孩子對字及圖案的好奇，甚至產生認字及畫圖的動機。而且書中所描述的情節也經常令孩子讚嘆、迷惑，「是真的嗎？」「為什麼會這樣？」「好可憐喔！」「誰會去救他？」等源源不斷地疑問，正像是在孩子身上種下一顆主動學習的種子。書就成為他們探索時必要的工具，看書再也不是被迫的苦差事，而是一種豐碩滿足的經驗。（林玉体，1992：6-7）

　　聽故事是獲取知識、概念，增進語言表達能力及培養閱讀習慣的最佳途徑。由於語言是社會化的產物，當孩子還不識字時，他們互動來學習社會共通的語言，再利用共通的語言學習其他的知識。（同上，1992：6）當父母以記憶式的口述、故事 CD 或故事書，把故事內容傳給孩子時，孩子最先收到的，就是父母聲音的訊息。無論孩子識字與否，從父母口

中，孩子不但知道故事的含意，更學到其中的用字遣詞，尤其是剛學會話的孩子，模仿力強，就像鸚鵡一樣，只要父母多說幾次，他們多半能複述。（洪月女譯，2001：193）以上的論述都是要借助，生活中口語表達來帶領孩子進入閱讀的殿堂，但是倘若要把故事裡的主角、情節、衝突用說演的方式表現出來，就非得仔細研究故事內的敘述不可。

　　這樣的經驗，讓我想起我兒子讀幼稚園時參加說故事比賽的情況，當時我們挑選他最喜歡的《明鑼移山》。因為是他最喜歡，所以故事的架構大致完整。但是每次練習，內容長短不一、情節也會稍有變更，這該怎麼辦？比賽是有時間限制的。索性就讓他看圖說故事，想不到複述幾次之後加上看圖說故事，他竟能把故事說得很仔細。其實，在他複述的過程，他已經把故事的結構印在腦海中了。那一次得獎的經驗不僅讓他的自信心增強，甚至增加他的表演慾再來個第二次、第三次……每次遇到他固執不知變通時，我就會說：「你會明鑼喔！」無形中，母子間多了項溝通的管道。

　　語文領域可說是其他學科領域創造的基礎，人們透過語文活動而得以進行思考，產生創造表現。而語文本身也是一項豐富的創造產品，不論是演說、閱讀、寫作等均含著相當豐富而複雜的創造過程。倘若要將故事呈現出來，除了讀熟文本之外，必要時可將文本的內容進行改編。改編可以淺化、增刪、混合、自由改編，最常看到的是淺化及增刪。淺化是為了配合學生幼稚、單純、注意力容易渙散等特點，自然就產生淺化的必要。淺化指的是處理「衝突」的技巧，將原本具體呈現的原始素材，依照兒童方便吸收的程度予以簡化。增刪則不必忠於原著，意味著「不必全然忠實於原著」，但語意間也同時表示「部分仍須忠於原著」。而那仍需忠於原著的部分，最簡單的就是改編當初看中原著的特別可取、值得透過改編以廣流傳的部分。它或許是個深刻的題旨，或許是一段驚險的歷程，或許是一個生動的人物形象……編劇必須隨時提醒自己：如何一面保存原著的過人之處、一面表現出個人「再創作」的特色。（蔡雅泰，2006）

　　戲劇與語文的學習關係密切，語文學習重點在於透過文章來發展學生的知識，因此閱讀教學研究必須強調的是學生如何獲得意義。羅森伯列特（Rosenblatt）指出：一件文學作品的意義，並非一個獨立自主的事件，而是產生於讀者與作品間傳遞交流的過程，作品未經讀者想像力的重新建築和體驗，只是一堆文字罷了，因此讀者的投入應該被重視。文本的詮釋可以透過口語的表達與非正式的象徵系統來進行。口語表達文章的反應，是透過個人詮釋意義，或者敘述其感受。倘若以非正式的象徵系統來表達對文章的反應，則可透過藝術、戲劇、音樂等方式來詮釋。兒童的想像與經驗都是自然而成的，透過戲劇與腳本的表演，個人內在的經驗被引發出來，個人必須以自身經驗，並結合文本的內容含意來反應與行動。（引自廖品蘭，1999）因此，透過戲劇學生必須更熟悉文本，才能更深揣摩劇中人物的心境。

　　張瑞菊在《情意導向兒童閱讀教學活動設計之研究》碩士論文中曾作了以下分析：（一）在故事繪本、古詩、國語課文三種閱讀教材中，學生最喜歡故事繪本。因為故事繪本是兒童喜歡的；有趣的故事情節和精美的插圖，而且有兒童感興趣的人、事、物，所以深得兒童的喜愛。且閱讀後的印象深刻，對他們的觀念、態度的影響也特別深遠，所以可多多應用故事繪本來引導兒童培養正向的情意態度。（二）在閱讀效果有讀說故事、問答發表、角色扮演三種方式，其中學生最喜歡的是角色扮演，其次是讀說故事，最後才是問答發表。角色扮演是讓兒童期待並且演上千遍也不厭倦的活動。事實上兒童喜歡角色扮演原因之一是可以活動，感覺很有趣；另一個原因則是能幫助理解體裁的意涵。（張瑞菊，2002）

　　在杜紫楓《演的感覺真好》一書中，可看出學生對戲劇的熱愛，以及一位老師對戲劇的寬容引導。有時學生躊躇、停頓、脫節的現象百出，老師也能寬容的引導學生讓學生樂在戲劇中。因為教師明白教學的目標所在，重視藉由學生們喜歡演戲的機會，使他們盡情的抒發，傳達心中的情意，如此便能盡力做好語文的表達，無形中也做了最有效的語文能力訓練。（杜紫楓，1990：34）

　　我們知道，創作性戲劇活動對創造思考教學最大的助益是：（一）目標多元化：除了達到創造思考能力培養的目標外，還能更深入的認識兒童的內在世界，使他們的情緒得到正常的抒發。（二）教材趣味化：使原本平版、枯燥的教材，變得活潑、生動，因為戲劇活動最能吸引兒童、引起兒童的興趣。如：將論說文改成數來寶的方式或讓學生自編臺詞，效果較佳。（三）教法生動化：如教詩歌時，讓兒童各自把理解的意象以畫圖表演方式表達；上社會課以表演方式呈現，以增進對教材的領悟、了解、記憶。（四）課程彈性化：如將古典文學〈芭蕉扇〉以布袋戲方式演出，結合藝術與人文領域，以增加學生創意的潛力。（同上：80-81）

　　教師可將故事帶入戲劇中，藉由引起動機、暖身活動、介紹故事、故事的發展與討論，讓學生更了解該故事的內容。引導學生研究故事的情節或角色的特性，鼓勵學生發問同時作口語或肢體的練習，讓學生更清楚情節上的衝突點。（林玫君，2005：244）依據吳英長的說法，兒童從小的生活經驗以及聽取的故事都會在他心中形成一個故事基架。（詳見第一章第二節）因此，我所選定的試煉的閱讀教材以符合兒童發展為主，如傳說、童話、寓言、兒童生活故事、兒童傳記、少年小說等。期望兒童藉由文學作品中的寓言故事，讓學生懂得以他人為借鏡、以那古老的傳說故事化為神奇的想像年代、以家喻戶曉的童話故事來引起同儕間的共鳴、以兒童生活故事和兒童傳記貼近自己的生活世界、經由少年小說複雜的情節吸引住叛逆浮躁的心靈。選擇趣味化、幽默化、生活化的故事貼近兒童生活世界，並且讓學生有感同身受、回味無窮的意境，除了提升其文學能力之外也希望能釋放他們內心的情感。

　　黃連從以戲劇教學拓展學生對文章反應的教學中，學生在對演戲前後對文本的感受不同。學生的反應如：這些在我演戲之前讀文章時沒有感情，就好像廢話一樣，可是演完戲後再讀，就覺得這些話是重點，因為我演戲前沒有仔細想想尚勤（主角）的痛苦。（黃連從，1988）學生對於表演後的感受，充分顯出戲劇扮演對於文章反應的促進效果。許多作

品所呈現的很多方面都是作者經驗的延伸,其中虛構的人物也許有我們的影子,因此閱讀也是在開闢你另一個想像中的世界。

綜合以上說法,都是藉由文本(故事)從事戲劇教學表示正向反應。然而,在實際教學現場中,老師們都不愛引入戲劇在課堂中,主要是礙於一有活動課程,老師就對班級經營難以招架,以及教學節數的問題。倘若是前者,教師可能需要進修相關課程,以利多元化的教學活動;倘若是後者,教師可於課程規畫時設計課程,並且結合相關領域編寫主題課程。讓各領域的教學能縱向的連貫、橫向的聯結更嚴謹讓教學更順暢、更多元化。

第三章　說演故事

第一節　從故事到說演故事

　　兒童的幼兒期大部分時間是屬於家庭和母親的，每位學生第一次接觸故事的時期並不一樣，幼兒期從聽取的故事中，要了解故事的因果關係則是要視該故事是否合乎其心智發展年齡而定。幼兒期只知道故事的前因和後果；再來會了解故事中的內容；最後能將故事完整的串聯起來。這還只是針對單一情節而論，倘若涉及複雜情節，學生的邏輯思考慢慢成形後才有辦法體會到故事中所呈現的故事線走向。而學生從聽懂故事到會轉述故事、會看故事，大約是國小一年級的階段。能把故事說、演出來是一種再創作的具體表現，因此說演故事是故事的再創作歷程。本章將分三節，分別探討「從故事到說演故事」、「說演故事的類型」、「說演故事的目的與方法」等問題。

　　故事所以會吸引人，是因為它的情節高潮迭起，有如一條綿密的細線。小學階段六到十二歲全包含在其中，是童年的核心──黃金年代。在學齡前到小學一年級這段銜接過程，最適合的教材是故事，可選擇如格林童話、藍恩童話、安徒生童話等。也許有人會質疑故事對學生有何幫助？但是依據經驗，這時期的孩子，單單藉由聽和複述就學會了他所常接觸的語言，因此藉由多聽和複述也可以學會童話故事的內容，可見語言能力是可以塑造的。在說故事或相關事件的時候，我們會發現他們會表現對「善」的取悅、對「惡」的反感，因此藉由這種方式建立一些道德感──關於對、錯的觀念。這時孩子最大的願望──他需要被指導，故事能與學生生活結合更凸顯出是非對錯的判斷，則可以滿足他們的需

求。十歲以後的孩子，應該有更深入的教學，如語言結構、語言用法的教學等。不妨利用一些經典故事當教材，它不僅有現成的例子，還能有效的深入學生的心中。最後倘若來場戲劇教學，也是很好的活動，將故事的內容即興地表演可以提供孩子不同的視野，特別是對他想像力的發展很有幫助，更能以此深入教學。

　　福祿貝爾說：「故事的講述，使人心情愉悅，像洗澡使身體爽快一樣。」要將故事說得生動有趣，必須是兒童所能接受的語言才是。擅長公文擬稿的人寫的故事是：「某某鎮有一少年，惡性重大，不聽教誨，經常四出遊蕩，深夜始歸……」

　　熟讀古文，能夠運用文言文寫作的人：「一夕，人靜矣，紐約某小屋中，一少年憑窗外眺，忽見一流星倏然下墜……」那感性獨白與詠嘆的散文作家常寫出：「有人說回憶是甜蜜的，然而往事畢竟已如鏡中花、水中月，在回憶中我們又能尋覓到什麼？如今，一燈熒然，我倆默默相對，這又意味著什麼？是幸福？是酸楚？是為今日短暫的相聚欣喜？抑是為即將來臨的離別顫慄？啊，命運命運，你折磨我們難道還不夠……」我們也經常聽到大人對著幼兒期說著「保母式的語詞」：「從前前，有個小小孩，養養隻隻小貓。貓咪壞壞，孩孩氣氣，打打。貓咪哭哭，孩孩笑笑。孩孩坐嘟嘟看看奶奶，吃吃飯飯。孩孩笑笑，哈哈嘻嘻，嘻嘻哈哈。」（林文寶主編，1989：11-22）

　　綜合上列的作家，都以自己習慣模式進行寫作，也就是他只「熟悉運用某種性質的語言」。然而；故事既然要經由學生說演出來，必須是「兒童所熟悉的真實語言來寫」方能被學生所接受。而如何才知作品是否為學生所接受？這點只要將作品讀給學生聽或給學生讀，便可知道是否符合學生的需求。如一首兒歌能流傳久遠，不在它的詞藻華麗和文字技巧，而在它的豐富語言和情趣；最重要的是要孩子一聽就懂、一懂就了解、一了解就記起來。「大公雞很會叫，每天天剛亮就爬起來吵人。」這樣的句子雖然平淡的像一杯開水，卻是學生一聽就懂，一看就會的。故事雖然複雜一點，但對於這一「基本要求」仍沒有太大改變。

　　引導學生說故事，從無文字圖畫書進入最易上手，因為圖畫給人的
印象最深刻、最直接，說者可以看圖隨心所欲的簡化說故事或是增添故
事內容。同一本故事書，每看一次，學生都有不同的敘述；有時還會突
然加上想像不到的「絕妙好辭」。因為無文字圖畫書留給讀者很大的想像
空間，創意更是無限。其次是有文字的圖畫書，雖然有些字學生不一定
看得懂，但是藉由拼音和看圖學生很快就可以猜測到文字的意思。由於
圖畫能吸引激勵學生進入文字世界，所以倘若能長期性的家庭親子共
讀，或在教室裡舉辦大家輪流說故事或朗讀，對於往後孩子的語文訓練
和表達說話的能力一定會有很大的促進作用。

　　故事與說者之間應該有適當的連結：故事必須先感動說者，如此故
事才能透過說者栩栩如生地說、演出來。至於該故事說出來時的精采度
如何？這就可能需要說故事者對故事技巧的了解與拿捏。有經驗說故事
的人會知道哪一類型的故事較討人喜愛，初期嘗試說故事要多參考他人
所說的故事書目或排行榜冠軍書；再者是多聽他人如何有技巧的說故
事。談起說故事這件事，不禁令人想一探究竟，究竟是從哪個朝代開始
的？開始又是什麼性質？我國五代變文的講唱及宋代的「說書」就是說
演故事的前身，而現今九年一貫國語文學習領域裡，更有針對學生口語
表達所要達成的能力指標。當中國語文學習領域的基本理念是：

　　旨在培養學生正確理解和靈活應用本國語言文字的能力。期使學
　　生具備良好的聽、說、讀、寫、作等基本能力，並能使用語文，
　　充分表情達意，陶冶性情，啟發心智，解決問題。並培養學生有
　　效應用中國語文，從事思考、理解、推理、協調、討論、欣賞、
　　創作，以擴充生活經驗，拓展多元視野，面對國際思潮。進而激
　　發學生廣泛閱讀的興趣，提升欣賞文學作品的能力，以體認中華
　　文化精髓。同時引導學生學習利用工具書，結合資訊網路，藉以
　　增進語文學習的廣度和深度，培養學生自學的能力。（教育部，
　　2008）

　　從這基本理念延伸出十大基本能力，與課程目標支撐其架構。細則中的能力指標，讓教師可以依循引導學生逐一學習；在此循序漸進的引導下，盼能培育均衡發展的好兒童（如表 3-1-1）。

表 3-1-1　九年一貫十大基本能力與國語文課程目標（資料來源：教育部，2008）

編號	基本能力	十大基本能力的定義	本國語文課程目標
一	了解自我與發展潛能	充分了解自己的身體、能力、情緒、需求與個性，愛護自我，養成自省、自律的習慣、樂觀進取的態度及良好的品德；並能表現個人特質，積極開發自己的潛能，形成正確的價值觀。	應用語言文字，激發個人潛能，發展學習空間。
二	欣賞、表現與創新	培養感受、想像、鑑賞、審美、表現與創造的能力，具有積極創新的精神，表現自我特質，提升日常生活的品質。	培養語文創作之興趣，並提升欣賞評析文學作品之能力。
三	生涯規畫與終身學習	積極運用社會資源與個人潛能，使其適性發展，建立人生方向，並因應社會與環境變遷，培養終身學習的能力。	具備語文學習的自學能力，奠定終身學習之基礎。
四	表達、溝通與分享	有效利用各種符號（例如語言、文字、聲音、動作、圖像或藝術等）和工具（例如各種媒體、科技等），表達個人的思想或觀念、情感，善於傾聽與他人溝通，並能與他人分享不同的見解或資訊。	應用語言文字表情達意，分享經驗，溝通見解。
五	尊重、關懷與團隊合作	具有民主素養，包容不同意見，平等對待他人與各族群；尊重生命，積極主動關懷社會、環境與自然，並遵守法治與團體規範，發揮團隊合作的精神。	透過語文互動，因應環境，適當應對進退。
六	文化學習與國際了解	認識並尊重不同族群文化，了解與欣賞本國及世界各地歷史文化，並體認世界為一整體的地球村，培養相互依賴、互信互助的世界觀。	透過語文學習，體認中華文化，並認識臺灣不同族群文化及外國之文化習俗。
七	規畫、組織與實踐	具備規畫、組織的能力，且能在日常生活中實踐，增強手腦並用、群策群力的做事方法，與積極服務人群與國家。	應用語言文字研擬計畫，並有效執行。

八	運用科技與資訊	正確、安全和有效地利用科技,蒐集、分析、研判、整合與運用資訊,提升學習效率與生活品質。	結合語文與科技資訊,提升學習效果,擴充學習領域。
九	主動探索與研究	激發好奇心及觀察力,主動探索和發現問題,並積極運用所學的知能於生活中。	培養探索語文的興趣,並養成主動學習語文的態度。
十	獨立思考與解決問題	養成獨立思考及反省的能力與習慣,有系統地研判問題,並能有效解決問題和衝突。	應用語文獨立思考,解決問題。

　　從這十大基本能力與本國語文課程目標可知語文乃是一切學習的重點。學習首先可以透過圖形、可以透過語音、可以透過文字、可以透過影像等。以讀圖而言,現在的國民對休閒活動十分注重,週休二日經常舉家出外旅行,讀圖的基本能力就很重要(可以試試圖 3-1-1)。

　　其次可以透過語音來學習。坊間有許多的語言學習有聲媒體,有的是聽故事,有的純粹是語言學習的媒介,都是希望藉由耳濡目染的環境刺激而獲得有效的學習。例如:《畫言巧語》錄音故事 CD 8 片,每片有 5 個故事,總共有 40 個故事,包括〈火龍與男孩〉、〈雨來了〉、〈飛走了的小雲朵〉、〈帽子先生〉……等等。故事內容不但淺顯易懂,更能與小學生的生活經驗結合。如果是透過文字來學習就更廣泛了,如大家所熟知的繪本、散文、小說等。這是本論述的重點,待後再詳述。

　　最後可以透過影像學習,如:DVD 教學影片。這不僅可以聽到聲音、看到文字,更可以看到主角人物的表情和動作。這樣的影音學習非常吸引學生,原因是透過文字、聲音的傳遞之外,人物的情感立即感受得到。至於何者的效果最好,則要視學習者的學習模式而定。

　　語文是促使溝通、傳遞知識的文化重要媒介。在學校的課程中,國語文被視為工具學科。而九年一貫的能力指標,則規畫有為注音符號運用能力、聆聽能力、說話能力、識字與寫字能力、閱讀能力、作文能力等六部分。2000 年教育部提出「我國中小學國語文的特性有五點:(一)

請利用指北針，完成下列任務：

1. 在下圖中標示出我的位置 ☺。

　　已知：我觀測廟宇是 180 度、農舍 B 是 90 度。

2. 寫出廟宇的六位數座標：＿＿＿＿＿＿＿＿＿＿＿＿

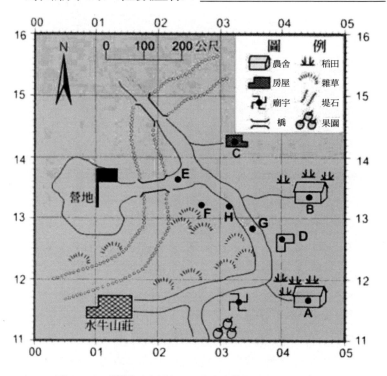

圖 3-1-1　讀圖（資料來源：臺中市萬和國中，2008）

語文是工具性的學科；（二）語文是綜合性的學科；（三）語文是說讀寫作形式與思想統一的學科；（四）語文是訓練思維和組織學科；（五）語文是富有道德教化和思想教育的學科」。（蔡清田，2004：128）以說故事而言，必須要具備說話能力、識字與寫字能力、閱讀能力等。倘若要雙人以上一起搭檔演出，那麼聆聽的能力也非具備不可。

　　我曾在自己的班級中進行「大家說故事」活動，以每週利用一節彈性時間，每節兩個學生坐上「故事大王」的位子進行說故事活動。這樣的活動在開學初就要跟學生討論後進行，通常越低年級接受度越高。經過全班同意後製成通知單發給家長（如表 3-1-2），請家長給予協助。再將學生的回條中的書名登錄在通知單上並張貼於公布欄中，於輪到該生說故事前一週再知會一次。同學之間也會有良善的互動，看著如何講，其實也在做觀摩學習。這個活動沒有一個逃兵，大家都有上臺，只是可看得出學生回家後對該準備的充分與不足的差異。

　　以班上的「故事大王」活動為例，兩種學生的表現較佳：一種是家長有協助的學生；一種是在班上語文程度較好的學生的表現較佳。以 12 號學生所說的「三隻小豬的真實故事」為例，該生家長每天有伴讀的時間，學生的閱讀能力較佳，再加上該生活潑敏捷，所以能與班上同學互動。每講到「哈！哈！哈嗽！」時班上全體總動員，每個人都沉醉在幸福的書香中。就連班上有自閉症的 9 號學生，雖然他看不懂國字，無法說出完整的故事，但是同學上臺的美好感受以及「看別人能上臺，我也要上臺」的想法影響，前一天他就先問我：「老師，我可不可以介紹樹。」隔天早上他一到教室，就走到我身旁說：「老師，我今天要講的故事是辣椒樹。」我彎下身先讚美他的樹，說：「這棵樹長得這麼漂亮，你一定很會照顧囉！第四節的時候，老師要聽聽你照顧樹的撇步喔！」他拿著「辣椒樹」上臺說他照顧植物的過程，雖然說得不是很完整；但是同學會自動幫他補句子、和他一問一答，讓他信心大增，讓他對答如流。這樣同學間互助的情形讓我好感動，也更加肯定為學生開闢一個故事時間以促使學生的語文程度提升的必要性。以「故事大王」活動紀錄為例：

表 3-1-2　2006 年屏東建國國小一年二班值日生說故事分配表

2006 年屏東市建國國小一年二班值日生說故事分配表
◎擔任說故事者請家長事前協助孩子練習，讓孩子的上臺更有自信
◎擔任該週值日生者請家長或安親班在 12：45 接回

週次	日期	班級值日生輪值表、每週二第四節說故事分配表		
一	01/21~01/27	學期開始	值日生	說故事
二	02/25~03/03		1.2.3	1.2
三	03/04~03/10		4.5.6	3.4
四	03/11~03/17		7.8.9	5.6
五	03/18~03/24		10.11.12	7.8
六	03/25~03/31		13.14.15	9.10
七	04/01~04/07		16.17.18	11.12
八	04/08~04/14		1.2.3	13.14
九	04/15~04/21		4.5.6	考前暫停
十	04/22~04/28	期中評量週（24~25）	7.8.9	考試暫停
十一	04/29~05/05		10.11.12	15.16
十二	05/06~05/12		13.14.15	17.18
十三	05/13~05/19		16.17.18	安排自願學生
十四	05/20~05/26		1.2.3	安排自願學生
十五	05/27~06/02		4.5.6	安排自願學生
十六	06/03~06/09		7.8.9	安排自願學生
十七	06/10~06/16		10.11.12	安排自願學生
十八	06/17~06/23		13.14.15	考前暫停
十九	06/24~06/30	期末評量（6.25~6.26）	16.17.18	考試暫停

感謝您的配合！孩子的成長是我們共同的責任　　　　　1/25　秀娟老師

一年二班　姓名：（　　　　　）
1.我和家中寶貝討論後決定要說的故事是（　　　　　），我會撥空陪孩子練習。
2.我自願再說一次故事（　　）月（　　）日，故事是（　　　　　　）。

表 3-1-3　「故事大王」活動紀錄表

編號	故事名稱	故事大王小聽眾的反應	準備級分 1-6
2	賣火柴的女孩	☐ 1.專心注意聽、且互動 ☐ 2.專心注意聽 ● 3.有些騷動 ☐ 4.有聲音了、快加油 ☐ 5.需要老師介入	♥ ♥ ♥ ♡ ♡ ♡
4	好一個下雨天	☐ 1.專心注意聽、且互動 ● 2.專心注意聽 ☐ 3.有些騷動 ☐ 4.有聲音了、快加油 ☐ 5.需要老師介入	♥ ♥ ♥ ♥ ♡
9	說植物	☐ 1.專心注意聽、且互動 ☐ 2.專心注意聽 ☐ 3.有些騷動 ● 4.有聲音了、快加油 ☐ 5.需要老師介入	♥ ♥ ♥ ♥ ♥
10	小木偶	☐ 1.專心注意聽、且互動 ☐ 2.專心注意聽 ☐ 3.有些騷動 ☐ 4.有聲音了、快加油 ● 5.需要老師介入	♥ ♥ ♡ ♡ ♡ ♡
12	三隻小豬的真實故事	● 1.專心注意聽、且互動 ☐ 2.專心注意聽 ☐ 3.有些騷動 ☐ 4.有聲音了、快加油 ☐ 5.需要老師介入	♥ ♥ ♥ ♥ ♥ ♥
17	張開大嘴呱呱呱	● 1.專心注意聽、且互動 ☐ 2.專心注意聽 ☐ 3.有些騷動 ☐ 4.有聲音了、快加油 ☐ 5.需要老師介入	♥ ♥ ♥ ♥ ♥

　　由上述可知，說故事有助於學生的想像力、組織情節能力及良好口語訓練。故事能帶給聽故事的人娛樂和認知，學生從被動的聽到主動的閱讀都是在學習，甚至到從旁的觀摩學習都會使閱讀的能量一點一滴的提升。學習是日積月累的，父母要提供給孩子一本書時，最好能先了解該本書好在哪裡？且為何好？如果父母親只知道要孩子讀這個、看那個，當孩子讀到詼諧的句子時，無法一起拍手叫好、當孩子對書本有質疑時無法從旁引導時，對孩子而言閱讀的興趣會大打折扣。通常最能吸引孩子喜歡書的主要原因，就是具有趣味化和文學化的內容。（馬景賢，2000：23-36）學生知道的越多，學生生活聯結的越多，對他的學習一定有多方的助益，所以陪伴是一項長期的過程。教育部極力推動家庭閱讀日，也就是希望藉由活動的推廣讓閱讀深根進入家庭。

　　教育部在國語文領域對說話能力詳列了能力指標，於國小一年級就有：能清楚明白的口述一件事情（能對一件事情發生的時間、地點、人物等敘述完整）；能簡單介紹自己（能介紹自己的姓名、家住何處、家中成員有幾人、喜好等）；能發音正確，口齒清晰（能學習注音符號的正確發音，與人說話時能口齒清晰）。教師得依據能力指標設計課程，以期學生達到教師的教學目標。且應當製定學生個人各項能力檢核表，以對學生進行能力上的檢核，而了解每一位學生在學習上的優缺點，再對學生進行補救教學。該能力指標共有 52 條，詳列表如下：

表 3-1-4　國語文說話能力指標（第一階段）（資料來源：教育部，2008）

國語文說話能力第一階段 1-2 年級

指標編號	能力指標	學習待加強	學習尚可	學習良好
3-2-1	能充分表達意見。			
3-2-1-1	在討論問題或交換意見時，能清楚說出自己的意思。			
3-2-1-2	在看圖或觀察事物後，能以完整語句簡要說明其內容。			
3-2-1-3	能清楚說出自己的意思。			
3-2-1-4	能清楚複述所聽到的事物。			
3-2-2	能合適的表現語言。			
3-2-2-1	說話時能保持適當的速度與音量。			
3-2-2-2	能正確、流暢、有感情的朗讀文學作品。			
3-2-2-3	能轉述問題的內容，並對不理解的問題，提出詢問。			
3-2-2-4	能妥適運用本國各種語言，與人良好溝通。			
3-2-2-5	能說出一段話或一篇短文的要點。			
3-2-3	能表現良好的言談。			
3-2-3-1	他人與自己意見不同時，仍能理性的溝通。			
3-2-3-2	能用口語表達對他人的關心。			
3-2-3-3	能談吐清晰優雅，風度良好。			
3-2-3-4	能養成說話負責的態度。			
3-2-3-5	說話用詞正確，語意清晰，內容具體，主題明確。			
3-2-4	能把握說話重點，充分溝通。			
3-2-4-1	能抓住重點說話。			
3-2-4-2	能主動學習充實說話的內容。			
3-2-4-3	能報告解決問題的方法。			
3-2-4-4	能與人討論問題，提出解決問題的方法。			

表 3-1-5　國語文說話能力指標（第二階段）（資料來源：教育部，2008）

國語文說話能力第一階段 3-4 年級

指標編號	能力指標	學習待加強	學習尚可	學習良好
3-2-1	能充分表達意見。			
3-2-1-1	在討論問題或交換意見時，能清楚說出自己的意思。			
3-2-1-2	在看圖或觀察事物後，能以完整語句簡要說明其內容。			
3-2-1-3	能清楚說出自己的意思。			
3-2-1-4	能清楚複述所聽到的事物。			
3-2-2	能合適的表現語言。			
3-2-2-1	說話時能保持適當的速度與音量。			
3-2-2-2	能正確、流暢、有感情的朗讀文學作品。			
3-2-2-3	能轉述問題的內容，並對不理解的問題，提出詢問。			
3-2-2-4	能妥適運用本國各種語言，與人良好溝通。			
3-2-2-5	能說出一段話或一篇短文的要點。			
3-2-3	能表現良好的言談。			
3-2-3-1	他人與自己意見不同時，仍能理性的溝通。			
3-2-3-2	能用口語表達對他人的關心。			
3-2-3-3	能談吐清晰優雅，風度良好。			
3-2-3-4	能養成說話負責的態度。			
3-2-3-5	說話用詞正確，語意清晰，內容具體，主題明確。			
3-2-4	能把握說話重點，充分溝通。			
3-2-4-1	能抓住重點說話。			
3-2-4-2	能主動學習充實說話的內容。			
3-2-4-3	能報告解決問題的方法。			
3-2-4-4	能與人討論問題，提出解決問題的方法。			

表 3-1-6 國語文說話能力指標（第三階段）（資料來源：教育部，2008）

國語文說話能力第三階段 5-6 年級

指標編號	能力指標	學習待加強	學習尚可	學習良好
3-3-1	能充分表達意見。			
3-3-1-1	能和他人交換意見，口述見聞，或當眾作簡要演說。			
3-3-2	能合適的表現語言。			
3-3-2-1	能具體詳細的講述一件事情。			
3-3-2-2	能簡要作讀書報告。			
3-3-3	能表現良好的言談。			
3-3-3-1	能正確、流利且帶有感情的與人交談。			
3-3-3-2	能從言論中判斷是非，並合理應對。			
3-3-3-3	有條理有系統的說話。			
3-3-3-4	能利用電子科技，統整訊息的內容，作詳細報告。			
3-3-3-5	能利用播音器材練習良好的語言表達。			
3-3-4	能把握說話重點，充分溝通。			
3-3-4-1	能即席演說，提出自己的見解與經驗。			
3-3-4-2	能在討論或會議中說出重點，充分溝通。			
3-3-4-3	能在辯論中精要的說出有利己方的意見。			

第二節 說演故事的類型

　　一本繪本以兩個不同的人來敘述，一定有不同的呈現方式。個性較內向的人，可能只會埋頭看著書本拚命的唸著故事；個性開朗的人可能一邊說一邊逗趣的說著、比著。這樣的兩個人敘述故事的心境不一樣，

聽故事的人感受就跟著不一樣。以下是我以《朗讀演說入門》（林葳威，1999：118-121）的方式就以繪本《紅公雞》（王蘭，1993）中的句子為例，試為設想的演說方式如下：

　（大聲）　（雙手在胸前畫圓）　　　　　　　　　　　　　（大聲、驚訝狀）（語氣

「什麼？紅公雞要孵蛋！？」農場裡的朋友們知道了以後，都大吃一驚。這一天，

懸疑狀）　　　　　　　　　　　（聲音有感情，速度稍慢）

紅公雞家的窗口特別的熱鬧……日子一天又一天，時間一分又一秒的……慢慢的

　　　　　　　　　（搖頭疑問樣）　　　　（強）

過去了。「不知道孵出來的寶寶是什麼模樣？」紅公雞忍不住好奇的猜想。這會兒，

（搖頭疑問樣）（速度稍慢）　　　　（小聲）　　　　　　　　　　　（歡喜樣）

他又這麼想著……想著……不知不覺便打起瞌睡來。在夢裡紅公雞似乎看見了肚

　　　　　　　　（疑惑樣學貓頭鷹叫兩聲）（大聲、手在身前作蛇狀）

子下那破蛋而出的寶寶——既像是一隻貓頭鷹，又彷彿是一條大莽蛇，不一會兒

（大聲、左右夾兩次）　　　　　　　　（停頓）（大聲、恐龍狀）

像是一隻大鱷魚，下一秒鐘，卻又變成了一隻——大恐龍了。

　　　如果學生上臺前能像以上的說故事的範例來練習，故事就說得好聽；而說的好聽，必能強化學生對情節的注意，也能對故事的印象更加深刻。說故事是屬於完整的語言行為，是包括「語言性的」及「超語言性的」成分。語言性的部分，是指擔任敘述的角色；超語言性的部分，則是指說話時的音色、高低、快慢、以及伴隨的手勢等。（林文寶，1994：134-135）以下就故事說和演作類型上的區分：當中說故事和一般的唸故事不同，可以表列如下：

表 3-2-1　說故事與唸故事的差異

呈現方式	形式特徵
唸故事	講者與聽者之間，透過書上的文字和圖畫來彼此溝通，著重於作品內容的活動。
說故事	說者和聽者之間關係像是在對話，說者將一些自己的想法跟聽者分享。可適度的比畫動作、也可在語調上略作改變，多了個人色彩，融入更多個人情感，效果較戲劇化；著重於表演者與聽眾間的互動。

如：「以前，有一位闊少爺，常希望找個漂亮妻子。某天，他收到媒人寄來的提親信，並描述那女子的樣貌：『腳不大好頭髮沒有麻子』。闊少爺認為自己將會娶到一位『腳不大，好頭髮，沒有麻子。』的美人，非常高興。拜堂之日，闊少爺發現其妻屬醜女，便找媒人算帳。媒人說：『我沒有說謊，一早就告訴你，這女子腳不大好，頭髮沒有，麻子。是你自己斷錯句，怎可怪我？』」（出處未詳）

如果以此篇較著重標點符號的例子而言，來比喻唸故事與說故事的不同，就有非常明顯的差異了。唸故事是說者一字一句的唸，讓聽者了解其內容中的每一句一字。而說故事，則比較注重說、聽者之間的互動，說者也會和聽者分享他在這則故事中得到的訊息，將他個人的喜、怒、哀、樂融入其中、甚至加以戲劇化的演出，以博得聽者的歡笑。兩相比較之下，後者較為聽眾所喜歡，且對說者而言也較有成就感；而要練就這身成就感，就得經常的練習說。

祝振華在《怎樣講故事說笑話》中提到，講故事和說笑話一如寫字、讀書、踢毽子、打球、彈琴、炒菜一樣，人人都可以學得會、學得好。（祝振華，1980：4）這話一點兒也沒錯。以我個人參加過三個故事培訓班以及在學校職場的關係，說故事對我個人來說是一項興趣也是一項專業。說故事是一項口語傳播，而為什麼我們要將它來傳播給聽眾，無疑就是希望藉由口頭傳播將我們的信念帶給聽眾。以下以我個人在屏東市復興圖書館長期擔任故事義工的經驗，可以將說故事所要注意的事項歸結如下：

(一) 環視全場，微笑後再開口：用微笑的眼神環視全場，和每一位小朋友眼神接觸後感受一下每一個人的氣息，然後再開口問候大家，準備進入今日的故事內容。這樣的流程會讓聽眾覺得你不慌不亂，是一個內行人、信心十足、準備充分。

(二) 先把故事的主要項目交代清楚：將故事的書名、作者、譯者、出版社以及封面封底介紹完後，再請小朋友對書名進行猜測。這樣的猜測小朋友十分喜歡，因為可以預測答案。因此，有時

一位小朋友就搶著猜測兩、三種答案。而最精采的莫過於答案揭曉後，猜對者臉上所泛起的那一份勝利的喜悅與自信。必要時「故弄玄虛」（就是吊聽眾胃口），強調某一點會格外引起小朋友的注意；並且在適當的時機運用特殊的語調、改變講話的速度、以及變化臉部的表情，那麼特殊效果就出來了。

(三) 說得自然自在：用自己話，講自己故事。為了避免受書寫語言的束縛，講故事時能呈現出流暢的語言。因此，最好的方法是在預備時先把故事的大意在 1/3 的時間內說完；再練習說第二次時，把故事的大意在 2/3 的時間內說完，這一次一定比上一次講的重點更多，也更完整，甚至可以再加上一些動作；最後在限定的時間內不慌不亂地將故事的大意、重點、用自己的話講出來，且在適當的時候加上特殊的語調、動作、表情。倘若想要理想點，那就對著鏡子再練習個數次；而更講究點，則是錄影起來請教專家。

(四) 不要一直注視著繪本：時下在對小朋友說故事都是以手持繪本的方式為多，這是因為在圖文共構的文本中，繪本的圖畫能流露出多種的訊息。但是如果說故事者一直注視著繪本，那麼手持繪本的姿勢容易偏向某一方，小聽眾就會開口了：「阿姨！我看不到。」因此，說故事的人如果手持繪本，就應該要把繪本正面的、慢慢的在小朋友面前移動，讓每人都可以看到整個的圖畫。

(五) 少說著名的故事：著名的故事家喻戶曉，小朋友也許已經聽過、甚至聽過許多遍，說出來一開始就會製造尷尬場面。萬一不幸發生了，要化解尷尬可以幽默的方式帶過：「也許這一次會有什麼新發現」、「給阿姨一個機會嗎？看阿姨可以得幾分」。為避免此情況產生，著名的故事不容易引起小聽眾的興趣，還是少說為妙。

(六) 紀錄說故事檔案：紀錄自己說過的故事檔案資料，找出自己說故事的風格。包含有書名、時間、地點、大約人數、小朋友的

反應等。這樣紀錄之後，就能找出適合你和小聽眾之間的故事
類型，對自己日後挑選說故事時會有所幫助。總結現有說故事
的類型，可以表列如下：

表 3-2-2　說故事的類型

呈現方式	形式特徵
相聲	單口相聲、雙口相聲、群口相聲
雙簧	雙簧相傳是由相聲演變而成的表演形式，屬於相聲的支流。通常將雙簧歸類為彩扮相聲。雙簧的起源說法不一，比較廣為人所接受的說法是源自清朝末年，有對黃氏父子本是相聲演員，某次奉詔入宮表演，正巧父親喉嚨發炎無法言語。皇帝下詔不能不去，去了無法演出又是欺君之罪，要滿門抄斬。父親心憂之際急中生智，由兒子躲在椅子後面說話，他在前面配合作動作。不料效果出奇的好，皇帝非常喜歡，新的表演形式從此產生。因這對父子姓黃，所以稱此種表演形式為「雙黃」，其後訛音變成「雙簧」。雙簧演出除了類似相聲的對話之外，兩個演員一前一後扮演同一個角色，所以又稱為「雙扮藝人」。在前面的稱為「明相」，負責表情動作，行話叫「灑頭賣相」，角色地位相當於對口相聲中的捧哏。在後面的稱為「暗相」，負責聲音語言，也叫「橫豎嗓音」，相當於對口相聲中的逗哏。明相須根據暗相所說的臺詞作表演。一般情節是明相遭暗相戲弄而產生笑料。暗相經常有精采的口技表演。只要銜接得當，演出內容可以一段一段任意串接，因此題材方面非常自由。（葉怡均，2007：39）
接力說故事	全班圍坐一圈，由老師或某一位同學開始說第一句，其他同學依序每人增加一句話的方式，接續串成一個故事。
看圖說故事	老師選擇圖片、畫冊、廣告單、剪報圖片，讓學習者按照它的內容可以發生的情境進行措詞用語及對話來敘述它的故事。
坐針氈	一位同學以某角色身分坐在椅子上，其餘同學環坐在其前方。大家以創作主題、時間、地點、等相關的問題詢問結束為止。再請他以第一人稱，向大家作完整的故事內容敘述。

聯想 說故事	以小組方式進行，每人輪流就「主要人物」開始，作跟他所處環境的聯想，敘述可能發生的事件，再經小組討論向大家說出一個完整的故事。
演講	演說是要在有限的時間內，藉著一段話，來表達一個事理明達、辭意清晰的意見。因此，一場成功的演講必須要做好準備工作。如：決定題目、收集資料、擬定大綱、練習寫演說稿、不斷演練等，否則就容易失敗。（林葳威，1999）
講笑話	愛講笑話的人具有：（一）豁達的人生觀；（二）慈悲的胸懷；（三）追根究底的精神；（四）蒐集資料的習慣；（五）外國語文的能力；（六）出眾的口才。笑話通常都具有啓示作用，不僅使人笑而且能讓人獲得思想上的啓迪。（祝振華，1980；吳燈山，2007）
讀者劇場	是一種戲劇性的說故事，重口語的表達來講故事，而不是演故事。參與者根據「劇本」唸故事，每一個角色則由不同的唸讀者扮演。著重在口語的表達，強調語調的清晰。（張湘君，2005：18）
故事劇場	故事劇場賦予學生自由選擇的機會，可讓個人或一組敘述臺詞或對話時，其他的人作啞劇的動作演出。這樣分工合作的演出，有時得視同學之間的默契。（張曉華，2003：196）
室內劇場	在說故事中，著重於人物行為動機的動作表現，敘述的內容必須十分完整。敘述者可融入故事內擔任某一角色，或以作者的身分以旁白對觀眾講話，演員除了對話也須作簡單動作。（張曉華，2003：268）

　　其中講笑話的類型最能吸引學生，學生在學習上也最易上手。原因是文字短易記牢，講得好滿堂喝采，成就感立即湧現。例子如〈去問你爸爸〉：

> 繁星滿天的一個夜晚，媽媽有事必須外出，吩咐兩個孩子不可亂跑後，匆匆忙忙離開了家。
> 電視沒什麼好看的，大兒子和小女兒玩起「假扮大人」的遊戲。
> 小女兒扮演「媽媽」的角色，模仿媽媽的語調說：「叫你去讀書，

你還在看電視，不怕看成四眼田雞！」

那腔調，那神情，都像極了媽媽。小女兒玩得上癮了，指著哥哥滔滔不絕地罵著：「上次考試，考個全班倒數第三名，丟臉死了！這次考試，如果沒有拿前三名回來，看我怎麼處罰你！聽到了沒有？講話呀，啞巴是不是？」

哥哥被「假媽媽」訓了一頓，心裡很不是滋味，於是反擊：「你以為你自己是媽媽嗎？還早呢！我問你，十九乘九是多少？你會嗎？」

哥哥存心要讓妹妹出糗。

可是妹妹不是省油的燈，只見她一臉從容不迫，不慌不忙地回答：「我現在沒空，去問你爸爸！」

（吳燈山，2007：33-35）

　　這篇笑話不僅有趣，還能讓學生「假裝一下」。角色扮演學生最愛，平常不能當的角色，現在換我來作；平常不能說的話，現在我能說。讓學生可以在對話中跳脫自我，暫時拋開社會上的規範與束縛。也因此角色扮演在各種活動上經常看得到。

　　至於演故事的類型，也可以總結表列如下：

表 3-2-3　演故事的類型

呈現方式	形式特徵
默劇	不用語言的戲劇表演，以肢體動作將劇情表演出來。（林玫君譯，1994：166）
偶戲	把物體經擬人化後，創造出一些如戲劇情節中的人物角色。（林玫君譯，1994：167）
即興表演	不依照劇本、不記憶對話，來進行故事或情節的一種演出方式。因為不需劇本，所以沒有背臺詞的負擔，更不需具備任何表演技巧，所以廣受大家的喜歡。（張曉華，2003：196）

角色扮演	角色扮演是採戲劇性扮演的方式，讓參與者擔任某一個角色或人物，以對動作與說話的模擬或道具的運用，並依自己的想像、觀察或經驗，來表達出該角色或人物的性格、思想或感覺等特質。（張曉華，2003：196）
即興真實人生 一人一故事劇場	由一群訓練有素的演員演觀眾的真實故事，由團體成員擔任演員，演出其他成員的故事。
旁述指導	老師可以在一旁提供口頭的建議或鼓勵來增加或推展戲劇的演出，對於一些需要額外幫助的學生而言，讓他知道目前表演的情形及如何改進是很重要的。（陳仁富譯，2001：17）
老師入戲	老師身為戲劇中的一角，同時監控學生發展情節的過程，而他最重要的角色是老師，對班級訓練與學習保持溝通管道的暢通。（鄭黛瓊譯，1999：64-65）

　　如果把戲劇當作在玩一般，我想沒有一個學生會不喜愛它。有一天，我在課堂上教到「師」這個生字，就索性請學生造個詞：「老師」；再請另一位學生造個句子：「老師像國王一樣，在發布命令打敵人。」我見狀馬上坐在位子上，當著全班的面說：「眾將士們！敵人已攻打進城了，我們殺吧！」想不到班上學生連聲喊道：「是的！國王。」連女生都站起來，準備衝出去。可見這種即興演出不需事前預備臺詞，全看大家之間的默契，就能有意想不到的驚喜效果。又有一段時間發現班上學生走路「ㄅㄥˋ！ㄅㄥˋ！ㄅㄥˋ！」感覺好不舒服，叮嚀了數次仍不見效果，所以就「請出」林煥彰《花和蝴蝶》詩中的一篇〈小貓走路沒有聲音〉（林煥彰，2007：15）來讓小朋友品嚐，並且要一邊讀詩一邊作示範：

　　小貓走路沒有聲音

　　　小貓走路沒有聲音，
　　　小貓穿的鞋子，
　　　媽媽用最好的皮做的；

　　小貓走路沒有聲音，
　　小貓知道牠的鞋子是
　　媽媽用最好的皮做的；

　　小貓走路沒有聲音，
　　小貓知道牠的鞋子是
　　媽媽用最好的皮做的，
　　小貓愛惜牠的鞋子；

　　小貓走路沒有聲音，
　　小貓知道牠的鞋子是
　　媽媽用最好的皮做的，
　　小貓愛惜牠的鞋子，
　　小貓走路就輕輕地輕輕地；

　　小貓走路沒有聲音，
　　小貓知道牠的鞋子是
　　媽媽用最好的皮做的，
　　小貓愛惜牠的鞋子，
　　小貓走路就輕輕地輕輕地；
　　沒有聲音。

　　想不到小朋友對這首詩喜愛無比，經常掛嘴邊。不僅如此，連走起路來都躡手躡腳的。每次如果聽到走路聲稍大時，我便會說：「小貓走路」學生便會接著說：「沒有聲音」，而且腳步聲立即變小。可見說教不一定有用，藉由詩中的情境讓學生來扮演，他自然就較易接受。藉由說演故事，孩子從中學習到許多知識與經驗，並深刻的感受到溫馨與滿足。倘若只讓孩子聽，孩子只能學得 30%；倘若讓孩子看，孩子便能學得 50%；倘若再加上說，孩子就能學得 70%；再讓孩子做，孩子可以學得 90%。（林

玉体，1988：122）藉著重覆的學習，將孩子的「最近發展區」與他更接近，也就學得更好。

　　九年一貫教育改革，將課程劃分為七大學習領域，並將表演藝術納入「藝術與人文」的領域中（教育部，1998），至此戲劇教育正式進入中小學的殿堂。藝術與人文的戲劇教育並非是專業人才教育課程的設計，而是學校一般通識課程，其課程教學設計與教材發展都是運用戲劇的特質作為教學媒介。戲劇不僅是個科目，也是一種學習方法與學習的工作。透過說話、動作等日常生活中自我表現活動的應用，此戲劇不以一般所謂的「演戲文化」為出發點，而是從為了培養學生語言、肢體、創意等能力，讓學科間互相聯繫，也讓學生的學習更加的完善。

第三節　說演故事的目的與方法

　　故事如果只是直接呈現在讀者面前，那麼它僅為一種文字的傳播而已；如果經由再轉化的過程，以說或演而呈現給聽眾或觀眾，那麼它相對上就會多樣且複雜起來！「說」是將故事予以再複述或轉述；而「演」是指將故事表演呈現在觀眾面前，彼此所要搭配的傳遞方式不太一樣。在說故事時會搭配姿態、表情和動作等肢體語言；而在演故事時除了以上的肢體動作之外，還需要更多的口說來傳遞，也因此說演故事經常是一體呈現的（詳見第二章第二節）。唯有兩者互相搭配，聽眾、觀眾才能對說演者所要表達的旨意清楚無誤。但這樣的清楚無誤也並非是全然，得視每個國家對文字、對人的表現方式的看法而定。例如：日本人在宣布親朋好友去世時，都是面帶微笑的；微笑對日本人來說並不一定表示愉快，也可以表示尷尬或哀戚。（汪琪，1984：183-184）由此可知，說、演故事如果能兩者結合，那麼傳達的意念就更加完整。而給人完整的訊息意念背後，不就是要藉由說、演故事的傳播來傳達一些特定的觀念嗎？而這些特定的觀念就是說演故事的目的。

　　這種二度轉換的歷程是「別為展現生機」的好辦法；倘若轉換成功了，那麼很可能會回饋給相關的創作而刺激另一波的「創新之旅」（當然也有不經過二度轉換而直接創作綜合藝術品的）。因此，底下這個架構就同時可以提供實際說、演的人自我評估和引人趨向的參考依據：

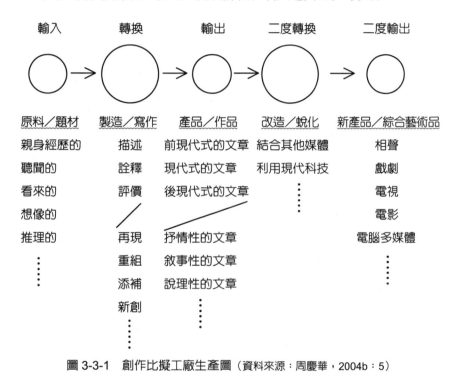

圖 3-3-1　創作比擬工廠生產圖（資料來源：周慶華，2004b：5）

　　說、演故事的目的，可以分為故事說演者的目的和故事說演本身的目的。前者是說演者想運用說、演的形式遂行他的某些慾望，藉由其形式將故事呈現在觀眾面前，讓觀眾了解他的意圖；後者是故事本身的中心思想，故事所要傳達的理念。例如：明華園歌仔戲團於 2008 年 12 月 28 日晚上 7 時在潮州國小操場演出《紅塵菩提》，當晚蒞臨的民眾站滿了操場的每一吋土地。主持人在臺上說明：「這是某位立委申請的，由臺灣

電力公司所贊助，共同邀請在我們潮州發跡、盛名於全國的明華園為我
們在潮州國小演出。」這樣的一句話就說明了故事說演者的目的——這
一位立委很為民眾著想、明華園現在很有名、感謝臺灣電力公司及潮州
國小的贊助。而故事說演本身的目的是：希望大家不管是新仇或舊恨，
社會中唯有愛才能化解一切不愉快。就一場歌仔戲而言：有能力的人，
他希望以自己棉薄之力帶給需要者一些訊息，而這些訊息主要就是「愛」。
每一個故事都會傳遞一些訊息，它們可以是簡單的快樂、也可以是繁重
的知識。然而，有時太過於教條式的話語反而不被聽眾所接受；因此，
必要時點到為止，留待觀眾去深思、去揣度，得到的迴響將會不一樣。
例如陳郁夫的〈蝙蝠與飛象〉中，男主角是漁村少年曹立祥，在遭逢家
變後力爭上游，不但沒有荒廢學業，還去捉蝦子、賣油條貼補家用。雖
然剛開始都很擔心別人的眼光，但意外的他卻得到老師的讚賞與鼓勵；
於是他期許自己能像那隻既能在天上飛，也能在地上走的「小飛象」，而
不做蝙蝠。（出處未詳）這無異是間接鼓勵小朋友要會玩也要會讀書；暗
示家境窮困，賣東西賺錢，自立更生，不是可恥的事。藉此激勵兒童，
人窮，但志氣不可短小。這一類有問題的家庭幾乎每班都有，藉由此故
事與同學分享，一方面可以提升學生的語文能力，也可以讓此類型的學
生有所安慰——我不是最悲慘的人；而讓班上家境好的學生也能有「人
在福中要惜福」的情懷，並且能像賣油條的鄰居一樣適時地幫助別人。
又例如毛姆（W.S.Maugham）的〈螞蟻與蚱蜢〉的寓言故事（陳蒼多譯，
2001：7-13），有些學生聽了之後會懂得寓言中的教訓：要人勤勉終有善，
輕率會受到懲罰。但是有時太過教條，有些學生聽了反而會更同情蚱蜢
而對螞蟻產生懷恨之心，甚至日後看見螞蟻就會將他踩死：「你跩什麼！
跩個屁呀！」這樣的結果不是我們樂意見到的，還是謹慎為妙！
　　傳播透過說、演把經典的小說、圖畫書中故事的敘述、角色明顯的
刻畫、人性的善良面予以揭發，來幫助孩子學習語文能力、體會觀察能
力、培養人格成長和社會生活適應的能力。也就是學生透過讀物「認識

自己、了解別人」，這些故事主要提供學生生活經驗；學生在說、演當中，需要與同儕互相合作。在故事中他們領悟了主角的生活經驗，在現實生活中他們再與班上同學進行說、演的合作學習。「合作學習」是團體成員間互相幫助，彼此相互學習，邁向共同的目標，通常都會有相互依賴的感覺，並且在長期互動下，最終能改善其間的社交關係。換句話說，在一個異質性團體內，成員之間在平等關係的基礎上，透過社會互動、溝通協調與支持分享的方式彼此相互學習，強調在維持個人成就的條件上，也能共同完成團體的目標。這不就是我們一直要學生學習的目標嗎？

「說、演故事」是一種有計畫性地給予孩子外在的刺激，讓孩子本身透過視覺、聽覺、觸覺將內在的活動，藉著我們的身體表現出來的創作過程，使孩子獲得豐富學習的機會。從自我表現中培養自信，並在與他人建立良好關係的過程中，適度地調整自己，尊重他人。在說演的過程中，兒童可以藉由聽故事、說故事、演故事將自己想像成故事中的主角，經歷一段又一段不同於實際生活的旅程，體會不同的人生滋味，且透過這些文學作品可以幫助兒童在語文認知及價值觀念的發展與教養上達到教育及娛樂的功用。

胡寶林在《兒童戲劇與行為表現力》中指出，戲劇的教育功能更載明了有：（一）自我的實現：學生在戲劇中可以自由發揮自我的意志，平日他的某些行為可能是被禁止的，甚至不可能實現的，在戲劇中正可以解脫外在的壓迫，讓學生漸漸認識自己，肯定自我，也較能適應外在環境；（二）內在意志與外在壓力的調節：學生以身體肌肉神經的運作來模仿或預演生活經驗，可以使模糊的心象獲得具體的認識，譬如去看醫生，在家中和孩子先把應診的整個過程簡單演一次，也讓他當當醫生，使他知道及模擬「體驗」這手術「不過如此」而已，也就不再恐懼了；（三）適應未來的生活環境與社會角色：兒童扮演的各種角色，等於是學習將來在實際生活中可能扮演的角色，透過情節的發展，學習思量關於自己與周圍世界的問題及早適應行為；（四）團體行為的參與及合作：學生學

習放棄己見，相讓合作，剛開始會遇到內部相互關係的衝突，合作的過
程中每個人對角色的擔當意願和每個人對劇情發展的意見來說，就是一
種社會行為的適應過程；（五）舉止的自我操縱及表現：個人演出所表現
的動作乃係應劇情所需，平時舉動不能安定的學生也得到應劇情所需要
而安靜下來。（胡寶林，1986：80-83）

　　綜合以上各家對說、演故事的功能論，說、演的活動能增進學生語
文表達的能力、激發想像和創造力、增強問題解決的能力、促進團體行
動的參與及合作、培養良好的社會行為與道德意識，使其能有自信和自
尊的建立促進自我實現，激發潛能，增進學以致用機會、奠定藝術欣賞
基礎。

　　至於故事所以能經由說演者中傳遞相關目的給觀眾，關鍵就在說演
者方法的運用。首先是故事題材的講究安置：就是一個故事要有它的寓
意、張力、對比、和象徵等效果技巧。以比爾伯頓（Bill Bitta）得紐伯瑞
銀牌獎的《五毛錢的願望》（莫莉譯，1995）中第三章〈樹人〉為例：

情節一：
背景：吉維斯夫婦經營一座農場，夢麗娜是他們的女兒，山姆則在農場
　　　上幫忙，亨利是永昌公司農具的推銷員。
起因：夢麗娜對能言善道、阿諛諂媚的亨利極為迷戀。
問題（P1）：夢麗娜想要亨利能在巫樹鎮住下來。
解決（S1）：亨利一年只來這麼幾天，夢麗娜想說服媽媽讓亨利到家裡
　　　　　　來住。
結果（C1）：說服媽媽不得。
解決（S2）：借助許願卡，按下許願卡的紅心「我希望，我希望亨利‧派
　　　　　　普在巫樹鎮紮根，永遠都不要離開。」
結果（C2）：亨利的腳被黏住了。

情節二：

起因：亨利的腳被黏住了。

問題（P1）：希望能取消許願卡的願望，讓亨利重回自由。

解決（S1）：往上拔，用力挖。

結果（C1）：知道亨利的腳往地上生根，徒力無法完成。

解決（S2）：山姆幫忙夢麗娜尋找解決方法。

結果（C2）：夢麗娜發現了亨利的真面目，並且知道發願之事，尋找脫離魔法。

解決（S3）：山姆到圖書館看書尋找解答。

結果（C3）：只找到神話與傳說。

解決（S3）：請求燉肉用許願卡讓一切恢復原狀。

　　這篇故事就很符合寓意（夢麗娜喜歡外表諂媚的亨利）、張力（劇情節奏緊湊）、對比（亨利和山姆）、和象徵（亨利變成樹人）等效果技巧，可以讓觀眾能跟著劇情節奏走。

　　其次是故事型式的設計：故事終究是要在舞臺上實踐的，它所有的組成成分以及該成分整體的性質，都得接受觀眾的考驗，於是有結構問題的產生。一般的戲劇有所謂的「敘事性結構」和「劇場性結構」的區分。當中敘事性結構可再分成五個次類：（一）純戲劇式結構：就是單獨保持戲劇結構；（二）史詩式結構：融合了史詩的結構；（三）散文式結構：它接近於形散神不散，不注重故事情節，而講究真實自然、追求情調意境的散文結構；（四）詩式結構：摒棄一切傳統的影響，沒有完整的故事情節，也沒有確定的人物性格和連貫的邏輯語言；（五）電影式結構：集上述於一身，主要是不受時空限制表現情節的電影蒙太奇手法。至於劇場性結構，則包含兩層結構：一層也可以寫下來，類似敘事性結構；另一層則是純劇場性的，而它還可以再分出「戲中戲」結構、儀式性結構和社會論壇劇結構等次類型。（孫惠柱，1994）

　　最後是場合營造的布置：故事終究要採用哪一種結構方式以及希望
達到什麼效果，在相當程度上也得一併考慮演出的舞臺，現在已發展出
鏡框式舞臺、中心舞臺、馬蹄形舞臺、伸展示舞臺等。（尹世英，1997）
這種種的舞臺設計都是為了要讓說、演戲劇的過程更順利，以期達到最
佳的效果。至於更細節的說演者個人所該具備的條件、臨場時的自我調
適以及所有的場面調度等一些專業的問題，因為還「無暇相軋」和「力
不及此」，就不再牽涉奢談。

第四章　閱讀教學的課題

第一節　閱讀教學的現況與缺漏

　　閱讀課題是目前教育當局最夯的話題，自從前部長曾志朗上任這閱讀的話題就開始蔓延，從小學至大學、從城市至鄉村，教育單位如火如荼的展開一連串的閱讀行動。本章我將以教育最前線的班級導師觀點，針對目前閱讀教學的現況與缺漏，且在第二節現場教學中對統整與科際整合的閱讀教學趨勢、第三節多媒體運用的閱讀教學轉向、第四節閱讀教學與說演故事結合的新紀元等加以陳述其執行上所面臨的問題。

　　2001 年是教育部所定的兒童閱讀年，至今已推行多年的閱讀活動讓大眾都深知兒童閱讀的重要性。小學階段是一個孩子一生閱讀習慣的形塑期，再加上現今資訊是一日千里，倘若無良好的閱讀習慣，我們的下一代將快速向下沉淪，變成一個速食知識的時代。2007 年 PISA 公布第三次研究報告，由專家針對超過四十萬名來自五十七個國家的學生進行評量，測量的重點則在於科學能力。而臺灣學生雖有不錯的數學成績，但是閱讀能力落後在第二十二位。（齊若蘭、袁孝康，2003：144）值得注意的是在政府大力的推動閱讀教育之際，為什麼臺灣閱讀仍未有個漂亮成績？究竟我們的閱讀教育出現了什麼問題？為什麼這麼多有關閱讀的研究及書籍出爐而仍未改善閱讀的風氣？是家庭教育出現了問題嗎？還是學校教育的疏漏所致？甚至是整個社會大環境的改變影響了閱讀風氣？

　　端看芬蘭教育為何能在全球中名列前茅，除了有完善的社會福利之外，主要是他們致力於家庭教育的基石，反觀臺灣家庭對閱讀有如此熱

衷的倒不多見。根據《天下雜誌》進行的「全民閱讀大調查」顯示，臺灣人平均每週花在閱讀的時間是 7.5 小時。也就是說，民眾花在看書、看報紙、看雜誌的時間，每天平均不過一小時（表 4-1-1）。從調查中可觀察到「閱讀」這件事，在民眾的生活中所佔的比重，有被邊緣化的情況。民眾休閒最常做的活動「看電視」仍是排行榜首席，其次是外出活動、運動，第四位則是閱讀。且近三成的孩子優先選擇「玩電腦」為主要的休閒活動；其次把運動當主要活動的孩子有 23.3%。但是如果把「玩電腦」與「看電視」的選項加總，比例將達 46.3%（表 4-1-2），由此得知大多數小孩的生活都被電腦與電視所填充了，對於閱讀課外書這事卻落在第四位。（李雪莉，2003：234-243）如果父母親在家看電視，卻叫孩子去房間讀書，不但無法建立閱讀習慣，還會使孩子愛看電視、被動學習。倘若要從家庭中培養孩子閱讀的興趣，首先必須要家長能主動遠離電視，唯有遠離那控制我們思考、想像力的電視，那麼親子間相處的時間才會增加；也唯有將增加出來的時間加以有效運用，親子間相處時間多了，感情自然也就更融洽了。

表 4-1-1　休閒時最常做什麼活動（資料來源：李雪莉，2003：235）

休閒活動項目	百分比（%）
看電視	27.9
外出	22.8
運動	19
看書	15.1
其他	10.8
睡覺	4.4

表 4-1-2　你家小孩主要的休閒活動（資料來源：李雪莉，2003：241）

休閒活動項目	百分比（%）
玩電腦	29.1
運動	23.3

看電視	17.2
看課外書	16.6
其他	11.2
聽音樂	2.7

　　家庭是孩子接觸最早、也是相處時間最多的環境，父母也理所當然成為孩子最早的啟蒙者。在媽媽是最初的老師一書中（蔡穎卿，2007），我細讀後有感而發：是多麼幸運的孩子，才能擁有這樣的家庭環境；是多麼幸運的孩子，才能擁有這樣的貼身母親。再想想我所處的教學環境中，學生有三分之一是低收入戶、單親、隔代教養、外籍配偶等，每天都在為生活憂愁的人，能有多少心思在孩子學習過程中長期陪伴，又有多少父母能明白現階段培養閱讀的重要性而不向現實妥協。

　　因此，家庭是兒童在成長過程中第一個且無法取代的學習場所。父母親對孩子閱讀的啟發佔有舉足輕重的地位，該如何將閱讀課題落實在家庭教育中其實是個令人玩味的問題。如果父母親能關掉電視帶頭營造家庭閱讀習慣，不管是為孩子朗讀或是孩子已經能夠獨立閱讀，只要有家長在旁陪伴，讓孩子在安全的國度中享受一個溫馨的閱讀環境，盡情的倘佯在他的知識場域，閱讀習慣便是這樣一分一秒慢慢的在孩子的生活中生根。新竹教大幼教系教授陳淑琴也指出，倘若要讓幼兒成為一位成功的閱讀者，主要因素是要有大量的聽閱經驗，尤其是幼兒因為閱讀經驗缺乏，大多必須依靠成人與他共讀來累積他的閱讀經驗，當幼兒一聽再聽自己喜歡的故事時，他們會不自覺的沉浸在故事的想像世界裡，甚至關心起故事裡的人物。如果這時家長能和孩子共同討論故事的情節、意義，那麼孩子在傾聽的過程中也拓展了他的視野。（陳淑琴，1998：11-14）

　　雖然大部分的研究指出父母的教育程度在大學以上者對其子女早期閱讀影響機會的高低有明顯的影響，但是以我多年教學經驗而言，我比較贊同陳雁齡的研究，她的研究中指出父母親教育水準高中以上者其幼

兒早期閱讀的能力,較父母親教育水準為高中以下者佳。(陳雁齡,2002:
35-36)如果家長沒有把孩子的教養問題擺在第一位,父母親學歷再高又
有何用?其次是父母親的閱讀行為也會影響孩子。父母親在家中的行為是
孩子模仿的對象,不管是在書桌上看書、在餐桌上看報紙、甚至在廁所
裡看雜誌等行為,都會讓孩子覺得閱讀是一件輕鬆自在的事,這樣輕鬆
自在的事讓孩子在很自然、很生活化的情境下,很快就模仿這樣的行為。

　　洪蘭曾指出,語言是本能,閱讀是習慣,所以必須從小培養這個習
慣,一個正常的孩子生活在社會中,沒有人教,自己會學會說話,一個
正常的孩子,生活在社會中,沒有人教閱讀,他便是文盲。(洪蘭,2006:
54-56)由此可知,閱讀是需要學習的;而且這樣的學習需要策略加以輔
助,以便能事半功倍得到更多你所預期的成效。閱讀最基本的工夫是從
本身的經驗出發,設想學習者的狀況,然後按部就班的去引導學習者重
歷自己的閱讀過程。這現象稱為「經驗的異己再現」。其可分為:(一)
完全再現;(二)局部再現;(三)不見再現。傳統式的閱讀教學為一種
由局部到整體或由表層到深層的教學模式,而基進式的閱讀教學則為一
種突破規範且著重在創造成分的教學模式(周慶華,2007:49)。無論教
學者選擇哪一種教學方式,都得備有廣博的語文經驗、創新文化的洞見
和實踐願力、熟練閱讀教學的技巧、擅於營造良好的學習環境等能耐與
涵養,才能勝任愉快。

　　老師如何才能勝任工作?在傳統學校教育中閱讀是靜態的、是個人
式的閱讀;九年一貫能力指標對閱讀的分析教學方法不僅強調同儕之間
的相互討論,也強調社會互動、動機、認知、知識等多方面的均衡。在
國語文能力指標中有關閱讀教育的能力指標共分三個階段實施:第一階
段是國小一年級至三年級,此階段應當是讓學生覺得閱讀很有趣,能讓
他們發揮想像力。第二階段是國小四年級至六年級,此階段應當是讓學
生運用閱讀尋找資訊,並願意分享彼此的想法與事情。第三階段是國中
七年級至九年級,應當讓學生了解閱讀使他們放鬆,並從中發現更寬廣

的世界與不同的人群。各階段的閱讀目標設定好，老師便可針對這些目標設計不同年齡層與不同閱讀經驗的教學活動。

　　各種不同年齡層的孩子需有不同的教學活動來引導他們，例如：第一階段時，為了要讓學生覺得閱讀很有趣，能夠發揮他們的想像力，就可以大聲朗讀書籍，運用聲音、表情與肢體動作帶領孩子進入書中，也可以藉由有聲書或者動畫，從聽說經驗刺激孩子的閱讀意願，還可以帶孩子去欣賞相關的戲劇表演與舞蹈，使他們了解故事所要傳達的意涵。第二階段便需要透過互相分享，讓學生發現閱讀世界的廣大。這時，讀書會便是很好的方式；透過讀書會，孩子學習提問的技巧，以及練習溝通的方式：一方面學生以書籍為討論的核心；另一方面練習思考與發表的能力。第三階段國中時期的閱讀，協助使學生進入到主動閱讀的境界。他能夠針對自己的需求與想法來選擇想閱讀的書，也能從閱讀中享受與作者溝通的樂趣，更能從中擴展經驗，了解世界的寬闊與不同的人群。

　　因此，身為一位老師必須得在不同階段運用不同的策略來吸引學生喜歡閱讀。以下便是有關閱讀教學的能力指標：

　　表 4-1-3　閱讀教學能力指標（第一階段）（資料來源：教育部，2008）

閱讀教學能力指標 1-2 年級

指標編號	能力指標	學習待加強	學習尚可	學習良好
5-1-1	能熟習常用生字語詞的形音義。			
5-1-2	能讀懂課文內容，瞭解文章的大意。			
5-1-2-1	能讀懂課文內容，瞭解文章的大意。			
5-1-2-2	能分辨基本的文體。			
5-1-2-3	能概略瞭解課文的內容與大意。			
5-1-3	能培養良好的閱讀興趣、態度和習慣。			
5-1-3-1	能培養閱讀的興趣，並培養良好的習慣和態度。			

5-1-4	能喜愛閱讀課外讀物，擴展閱讀視野。			
5-1-4-1	能喜愛閱讀課外（注音）讀物，擴展閱讀視野。			
5-1-4-2	能和別人分享閱讀的心得。			
5-1-5	能瞭解並使用圖書室（館）的設施和圖書，激發閱讀興趣。			
5-1-5-1	能瞭解圖書室的設施、使用途徑和功能，並能充分利用，以激發閱讀興趣。			
5-1-6	認識並學會使用字典、（兒童）百科全書等工具書，以輔助閱讀。			
5-1-7	能掌握基本的閱讀技巧。			
5-1-7-1	能流暢朗讀出文章表達的情感。			
5-1-7-2	能理解在閱讀過程中所觀察到的訊息。			
5-1-7-3	能從閱讀的材料中，培養分析歸納的能力。			

表 4-1-4　閱讀教學能力指標（第二階段）（資料來源：教育部，2008）

閱讀教學能力指標 3-4 年級

指標編號	能力指標	學習待加強	學習尚可	學習良好
5-2-1	能掌握文章要點，並熟習字詞句型。			
5-2-2	能調整讀書方法，提升閱讀的速度和效能。			
5-2-3	能認識文章的各種表述方式。			
5-2-3-1	能認識文章的各種表述方式（如：敘述、描寫、抒情、說明、議論等）。			
5-2-3-2	能瞭解文章的主旨、取材及結構。			
5-2-4	能閱讀不同表述方式的文章，擴充閱讀範圍。			
5-2-4-1	能閱讀各種不同表述方式的文章。			

5-2-4-2	能讀出文句的抑揚頓挫與文章情感。			
5-2-5	能利用不同的閱讀方法，增進閱讀的能力。			
5-2-6	能熟練利用工具書，養成自我解決問題的能力。			
5-2-6-1	能利用圖書館檢索資料，增進自學的能力。			
5-2-7	能配合語言情境閱讀，並瞭解不同語言情境中字詞的正確使用。			
5-2-7-1	能概略讀懂不同語言情境中句子的意思，並能依語言情境選用不同字詞和句子。			
5-2-8	能共同討論閱讀的內容，並分享心得。			
5-2-8-1	能討論閱讀的內容，分享閱讀的心得。			
5-2-8-2	能理解作品中對周遭人、事、物的尊重與關懷。			
5-2-8-3	能在閱讀過程中，培養參與團體的精神，增進人際互動。			
5-2-9	能結合電腦科技，提高語文與資訊互動學習和應用能力。			
5-2-9-1	能利用電腦和其他科技產品，提升語文認知和應用能力。			
5-2-10	能思考並體會文章中解決問題的過程。			
5-2-11	能喜愛閱讀課外讀物，主動擴展閱讀視野。			
5-2-11-1	能和別人分享閱讀的心得。			
5-2-11-2	能喜愛閱讀課外讀物，進而主動擴展閱讀視野。			
5-2-12	能培養良好的閱讀興趣、態度和習慣。			

5-2-12-1	能在閱讀中領會並尊重作者的想法。			
5-2-12-2	能與父母或師友共同安排讀書計畫。			
5-2-13	能讀懂課文內容,瞭解文章的大意。			
5-2-13-1	能從閱讀中認識華語文的優美。			
5-2-13-2	能從閱讀中認識不同文化的特色。			
5-2-14	能掌握基本的閱讀技巧。			
5-2-14-1	能流暢朗讀出文章表達的情感。			
5-2-14-2	能理解在閱讀過程中所觀察到的訊息。			
5-2-14-3	能從閱讀的材料中,培養分析歸納的能力。			
5-2-14-4	學會自己提問,自己回答的方法,幫助自己理解文章的內容。			
5-2-14-5	能說出文章的寫作技巧或特色。			

表 4-1-5　閱讀教學能力指標（第三階段）（資料來源：教育部，2008）

閱讀教學能力指標 5-6 年級

指標編號	能力指標	學習待加強	學習尚可	學習良好
5-3-1	能掌握文章要點,並熟習字詞句型。			
5-3-1-1	熟習活用生字語詞的形音義,並能分辨語體文及文言文中詞語的差別。			
5-3-2	能調整讀書方法,提升閱讀的速度和效能。			
5-3-2-1	能養成主動閱讀課外讀物的習慣。			
5-3-2-2	能調整讀書方法,提升閱讀的速度和效能。			
5-3-3	能認識文章的各種表述方式。			

5-3-3-1	能瞭解文章的主旨、取材及結構。			
5-3-3-2	能認識文章的各種表述方式（如：敘述、描寫、抒情、說明、議論等）。			
5-3-3-3	能理解簡易的文法及修辭。			
5-3-4	能認識不同的文類及題材的作品，擴充閱讀範圍。			
5-3-4-1	能認識不同的文類（如：詩歌、散文、小說、戲劇等）。			
5-3-4-2	能主動閱讀不同文類的文學作品。			
5-3-4-3	能主動閱讀不同題材的文學作品。			
5-3-4-4	能將閱讀材料與實際生活經驗相結合。			
5-3-5	能運用不同的閱讀策略，增進閱讀的能力。			
5-3-5-1	能運用不同的閱讀策略，增進閱讀的能力。			
5-3-5-2	能運用組織結構的知識（如：順序、因果、對比關係）閱讀。			
5-3-5-3	能用心精讀，記取細節，深究內容，開展思路。			
5-3-6	能熟練利用工具書，養成自我解決問題的能力。			
5-3-6-1	能利用圖書館檢索資料，增進自學的能力。			
5-3-6-2	能熟練利用工具書，養成自我解決問題的能力。			
5-3-6-3	學習資料剪輯、摘要和整理的能力。			
5-3-7	能配合語言情境閱讀，並瞭解不同語言情境中字詞的正確使用。			
5-3-7-1	能配合語言情境，欣賞不同語言情境中詞句與語態在溝通和表達上的效果。			

5-3-8	能共同討論閱讀的內容，並分享心得。			
5-3-8-1	能討論閱讀的內容，分享閱讀的心得。			
5-3-8-2	能理解作品中對周遭人、事、物的尊重與關懷。			
5-3-8-3	能在閱讀過程中，培養參與團體的精神，增進人際互動。			
5-3-8-4	能主動記下個人感想及心得，並對作品內容摘要整理。			
5-3-9	能結合電腦科技，提高語文與資訊互動學習和應用能力。			
5-3-9-1	能利用電腦和其他科技產品，提升語文認知和應用能力。			
5-3-10	能思考並體會文章中解決問題的過程。			
5-3-10-1	能思考並體會文章中解決問題的過程。			
5-3-10-2	能夠思考和批判文章的內容。			

　　《天下雜誌》在 2002 年的教育專刊「閱讀——新一代的知識革命」，針對中小學教師進行閱讀大調查，並從調查中顯示出幾個非常值得思考的現象：

　　(一) 有 89.6%的老師，都認為閱讀有助於激發學生創意、想像力，81.5%的老師認為，可以提升學生自我學習能力，更有 56.5%的國中小老師也認為，閱讀有助於邏輯思考。

　　(二) 但當老師在學校推閱讀時，有 87.5%的國中老師，和 60.3%的國小老師，並不覺得順利。

　　(三) 雖然國中小學的整體閱讀環境並不佳，尤其是學校圖書館幾乎聊備一格，但是多達 85.7%的國小老師、67.4%國中老師，將來仍然要將提升學生的閱讀能力納入教學重點。

(四) 在閱讀的相關教學上，老師們最頭痛的是，學生的學習精神不足；另外，教學負擔過大、學校資源硬體及經費不足、缺乏家長配合等三項緊追其後，顯示推廣閱讀有很多教育體制結構上的限制。

(五) 從調查中顯示，老師在推動閱讀時的方法並不多元活潑。除了指定本外，多數老師（66.4%）要求學生撰寫書面報告，或要求學生課堂上當面報告，和成立班級圖書室。（游常山，2003：244-251）

　　根據《天下雜誌》的統計與我在學校中的觀察顯示：許多老師都是愛書人，他們重視閱讀，知道閱讀的重要，在國語文教學時數每週五節的情況下，除了教科書的內容指導外，教學的範圍也從教科書延伸到課外閱讀的擴充、應用。而國語文內容包羅萬象沒有辦法以一概全，教學項目包涵說、讀、聽、寫樣樣需補充的情況下，老師應該依單元中所要加強的項目進行補充教學。只是一般老師礙於能力，無法教得多元精采，而使閱讀教學大打折扣。另外，學校活動雖有彈性課程可規畫實施，但是往往彈性課程的規畫比正式課程更難以掌控時間。也因此正式課程時數常常不足，老師幾乎常處於趕課的情況下。其次是閱讀心得及學習單的濫用，國小第一階段應該是培養學生閱讀的興趣，如果老師一再要求寫心得及學習單而少了引導的話，學生面對學習單及心得只有「痛苦」兩個字可以形容，而這樣的痛苦又會蔓延到他所剛要建立的閱讀興趣上。因此，有關閱讀教學的學習單及心得老師應該在多元引導下，確定學生都能了解該書作者的想法及書中內容與傳達的意念後引導，且應引導學生不同的角度進行思考問題，再漸漸放手讓孩子完成。對於那些將學習單只視為功課，且學生的回答大都是「很好看」、「很好玩」等答不出具體內容的，為師者在努力製作學習單時，不妨也再次反思閱讀教學的其他策略。

第二節　統整與科際整合的閱讀教學趨勢

　　邁入二十一世紀一連串的教改政策，不管是思維的轉變，或是風氣的形成，它都代表一段大邁進的歷史。九年一貫課程的改革，主要有四的部分：（一）課程架構的改變，由原本的科目改為領域，也由十一門學科改為七大領域，其次是課程分為學習課程和空白課程，它們各佔 80%和 20%。（二）教育目標再設定，過去以各學科教學目標，現在則以十項基本能力作為各領域的教學目標。（三）教材是統一和連貫性的，統一指的是各領域間橫向聯繫，連貫是教材縱向的連貫。（四）教材統整、合科教學、協同教學及多元評量等教法上的革新。九年一貫教師們所要努力的就是第四項教學上的改進。（羅秋昭，2001：187-200）「課程統整」（Intergrated Curriculum）是一種課程設計的型態，把相關的知識、經驗結合讓學生在學習過程中學習到完整的課程目標，正是教師的職責。

　　新思想、新風氣並不一定就是全新的發現，也可能是早就存在於大家的生活模式中，但是因為時空背景的不同，而被大家所遺忘了，語文統整教學可能就是這種新思維。事實上，它存在每一個人的成長經驗中，就如口說語言的學習而言，我們的生活就是一個最好的學習環境。然而如果教學過程都是一成不變，我們又怎麼能讓學生引起興趣？教學內容不該被分割、分段、限制，而應該是有意義的、整體的、完整的一系列活動。這有意義的活動對象是學生，也因此課程的設計也應授權讓學生參與，適度將學生的意見納入，讓學生成為自己學習過程中的主人。在設計教學時，應把握統整的精神；設法讓語文學習回到自然、真實的社會文化環境中，一方面學生可以找到語文學習的動機與樂趣；另一方面也提供學生更生活、更有趣、更實用的學習內容。在九年一貫的思潮下分科教育和統整教育、傳統課程取向和統整課程取向的幾項差異觀，對教學者與學習者而言很明顯的可以清楚比較其關係及對影響的鉅大。（張世忠，2003：58；徐世瑜主編，2002：7）如下表：

表 4-2-1　分科和統整教育比較表（資料來源：張世忠，2003：58）

教學方式	分科教育	統整教育
教學重點	專精性知能	整合知能和經驗
學生角色	偏重單一知能學習	多元智能學習
活動主導	教師主導	彼此互助
學習內容	共同知識	個別和共同知識（兼顧學生興趣）
知識觀點	知識即內容（學習教科書和教材）	知識即過程（重視培養能力）
學習酬賞	外在動機	內在動機
教學方式	零碎式教導和學習	整體式教導和學習
學習目標	共同性質（學習者）	獨特性質（學習者）
資源分配	差別式資源分配	平等式資源分配
教學評量	單項目標式評量	多元真實性評量

表 4-2-2　傳統與統整課程取向比較表（資料來源：徐世瑜主編，2002：7）

傳統課程取向	統整課程取向
學習由小步驟的程序組織而成	學習強調連結與完整的情境
學習始於最簡單的觀念漸至最複雜的觀念	學習使於複雜的任務
課程為模擬的活動，重視逐步漸進、步驟化控制的任務	課程為真實情境的活動，儘可能以真實生活的任務為主
學科是分離的	學習是科際整合的
觀念的發展須透過嚴謹、邏輯的順序	觀念會依學生所獲得的意義與理解之不同而有所差異
能力以嚴謹的方式分開教授，待次能力精熟後，才教授複雜的能力	在真實情境需要的時候，將會嚴謹地培養需要的能力
課程初期最關注的焦點為：觀念是否依照工作分析的方式組織	課程初期最關注的焦點為：學生的發展階段、興趣與先備知識
運用一本教科書，常常使用有限的字彙	運用多元的資源，且使用自然情境中的字彙
學生被動地接受資訊	學生主動地參與並探索意義
課程主要的教授對象是個別的學生或全班	課程是在小組中合力發展的產物
課程由老師主導	課程是在討論與協商的過程中形成

　　因此，統整課程為一種打破學科分界，結合具有關聯性知識體系的課程，透過教學層次，將現有教學與學生生活經驗，設計一個有系統、活化的實用課程，對學生與他人與社群之間日後的生活應用才是最實際的。語文是一切學習的基石，而究竟該如何的統整才能將課程設計的理念與實際問題結合？語文的統整教學並不是把聽、說、讀、寫的語言形式統整在一起就叫做統整了。重要的是要把語文學習回歸到語文的功能性、社會性上，也就是說把語文還原到最真實的語言運用情境與功能上。這樣的統整教學具有以下幾層意義：（一）聽、說、讀、寫的技能操作是自然發生的。（二）學習語文和藉由語文學習新知識，二者是同時發生的。（三）學習過程是解決問題，嘗試錯誤的過程，無所謂準備度的問題。（四）學習的出發點是學習者的需要。（五）學習的內容是跨領域的。（趙鏡中，2001，29-63）運用語文可以統整與科際整合是目前的閱讀趨勢；「課程統整」它不只是重新安排學習計畫的方法而已，而是一種課程設計的理論，包括學校目的、學習本質、知識的組合使用、教育的意義等觀點。簡單的說，它包括經驗的統整、社會的統整、知識的統整以及課程的統整四層面。（歐用生，1999：128-138）它結合了生活經驗、社會、知識、課程且彙整成有意義的結合，課程統整學習的焦點是在理解學生生活問題和擴大學生學習範圍。就學科而言：有單一學科、跨學科與科際整合；就方法而言：不離主題及學科統整。其中又以科際整合及主題式的模式最常被提及應用。（薛梨真，1999：8-14；廖春文，2001：47；中華民國課程發展學會，2000：260）以下彙整各專家學者所提出的看法及依照我在實際教學中經常使用的統整例子作分類，進行實際的課程思考示範：

第一，單一學科單元統整：

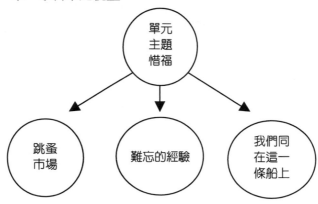

圖 4-2-1　單一學科單元統整圖

　　以現行國語課程為例都以單元整合課程這數個單元為整學期的課程概要。現在就以南一版第八冊第三單元「惜福」為例，第八課跳蚤市場，以順序法透過跳蚤市場熱鬧的情景，傳達愛物惜物、物盡其用的觀念；第九課難忘的經驗，以透過山區度假的偶發事件，在沒電、沒水、沒糧食之下，作者真實體驗後更珍惜擁有的一切，並能知福、惜福；第十課我們同在這條船上，描述臺灣居民大家來自不同的地方，有挫折、有歡喜不分族群共同珍惜臺灣這塊樂土。將此三課課文大意以「惜福」為主題，作此一單元課程上的統整。而單一課程的統整，也就是依知識性質作統整的課程設計，而不能僅從生活為中心的主題統整去思考。其優點是目前九年一貫各領域課程時間減少，如果以單元統整為重心的教法，不但可以改變過去單篇教學的模式，還可以節省上課的時間，提升有效的教學。以下將我個人的統整教學活動設計敘述如下：

【語文領域單元統整教學活動設計】

教學主題	惜福	教學年級	四年級
教材來源	南一書局審定本第八冊 第八、九、十課	教學時間	400分鐘
設計者	林秀娟	教學者	林秀娟

統整單元主題：惜福

一、教學目標：

(一) 藉由以具體化的行動，淺而易懂的課文，讓學生體會「惜福」的真諦及必要性。

(二) 培養學生惜物、愛物、以及熱愛本土的情懷，以珍惜眼前擁有的幸福。

二、教材分析：

表 4-2-3　教學流程表

	課題	八、跳蚤市場	九、難忘的經驗	十、我們同在這條船上
閱讀能力	課文內容	透過跳蚤市場，傳達愛物惜物、物盡其用的觀念。	透過山區度假的偶發事件，在沒電、沒水、沒糧食之下，珍惜擁有的一切。	大家來自不同的地方，能共同珍惜臺灣這塊樂土。
	課文結構	先說以跳蚤市場的開始拉開序幕；再說介紹市場熱絡的買賣情形；最後提示「物盡其用、愛物惜福」的觀念。	以「感想」開頭；再述旅遊時受困山中的情形；最後再以感想作結束。	第一段：臺灣居民不管來自何方，都在同一條船上；第二段：祖先渡臺追尋夢想圓夢；第三段：經過努力創造輝煌歷史；第四段：將臺灣比喻小船，我們要共同珍惜。

	修辭句型	1.轉化 2.摹寫 3.對偶 4.映襯	1.摹寫 2.感嘆 3.鑲嵌 4.雙關	1.譬喻 2.類疊 3.頂真 4.映襯 5.回文
	引申教材	鱷魚放假了	天堂的孩子	臺灣歷史圖說
聽、說能力		能說出買賣的情形	能說出自己所經驗的颱風夜	能說出詩的形式及詩眼
寫作能力		能運用所學詞、短語寫作	學習舉例的寫作法	學習寫詩

三、上課時數與教學重點：

節數	教學主題內容	備註
第八課 第一節	1.統整教材：說明單元主題。 2.講解〈跳蚤市場〉課文第一、二段。 3.同時學習第一、二段語詞、生字： 　　跳蚤、熱絡、飾品、擺放、攤位、髮夾、識貨、鑲著。	
第二節	1.講解〈跳蚤市場〉第三、四段。 2.學習語詞生字： 　　公布欄、物美價廉、樂陶陶、便宜、意義、購物袋。 3.說明課文主旨、大意。	
第三節	綜合活動： 1.複習課文生字、語詞，並且作加深加廣的練習。 2.綜合課文思考與討論。 3.習作指導。	
第四節	1.講解〈難忘的經驗〉課文一、二、三、四段。 2.教學語詞、生字： 　　豪雨、趁著、劈哩啪啦、縫隙、籠中鳥。 3.說明課文大意、主旨。	
第五節	1.講解〈難忘的經驗〉課文五、六、七、八段。 2.教學語詞、生字： 　　溼透、沾滿、餅乾、充飢、泥濘、心驚膽跳、彩虹、餐桌、 　　豬腳麵線、心有餘悸。	

第六節	綜合活動： 1.複習課文生字、語詞，並且做加深加廣的練習。 2.綜合課文思考與討論。 3.習作指導。	
第七節	1.講解〈我們同在這條船上〉課文第一、二段。 2.學習語詞、生字：渡過。 3.說明課文大意、主旨。	
第八節	1.講解〈我們同在這條船上〉課文第三、四段。 2.學習語詞、生字： 　挫折、士農工商、歷史、輝煌。 3.說明課文大意、主旨。	
第九節	綜合活動： 1.複習課文生字、語詞，並且做加深加廣的練習。 2.綜合課文思考與討論。 3.習作指導。	
第十節	1.統整三課課文內容。 2.創思與批判的思維訓練。 3.討論： 　(1) 為什麼外公認為舉辦跳蚤市場是一件很有意義的事？ 　(2) 請你比較一下，跳蚤市場和現代化的超級市場有什麼不一樣？ 　(3) 想想看，如果你在山區受困最想做的是什麼？ 　(4) 經歷受困山區的人，以後會怎樣對待自己？ 　(5) 為什麼我們的祖先要到這裡來追尋夢想？ 　(6) 目前臺灣的各政黨、政論節目經常互相爆料。我們在班上也有小團體，也時也互相批評，你認為該如何相處才最恰當？	
第十一節	統整三課課文形式： 1.課文結構（取材及分段）。 2.課文開頭及結尾的表現。 3.修辭技巧。	結合寫作課程實施

【教學活動流程】

教學課程	具體活動內容	時間分配	教學資源	教學評量
第八課 跳蚤市場	一、準備活動： 　1.單元掛圖。 　2.詞卡、字卡、句型條、問題條。 　3.跳蚤市場的照片。 二、發展活動： （一）統整單元教材： 　　教師運用提問的方法，從生活中舉例子，說明從跳蚤市場中我們所面對的事物，由於大家的珍惜不浪費，讓人對這個「二手貨」的交易市場有了更深一層的體驗。利用情境活動，進入單元主題： 　1.揭示單元頁圖文，並提出問題思考： 　　(1)　本課是在什麼時間舉辦跳蚤市場？ 　　(2)　從課文中可知外公是一位怎樣的人？ 　　(3)　從課文中你觀察出作者生意做的如何？ 　　朗讀單元頁圖文及說明。 （二）引起動機：教師說一件自己在跳蚤市場購得的物品。 （三）概覽課文及說出課文大意： 　1.這一課的主題在說什麼？ 　2.你對「二手貨」的觀念是如何？ 　3.珍惜資源再運用對環境有什麼好的影響？ （四）講解課文內容及學習生字新詞： 　　老師一面唸一面講解課文內容，遇見生字則同時指導生字與新詞的學習。 　　第一、二段語詞、生字： 　　跳蚤：大家習慣以「跳蚤市場」一詞作為二手貨交易市場的代名詞。	10 10 20	單元圖 情境圖、有關照片 物品詞卡	在問答中觀察學生是否了解單元主題 學習歸納能力課文大易以簡單了解為主 老師一面唸課文一面講解課文內容及生字新詞

	熱絡：親密熱情的樣子。（請兩位學生表演） 飾品：佩帶在身上的妝扮物品。像：耳環、髮夾。 擺放：陳列。（觀察教室後的學生作品） 攤位：在地上或架子擺放貨物供買賣的地方。 髮夾：用來固定頭髮的夾子，有美觀及使頭髮整齊的作用。（現場觀察是否同學有髮夾） 識貨：能鑑別東西好壞。 鑲著：把東西填入空隙中或裝配在邊緣。 ◎講解完第一、二段的課文及生字，同時提出問題評量學生： (1) 為什麼要舉辦跳蚤市場？ (2) 跳蚤市場為什麼會有蜂擁而至的人群？ (3) 你認為什麼是「三好一公道」？ ～～～～ 第一節結束 ～～～～			第一節課要講解單元主題及第一段，倘若時間不夠可留部分放在下一節課中進行
	（一）唸讀第一段及第二段課文： 由學生唸讀課文，老師修正發音及指導朗讀技巧，接著講解第二段未教完的語詞。 1.講解第三、四段課文。 2.學習語詞生字： 公布欄：張貼發布消息或公告文件的地方。 （舉例教室的公布欄及校園的公布欄） 物美價廉：物品很好，價錢又便宜。 樂陶陶：很快樂的樣子。 便宜：物品的價錢很低廉。 意義：意旨、理趣。 購物袋：買東西所用的袋子。	40	詞卡	

	（二）講解第三、四段時同時提出問題評量學生： 　　1.「三好一公道」是什麼意思？ 　　2.說說看，購買跳蚤市場的物品對我們的生活有什麼好處？ 　　3.生活中你如何讓你的玩具陪伴你更長久？ （三）說明課文主旨、大意。 　～～～～　第二節結束　～～～～		
	綜合活動： （一）整理歸納： 　　提問並討論： 　　1.你從這一課，學到什麼？ 　　2.「跳蚤市場」的活動給我們什麼啟示？ （二）應用練習及評量訂正： 　　1.複習單字和語詞。 　　2.加強語詞及句型的造句練習。 （三）習作指導： 　～～～～　第三節結束　～～～～	40	
難忘的經驗	設計方式同第八課	40	
		40	
		40	
我們同在一條船上	設計方式同第八課	40	
		40	
		40	
統整課文內容	統整活動：主題意義的統整 【惜福】的意義什麼？ 分組討論： 1.第八課是要我們珍惜身旁的物品，請問我們該如何有具體的做法來珍惜身旁的物品？ 2.第九、十課是要我們珍惜什麼？請問我們又該如何珍惜它？	40	讓學生分組討論，廣納意見也能表達其口語能力及自信心

	3.對於那些一直在為我們服務的人,我們要如何感謝他們? 【比較相同點】: 1.以「惜福」為主軸。 2.結合學生的生活經驗,讓學生能藉此在生活中落實「惜福」的觀念。 【比較相異點】:				

	第八課	第九課	第十課
主軸	物品	環境	人、土地
人物	祖孫	父母女	士農工商

~~~~ 第十課結束 ~~~~

統整 課文形式	統整活動:課文的結構和寫作技巧			40		能了解文章開頭、結尾、及段落寫法

	第八課	第九課	第十課
取材	物品	環境	人、土地
文章開頭	以跳蚤市場在即拉開序幕,接著介紹市場上熱絡的買賣情景。	以「感想」開頭,再詳述旅遊時發生的困境。	以祖先不管來自何方現在都在同一條船上,勉勵大家要珍惜這塊樂土。
文章結尾	最後以懷著一顆歡喜的心及滿載而歸作結尾。	最後以感想作結尾。	最後一段將臺灣比喻成幸福的小船,我們要珍惜這塊樂土。
段落安排	以直敘法由時間先後順序寫出。	前後以感想呼應,中間描述自己的真實境遇。	以詩歌分落,逐段說明祖先奮鬥的過程。
融入議題	環境、家政教育。	人權、家政、環境教育。	人權、家政教育。

第二，跨學科主題單元統整：（張世忠，2003：74）

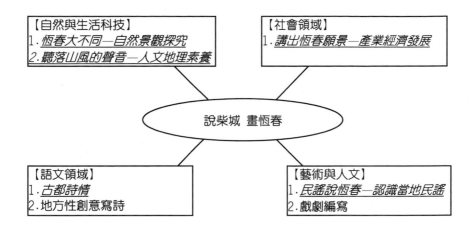

【自然與生活科技】
1.*恆春大不同—自然景觀探究*
2.*聽落山風的聲音—人文地理素養*

【社會領域】
1.*講出恆春願景—產業經濟發展*

說柴城　畫恆春

【語文領域】
1.*古都詩情*
2.地方性創意寫詩

【藝術與人文】
1.*民謠說恆春—認識當地民謠*
2.戲劇編寫

圖 4-2-2　跨學科主題單元統整圖

單元名稱：說柴城　畫恆春
【設計緣由】：

　　由學校結合核三廠經費，期盼透過深度的課程、實地訪遊讓學生從本土教育與閱讀教育中更深一層的了解自己的生活圈及知道在地生活的特色，進而能向遊客介紹在地的文化。

　　一、單元主題：說柴城 畫恆春。

　　二、單元目標：

　　　　(一) 鼓勵學童認識家鄉，使學童能更深入了解家鄉的風土民情、地方特色，並激發保護環境與文化之理念與行動力。

　　　　(二) 藉由多樣性閱讀教學活動設計，促進學童創造思考能力；並培養學童正確的閱讀觀念與習慣，有效提升學童語文能力。

　　　　(三) 落實體驗、參與及省思的教學目標，激發實踐的行動力。

　　　　(四) 結合恆春生活圈教材，辦理文化深度之旅。

　　(五) 營造豐富閱讀與學習環境，以奠定學童終身學習的基礎。

三、適用年級及教學時間：四、五年級，教學時間 5 節課 200 分鐘。

四、統整設計或架構：*斜體字為自編部分*標楷體字形為外聘教師部分

五、主要活動設計：

表 4-2-4　課程設計教學活動

【自編教學活動】

教學領域	語文、自然、社會、藝術與與人文	教學時間	200 分鐘
主題	說柴城　畫恆春	教學者	車城教師群
教學目標	1. 能觀察生活周遭植物、自然景觀的形成原因。 2. 融入說故事，使學生了解早期的半島軼事。 3. 了解車城鄉的經濟特色，並能向人解說。 4. 了解半島的民謠及曲風。 5. 運用讀者劇場模式讓學生吟唱詩情。		
能力指標	【自然與生活科技領域】 2-1-2-1　選定某一（或某一類）植物和動物，做持續性的觀察，並學習登錄其間發生的大事件。察覺植物會成長，察覺不同植物各具特徵，可資辨認。注意到植物生長需要土地、陽光及水分等良好的環境。察覺動物如何覓食、吃什麼、做什麼活動，成長時身體形態的改變等。 【社會領域】 2-2-1　瞭解居住地方的人文環境與經濟活動的歷史變遷。 【語文領域】 3-2-1-2　在看圖或觀察事物後，能以完整語句簡要說明其內容。 5-3-8-1　能討論閱讀的內容，分享閱讀的心得。 5-2-14-2 能理解在閱讀過程中所觀察到的訊息。 【藝術與人文】 1-2-3　參與藝術創作活動，能用自己的符號記錄所獲得的知識、技法的特性及心中的感受。 1-2-4　運用視覺、聽覺、動覺的創作要素，從事展演活動，呈現個人感受與想法。 2-2-7　相互欣賞同儕間視覺、聽覺、動覺的藝術作品，並能描述個人感受及對他人創作的見解。		

能力指標	教學步驟策略說明	教學時間	教學資源情境布置	指導要點注意事項
自然 2-1-2-1	【第一節】 一、引起動機： 　以學生生活經驗為出發點，以車城國小旅行團為主軸，引領學生進入恆春半島的旅行。教師先展示車城鄉內的景點，如福安宮、海口港、石門古戰場、海洋生物博物館等景點，再延伸至恆春半島其他景點的照片吸引學生的注意。	5	恆春半島電子地圖	鼓勵學生踴躍發表自己曾經去過的地方
語文 3-2-1-2	二、準備活動： （一）學生能欣賞恆春半島的景觀並能正確指出各景點的位置。 （二）教師顯示出恆春半島樹木傾斜的方向，引導學生說明其原因。 （三）學生了解落山風對於恆春半島的影響。 Ans.洋蔥的盛產、風吹砂與人文活動 （四）學生了解恆春半島特殊地形的形成（例如：龍磐公園、尖山、沒口溪等）。 （五）學生藉由粘土的操作，能明瞭地形的起伏變化和地形的名稱。 （六）分組設計恆春半島兩日遊。 三、統整活動： （一）教師展示學生的黏土作品並詢問地形的名稱，使學生能加深印象。 （二）學生分組發表兩日遊的行程，使對恆春各景點的地理位置更加熟悉。 ～～～　第一節結束　～～～	25 10	power point 黏土 各組　A3一張	鼓勵學生踴躍發表自己的想法 學生能在團隊表現合作精神分享各組作品

社會 2-2-1	【第二節】 一、引起動機： 　　以舊地名為主的車城鄉地圖，給學 　　生猜測這些舊地名是現今的哪裡？	5	電子地圖	鼓勵學生 踴躍發表 自己的想 法
	二、準備活動： 　　說故事的方式以車城鄉為出發點， 　　述說當地軼事及地名的相關性並配 　　合地圖開始說明舊地名與現今地名 　　的比較。	30	準備多份 半島故事	
語文 3-2-1-2	（一）車城地區各地名稱（包括車城、 　　　統埔、福安等地⋯⋯）			
	（二）恆春地區各地名稱（包括恆春、 　　　墾丁等地⋯⋯）			
語文 5-2-14-2	三、統整活動： 　　以問題的方式讓學生搶答，搶答後 　　填寫學習單內容 　　～～～ 第二節結束 ～～～	5		
社會 2-2-1	【第三節】 一、引起動機： （一）欣賞恆春半島系列明信片。 （二）學生搶答說出圖片內容和所在 　　　地。	5	恆春半島 系列明信 片	鼓勵學生 踴躍發表 自己的想 法
	二、準備活動： （一）簡介車城鄉在恆春半島的地位。 　　　（包括位置、人文歷史、經濟來 　　　源，遊憩資源） （二）分組以小小解說員的方式。引導 　　　學生說出家鄉的特色，討論家鄉 　　　發展的潛力和方向。	30	教學內容 海報	鼓勵學生 能勇於展 現自我 鼓勵參與
	三、統整活動： 　　歸納各組所介紹的家鄉內容重點， 　　激發學生愛鄉愛土的情操。 　　～～～ 第三節結束 ～～～	5		

藝術 1-2-3	【第四節】 一、引起動機： （一）一首〈思想起〉，一首〈五孔小調〉，一首……鄉土的親和力很強。	10	CD	獎勵優秀組別 能認真聽歌曲
藝術 1-2-4	（二）歌詞的敘述，就可了解先人的奮鬥歷程。 二、準備活動： （一）從歌詞來說故事。 （二）恆春民謠的詞譜曲的特色。	20	歌詞	能說出民謠中曲調的感受稱
語文 5-2-14-2	（三）〈思想起〉是一首特別風格的民謠歌調，他有許多特點：唱詞不定、曲調不定、節奏不定，以啊助唱來轉折延長助唱，句前句後以代名詞、虛字、襯詞來補述；在七字四句聯的格式中自想自唱。		影片	
	三、統整活動： （一）老師現場演唱。 （二）請有參加月琴社的小朋友上臺示範。 　～～～　第四節結束　～～～	10 10	月琴	能比較每人所彈出曲子的差異性
	【第五節】 一、引起動機： 　欣賞「讀者劇場」影片。	5		能認真欣賞影片
	二、準備活動： （一）了解讀劇的方式及朗讀分配。	25		
藝術 1-2-4	（二）以與車城有關的詩或歌曲創作共三篇，讓學生分組討論且將該組抽到的詩或歌曲創作以讀劇方式表現出來。		讀者劇場影片	
	（三）讓小組上臺以讀劇方式將與半島有關的詩大聲朗讀出來，藉由練習讓學生了解古都詩情。			能組員互相合作及分配工作

	三、統整活動： （一）再次朗讀詩或歌曲創作。 （二）提問每一首詩的詩眼在哪裡？ ～～～　第五節結束　～～～	10		小組以讀 劇的方式 呈現

第三，多元智慧科際融合統整：

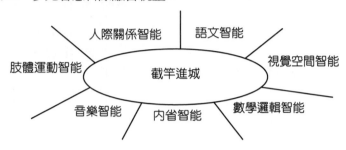

圖 4-2-3　多元智慧科際融合統整

【理念】

　　教學過程長期固定模式後枯燥乏味，單科的統整可結合多元智慧，可將主題至於中央，分別向四周延伸出副主題，再由副主題產生子題，形成一個網絡。所謂「科際整合」，是指語文經驗在傳達上是透過各學科整飭合夥的手段；是一種深廣語文經驗的交相，希冀能夠達到最好的教學效率。（周慶華，2007：308-316）統整國語科學習為例子：有關聽、說、讀、寫、作的國語文思考，以國立編譯館編寫的國語第三冊課文「截竿進城」為例：

【語文智能】

　　(一) 四人一組，研究如何把「截竿進城」的故事說生動，然後組員分配角色演出故事。

　　(二) 討論「發呆」的語意，至少說出五種不同的答案：什麼時候發呆？什麼是會使人發呆？人為什麼會發呆？

(三) 用另一種句法表達下列句子的意義：

他把竹竿豎著舉，進不了城門，因為竹竿比城門高。

年輕人哪！你為什麼不把竹竿鋸短，一節一節拿著，不就可以進城了嗎？

【視覺空間智能】

(一) 把「截竿進城」畫成若干幅連環圖。

(二) 選擇故事中最生動的畫面，把它畫成一幅圖。

(三) 用報紙連接塑造「截竿進城」的故事。

【數學邏輯智能】

(一) 鄉下人只想到橫的、豎的兩種方法，在數學領域中有長、寬、高空間概念，鄉下人是否有仍未想到的部分？

(二) 試想鄉下人會將竹竿截成幾節，又是幾分之幾？

(三) 試著設計一個理想的城門應該有多大？

【音樂智能】

(一) 在朗讀故事、或表演故事時，可選用熟悉的音樂當背景，配合故事內容發展音樂智能。

(二) 以節奏樂器敲打節奏，一分鐘六十下，或著拍子朗讀課文內容。

【肢體運動智能】

(一) 表演鄉下人比來比去，橫的豎的都進不了城，就坐在城門口發呆的劇情。

(二) 表演鄉下人鋸竹竿的動作。

(三) 按故事發展，分四段表演「截竿進城」的故事。

【人際關係智能】

(一) 倘若鄉下人發現，老頭兒的建議，使他失去一根撐船用的竹竿，鄉下人會怎麼辦？想出三種以上的反應，並決定那一種方法比較適當？

(二) 如果當時你正在場，你聽見老頭兒的建議，你怎麼說？

(三) 如果你正看見鄉下人在鋸竹竿，你會有什麼舉動？

【內省智能】

(一) 你有過有些像「鄉下人」的經驗？你要怎樣改進？

(二) 你曾經像老頭兒一樣，給別人出了一個不好的主意，造成別人的損失嗎？說一說你的經驗？

以上是以單科統整為例，此教學設計內容的量，無法在一個單元全數使用，教學內容也不能適應所有的學生，因此教學者倘若要以此為教學，則要再依時間、學生能力，選擇或修改部分設計，以因應教學上的各項差異。（王萬清，1999：27-30）

第四，同一議題跨學年統整：

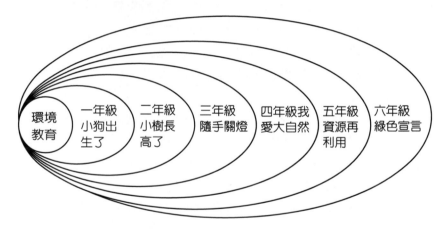

圖 4-2-4　同一議題跨學年統整

【生命與大自然——環境教育宣導實施計畫】

一、教學目標：

(一) 培養正確的環保觀念。

(二) 實踐綠色地球的理念。

二、實施時間：98 年 3 月 16 日至 3 月 20 日。

三、實施年級：一至六年級。

四、實施方式：週會宣導、小小劇場、壁報製作、圖片展示等等。

五、教學內容：

表 4-2-5　同一議題跨學年統整

年級	活動名稱	核心概念	學習目標
一	小狗出生了	愛護動物	1.愛牠就要照顧牠，不要拋棄牠。 2.建立自然生態保育的觀念。
二	小樹長高了	認識樹木的功能	1.植物與我們生活的關係。 2.知道如何保護植物的方法。
三	隨手關燈 節約用水	知福惜福	1.認識臺灣水資源概況。 2.從生活中做環保。
四	我愛大自然	珍惜大資源	1.利用資源、珍惜資源。 2.我怎樣為環保盡心力。
五	垃圾分類 資源回收再利用	地球的永續經營	1.建立資源回收的概念及實際行 　動的方法。 2.培養地球村的胸襟。
六	綠色宣誓	力行綠色消費	1.取之大地，回饋自然。 2.立志做「小綠人」。

第五，社會新興議題：

　　為使學校教育不與社會脫節，九年一貫課程暫行綱要中提出資訊教育、人權教育、性別平等教育、環境教育、生涯規畫與家政教育、海洋教育七大社會新興議題，並且規定要融入各學習領域的教學之中，因此課程的統整也可以某一科為主題，再與七大議題中選擇適當議題結合。

　　以下便是我擔任一年級教師，班上有一位中度自閉症學生。起初班上同學和他相處無礙，但是日子久了之後，漸漸的同學就知道他真的和大家不一樣。而這樣的不一樣說不出所以然。雖然一再的為小林美言幾句，但是同學對他異樣的行為說詞如洪水般排山倒海而來。於是在徵求家長同意後，我們決定一起告訴學生們小林的狀況，也依學生當時入學三週的時間所學不多的情狀，結合當時紅極一時的大象男孩、機器女孩

及一些學生們喜愛的課程再加以統整。期望能讓學生們了解每個人都是不同的個體,進而能去協助弱勢的學生早日適應新環境。

【主題教學活動——手牽手～我們都是好朋友】

一、起因:小林的問題漸漸明顯化,當學生常常來告訴我。老師:「我覺得小林好奇怪喔!」我認為不該一直隱瞞學生!尋求家長同意,一起告知全班同學小林的症狀,希望能藉助同儕的力量讓他更加適應學校生活,感謝徐美蓮主任的支持與家長的欣然接受。

二、目的:

　　(一) 讓學生了解每個同學的特殊性,知道大家都是不一樣的個體。

　　(二) 懂得去關懷身旁的同學,從小學習能付出是福氣的美德。

　　(三) 營造更優質的班級合作學習的契機。

三、對象:1-2 與 1-3 學生。

四、日期:95/10/14（補假日四節課）。

五、本活動協同教師:秀娟、雅淇、育誠、小林媽媽。

六、活動流程:

時間	活動內容	目的	工作分配
第一節	大象男孩與機器女孩DVD。	*記錄片約 48 分。	講:秀娟。 攝:育誠。
第二節	體驗遊戲。	*每組決定身體上的一個部分暫時殘缺實際去體驗。	協同教師。
第三節	我的妹妹聽不見。	導讀繪本——我的妹妹聽不見。 介紹 1-3 的四位聽障生。	講:秀娟。 攝:育誠。

第四節	1.小偉扯鈴表演 10 分。 2.小志及黃媽媽現身說法。 3.作業講解。	＊天生我材必有用。 ＊感恩父母的辛勞。	協同教師。
另定	手工書。	彈性課實施。	

七、本活動經協同教師同意後實施，修正時亦同協同教師群：（略）

【主題教學活動——手牽手～我們都是好朋友】教學活動設計

一、課程架構圖：

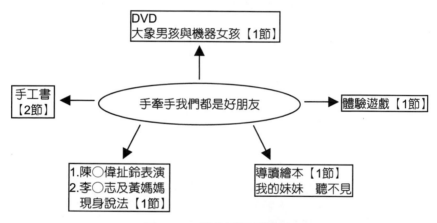

圖 4-2-5　社會新興議題統整

二、教學活動設計：

表 4-2-6　社會新興議題教學活動設計

教學科目	輔導類別	教學日期	95.10.14
教學主題	手牽手我都是好朋友	教學時間	160 分鐘
教學年級	一年級	教學者	林秀娟
教學目標： 1.讓學生了解每個同學的特殊性，知道大家都是不一樣的個體。 2.懂得去關懷身旁的同學，從小學習能付出是福氣的美德。 3.營造更優質的班級合作學習的契機。			

能力指標：

【語文】

2-1-1-1　能自然安靜的聆聽。

2-1-2-5　能聽出別人所表達的意思，達成溝通的目的。

2-1-2-6　能結合科技與資訊，提升聆聽的能力，以提高學習興趣。

3-1-1-5　能用完整的語句回答問題。

【綜合】

3-1-1　分享自己在團體中與他人相處的經驗。

3-1-3　分享參與班級服務的經驗，主動幫助他人。

2-1-2　分享學前與入學後生活上的異同與想法。

【藝術】

1-1-3　使用媒體與藝術形式的結合，進行藝術創作活動。

能力指標	教學活動	時間	學習評量	教學資源
【語文】 2-1-1-1 2-1-2-6 3-1-1-5 【綜】 3-1-3	【第一節】影片欣賞 （一）觀看 DVD，鼓勵學生倘若有不懂的情節時，可以隨時舉手問問題。 【提問】： （二）影片中大象男孩他哪裡生病了？ 　　〈側唇顎裂、氣管狹窄、聽力障礙，不曾嚥過一粒米、吃過一片肉、講過一句話……〉 （三）你看到祥祥他如何的學習課業？ 　　〈他很活潑、會跟著社工老師一字一字的唸〉 （四）提問：影片中機器女孩他哪裡生病了？ 　　〈重度肢障、腦性麻痺，被發現前的兩千多個白天與黑夜，她只能盯著天花板……〉 （五）你看到姍姍他如何的學習課業？ 　　〈他比較安靜，會和社工阿姨配合〉 （六）看看自己，想一想他們，自己和他們比起來比他們好的地方說說看。引導孩子更著重在親情上的珍惜～～～ 　　〈身體比他們健康、可以到處走動、感謝家人一直的陪伴〉 ～～～　第一節完　～～～	30 10	能參與討論 能接納不同的意見	影片繪本 長短牌

	【第二節】體驗遊戲 遊戲規則說明： （一）將學生分成三組。	30	能參與討論	各種障礙的表現單
	（二）將體驗活動分成三種不同的身障活動： 　　　身障：如果你少了一條腿，你如何行走？ 　　　視障：戴上眼罩，畫上指導老師指定的圖形。 　　　聽障：比手畫腳，猜測別人的意思。			
【語】 2-1-2-5 3-1-1-5	（三）讓學生猜拳決定勝負，挑選體驗活動。 【提問】： （四）你覺得哪一種障礙讓你覺得很不方便？ 　　　〈身障、聽障、視障……〉 （五）面對身體有殘缺的人，我們該如何幫助他？ 　　　（比賽各組想得出回答數的多寡，多者獲勝） 　～～～　第二節完　～～～	10		小白板
【語文】 2-1-1-1 2-1-2-6 3-1-1-5	【第三節】 故事書導讀：我的妹妹聽不見。 【提問】： （一）在故事中，妹妹做了哪些事？ 　　　〈彈鋼琴、爬攀爬架、聽收音機……〉 （二）你是不是也做過這些事？她跟我們一樣的地方在哪裡？ 　　　〈讓學生自由發表〉 （三）她做那些事的時候，有什麼跟我們不一樣的地方？ 　　　〈彈鋼琴的時候……學說話的時候……〉 （四）她既然聽不到我講話，怎麼知道我害怕她從攀爬架上面掉下去？ （五）聽收音機的時候，她為什麼把手放在喇叭前面？	20 20	能仔細聆聽	故事書
【綜】 2-1-2	【想一想】： 妹妹跟別人不一樣，我們有沒有其他的方式來讓她做到他想要做的事？比如說： （一）我從後面想叫住她，如果她聽不到的話，我有沒有其他的方式？ （二）如果我要她注意某個東西，我會怎麼叫她看？不能用說的喔！		能參與討論	

	（三）如果她講話不清楚，我會怎麼弄清楚他在講什麼？ 【換個角度再想想】： （一）你自己有沒有跟別人不一樣的地方？比如說，別人寫字比較快，別人跑步比較快，有時候聽不懂老師在講什麼？所以說，並不是只有故事中的妹妹跟別人不一樣，我們自己就有跟別人不一樣的地方，對不對？ 〈學生能了解每個人都有優缺點〉		能仔細聆聽	
【綜】 2-1-2	（二）當你發覺你跟別人不一樣、別人表現比你好的時候，你有什麼感覺？ 〈羨慕、忌妒……〉 （三）下次我看到別人表現比不上我的時候，我要取笑、欺負他嗎？ 〈看到別人事情做不到，最好的方法是取笑他嗎？有一天，當我做不到某件事的時候，我是不是也是那個被取笑的人？〉 （四）如果我們發覺自己表現比不上別人的時候，我可以怎麼做會比較好？有沒有其他適合我的方式？如果別人跟我一樣的情況，我會怎麼幫他？ 〈如果我常常會忘記帶東西，我可以……如果我看到別人忘記帶東西，我可以……〉 〈如果我覺得我寫字很醜，我可以……如果我看到別人寫字很醜，我可以……〉 〈如果我功課不會，我可以……如果同學問我會的東西，我可以……〉 〈如果我不會收東西（東西收的亂糟糟），我可以……如果看到同學髒髒的，我可以……〉 ～～～　第三節完　～～～		能多重角度思考	
【藝術】 1-1-3	【第四節】 （一）陳○偉扯鈴秀： 　　雖然是聽障生，但是只要肯努力也可以學得一樣專長。他從小一開始練扯鈴，參加比賽無數場；對外公開表演從南到北，小六時榮獲總統教育獎。	15	能仔細觀賞 能賞識別人的優點	扯鈴 音響

			15		

（二）李○志如何名列前茅：

　　他是個脊隨萎縮症的孩子，每天必須由父母帶領、協助他方能進教室上課，上廁所問題一直困擾的他，因為他必須藉助成人尿布才能方便如廁。

（三）有問必答：　　　　　　　　　　　10

　　1.回應所有學生的疑問。

　　2.了解每個人都是有尊嚴的個體，同學之間要互相友愛、互相幫忙，且能將心比心，多位別人著想。

～～～　第四節完　～～～

手牽手～我們都是好朋友

年　　班　　姓名：

各位小朋友：你好！（請回答下面的問題）

今天我們欣賞的影片片名是：

　　大象男孩與機器女孩

我們討論的繪本是：

　　我的妹妹聽不見

祥祥他在吃飯的時候和我們有什麼不一樣？
_____

珊珊她在走路的時候和我們有什麼不一樣？
_____

當你發覺你跟別人不一樣、別人表現比你好的時候，你有什麼感覺？
_____

如果我常常會忘記帶東西，我可以_____。

　　我看到別人忘記帶東西，我可以_____。

你覺得班上（誰）_____需要幫助，你會用什麼怎麼方法幫助他_____。

你給自己幾顆星。_____

　　綜合上述統整課程的優點、及其對學生整個概念、活動、學科上的整合對學生的學習是有實質上的利益。課程統整只是教育改革的一環，為

確保課程統整能有效實施，不僅教師要發揮專業的精神與態度，就當前
的許多制度與結構仍有不利於課程統整實施的地方。其次是統整無法取
代分割各學科的精髓系統、教師之間的合作也要有良善的溝通，否則就
會因分工上不均而損了友誼。學校行政方面難以排課，因為教師間的默
契難以培養，有些教師還是習慣自己設計好後再尋求其他設計教師的配
合、教師進修未能適時提供教師充分的研習機會。（蔡正龍，2003：39-46）

第三節　多媒體運用的閱讀教學轉向

　　教學媒體，隨處可見。二十一世紀來臨，我們的世紀被稱為是一個
媒體與科技的時代。作為資訊和娛樂的重要傳輸管道，大眾傳播可以說
日日夜夜都圍繞著我們。科技，特別是數位的傳播，充塞了我們的工作
和遊戲的世界。媒體與科技不只改變了我們的作息和休閒世界，也改變
了教育的世界。在學校和學校之外的生活中兒童和成人都因為透過媒體
與科技的學習而受惠。例如推銷員將公司的產品製成錄音帶，以便在開
車路程中，反覆聽讀以了解產品的特色、學生利用閃式卡練習乘法的知
能（一面是算式一面是答案，當操作越快時代表答題者越熟練了）、一位
學生正在拍攝原住民的紀錄片……這都是媒體上的運用，是不是和我們
的生活都相當的貼近？而又該如何運用多媒體來提升我們的閱讀教學？
以下便是我要討論的。

　　閱讀教學中一般說的兒童讀物，是指書籍、雜誌與報紙。（張清榮，
1991：39）兒童讀物是幫助兒童心智正面成長的優良讀物，不只是文字
出版品，還包括聲音、影像、圖畫等出版媒體。林武憲（1993：73）認
為兒童讀物隨著時代不斷地進步，其包含的範圍也越來越廣，而將兒童
讀物歸納成報紙、雜誌、圖書、有聲讀物、卡片讀物、電影、錄影帶等
六大類。對於「兒童讀物」一詞的解釋，廣義的說法是指凡適合兒童閱
讀的、欣賞的、參考的或應用的書報、雜誌，甚至幻燈片、電影片、電

視劇、電子書都是；而狹義的是僅供兒童課外閱讀的書報與雜誌。（林文寶等，1996：9）從以上的分類來看，有聲讀物、電影、錄影帶、幻燈片及電子書等都已跳脫傳統兒童讀物的樣式，而與現代傳播媒介相結合，因此教師對閱讀的指導也從紙本延伸至資訊科技。教學媒體與學習科技可成為學生在學習過程中相當有效的工具。教師可取的媒體形式急遽增加，品質也大幅提升。身為教師的我們，必須準備為學生挑選最佳的學習工具，使學生處於多元的環境中，追求不同的學習目標。但是教師資訊素養並非人人都能對此科技產物駕輕就熟，或是學校資訊設備不足等各方因素。導致在閱讀教學方面，往往落入以往陳舊的教學模式，使閱讀教學的方法仍不脫規定的學習單、撰寫心得等讓孩子望之卻步的方法，弄得學生叫苦連天，老師也怨聲載道。這到底是哪裡出了問題？無疑的，閱讀教學的方式需要我們再次深入探討。

　　聽故事是人類最早的文化活動，每個民族都有他自己的英雄神話故事，所謂的「Saga」。只是聽的比較慢，因為視覺是平行處理訊息，聽覺是序列性處理訊息，二者的速度不一樣，但是只要訊息有進入大腦，任何一個方式都可以，可見閱讀的媒體是越來越多元。（洪蘭，2008：269）學習是人類能創造文明的最大原因，先民將口耳相傳的真人講述方式，不斷地改良，進步為文字記載的簡冊、包含插圖的教科書，再到錄影、音帶的視聽媒體，以及近年來綜合文字、圖形、語音、視訊的電腦多媒體；在教學的活動上，也由親子相傳，到私人的聚眾講學，再進化為有系統的學校教育。歷經幾千年的傳承、中西觀念的交流及無數學者的規畫、研究，今日我們終能享有優良的學習環境、有分工教學的教師、還有形形色色的教學器具，以輔助我們教育的進行，達到有效傳播知識的目的。（楊家興，2000：3）因此，知識的取得並不是只是書籍的流傳而已，更最要的是書籍與學習者之間的催化劑，為師者便是這當中的催化劑；而催化劑使用的強、中、弱（所選定的媒材）就得看老師選用何種方式讓學習者了解。古人說「知己知彼，百戰百勝」，所以教師要教學時應事前了解學生的起始行為、了解學生所感興趣的教材形式，對症下藥學生必能收穫良多。

　　戴爾（Dale）在 1964 年以「經驗的三角錐（Cone Of Experience）」認為人類傳承的經驗，包括具體的和抽象的。越具體的經驗，在傳遞時就越直接，越抽象的經驗，在傳遞時就越間接。來說明不同媒體形式對學習成效的影響；而心理學家 Jerome Bruner 從不同的角度切入，設計了與 Dale 類似的敘述性架構（如圖 4-3-1），將教學的進行方式應從直接的經驗到圖像學習，再到符號表徵。對學習者的幫助將有大助益：

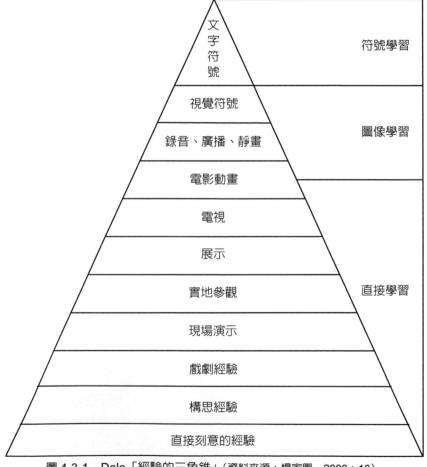

圖 4-3-1　Dale「經驗的三角錐」（資料來源：楊家興，2000：16）

　　從表中可看出，知識的傳輸對學習者記憶保存遺忘的快慢，依次是符號、聲音、動畫、電視、展示、參觀、現場演示、戲劇經驗、構思經驗，最後是直接或刻意的經驗，可見教學媒介的重要性。視聽教育的應用在第二次世界大戰中已非常普遍，戰後到七十年代更是視聽教育研究的黃金時期。這些研究的重點是比較使用多種知覺來進行「多管道學習（Multiple Channel Learning）」是否較一種知覺的「單管道學習」來得有效；研究顯示利用人類不同知覺管道來學習，會分別產生不同的編碼符號，保存在不同的記憶區中，使學習的內容能更容易記憶，也保存得更長久。此外，使用多種視聽媒體來呈現知識，還可以維持學習者的興趣，對學習的效果有加分的作用。（楊家興，2000：16）在跳脫文字符號的學習之外，其他的可替代學習方式都需要教學者再次學習其他可結合的專業訊息及操作方式；因此並非每一位老師都願意如此付出或是有這方專業的知識，所以教學媒體的運用也就因人而異參差不齊了。

　　教學媒體的種類繁多，凡是能利用來傳播教學資訊的軟硬體設備都屬於教學媒體的範疇。教學媒體的分類端看使用者的角色而定，可依功能、形式、感覺器官、是否為硬體設備等來區分，一般大多數的人是以放映性與非放映性兩大類作區分：（一）放映性媒體：如投影機、實物投影機、幻燈片、錄音機、CD 播放機、DVD 影音光碟機、電腦多媒體、遠距學習系統等。（二）非放映性媒體：報紙、雜誌、地圖、圖片、圖表、實物、標本、模型、布偶、皮影戲等。（沈中偉，2005：145-146）在整個教學過程中，資訊科技並非教學活動的主軸，而是擔任支援工作。沒有資訊科技，教師的教學活動照樣可以順利進行，但是有了資訊科技支援教學活動後，教師可以更快速地進行教學準備。在陳建文的資訊科技與教學研究中，資訊媒體對學生成效方面其中一點是，配合國小三年及課程內容，以故事情境的設計，發展一套教學軟體。該軟體的遊戲是以一座即將爆發的火山島為背景，描述一般國小三年級學生與一位小姐在火燄島的冒險故事。（陳健文等，2000）藉由軟體的操作訓練學生主動尋找

資料的習慣，再遇上無法自行解決的問題時，需要主動尋求老師、同學或輔助教材的協助。研究結果發現學童有較寬廣的空間從事合作學習、創造力培養；也較能激發智慧展現克服困難的精神。

　　身為第一線的國小老師林佳宏提出一個國民小學的資訊教師應具備的資訊素養包含以下六點，大致是電腦在教學上的應用範疇：（林佳宏，1998：14-21）

(一) 了解電腦的緣起、歷史和發展及其對人類、社會和文化的正負面影響和衝擊。

(二) 熟捻電腦設備的基本操作。

(三) 善用周遭的各種教學資源。

(四) 善用電腦輔助教學協助學生學習。

(五) 精心設計與安排電腦課程內容。

(六) 不斷地自我進修，以隨時學習瞬息萬變的科技新知。在資訊科技融入教學的理念下，教師資訊素養的培育是推動資訊教育的關鍵。

　　以下是我個人常在教學中使用以下的視聽媒體來教學，藉此增加學生的了解及提升學生的學習興趣：

(一) 文本教學：泛指一切的文本資料。

(二) 圖像示意：人類為了文化的交流而創造了語言，為了紀錄的需要，又創造的符號、記號、圖形文字等視覺語言。標誌和文字同出一源、是由原始的契約、圖騰發展而來。如：百貨公司的化妝室指標、交通號誌圖示等。處於二十一世紀現代的人們，不得不了解現代生活中有許多的溝通模式是以圖像來交流。

(三) 圖畫書教學：此例甚多有「挖土機年年作響、阿羅的彩色筆、想念、夢幻大飛行……」。以「挖土機年年作響」為例，1994年「國際安徒生大獎」得主《挖土機年年作響──鄉村變了》一書，是由七張無字的大開圖片所組成。繪者由同一角度取景，

以三年的間隔時間，記錄一個小鄉村二十年間的變化。許多幼稚園及小學都以這部作品為教材，由老師帶著學生一起討論環境問題，並且藉此引導讀者思索自己的生活環境。無字繪本讓讀者自己的想像空間因人而異無限的延伸，甚至同一位讀者每次閱讀便有不同的新體認，也因此發揮其影響力效果也更佳。

(四) 聽的學習：要學生從聽的過程中，學習到知識非得用心聆聽不可。我在圖書館說故事的經驗是，有的孩子坐得正正的非常仔細的聆聽，有的孩子動來動去，一問他故事內容，妙的是他也答得出來。由此我便不會要求孩子一定要坐好，只要他不影響別人就可以。這樣的訊息進入大腦後會與聽者的生活經驗作連結，連結的越密就能記得越久。

(五) 動畫：在擔任班級導師的期間，我會將教室中的視聽媒體器材透過轉接器的連接，將電腦視訊轉成電視視訊，使電腦上播放的教學軟體透過視聽媒體器材來加以呈現，每逢週五便會讓學生看個簡短無聲的影片，再問問學生看完之後的感受，每個人的回應都不一樣。最後再要求他們回家後將看到的內容寫在本子裡。起初學生一兩句就結束了，利用將下課的零碎時間將優秀的作品加以朗讀讓全班知曉，久而久之學生就越寫越多，甚至會為該短片再加油添醋。

(六) 實地參觀：這常常結合學校的本位課程，讓學生能從實際的課題中來一次親自的走訪。這樣的親身體驗對學生而言，能將課本的知識與實際生活面臨的問題相結合，而實際了解其問題面在哪裡？對本土教育也多一層面的了解。

(七) 戲劇經驗：我在課堂中常將繪本或其他故事當延伸教材，延伸教材中倘若是以影印方式供學生參考則效果最差；其次是為他們說故事，學生們最喜歡的是以戲劇的方式呈現，這樣的呈現方式他們也最容易記住故事情節，或是每個人所說的故事內容。

(八) 直接刻意的經驗：這是有目的、精心刻畫的學習，也因此這樣
　　的學習記憶最久。譬如說一年一次的科展比賽，便是為了競賽
　　而指導學生了解每個實驗地步驟及答辯的技巧等。

　　學童對非紙類媒介的兒童文學使用比較：從電腦網路去收集看兒童
文學的經驗情況中，男女生都以不曾有這種經驗，從錄影帶、電子書、
VCD 上看兒童文學經驗的情況中，都以偶而為之最多。在收音機上聽兒
童文學的經驗情況中，男女都以很少次為最多，電視、電腦的經驗較多
（蔡正龍，2003）。在林美鐘的研究中也指出，兒童的文化深受電視媒體
及流行文化的影響，而光碟書與電腦網路的運用也將成為未來兒童閱讀
的新趨勢。（林美鐘，2002：32）也因此倘若能結合電視媒體及流行文化
的優勢將閱讀教育注入其中，學生必能從中學習到寶貴的知識。因此，
建立閱讀網利用資訊平臺應當是二十一世紀的趨勢。

　　1991 年時我在屏東縣琉球鄉服務，當和學生介紹瀑布時，大部分的
學生臉上露出茫然的表情時，我就知道他們未看過什麼是「瀑布」，僅能
以我收集的圖片給他們看。現在對於學生不懂的事物，我只要輕敲一下
鍵盤，便有相關的圖片或影片出現，不僅知道是什麼還能知道其所以然？
教師倘若能妥善運用教學媒體對學生的學習助益是有明顯效果的。在劉
信吾《教學媒體》一書中也提到教師善用教學體可以達到下列七點教學
效果：（劉信吾，1999：3）

(一) 增進學習量：美國消費者權益委員會於 1990 年提出一項報告，
　　指出今日的修車技師必須讀完四十六萬五千頁的汽車修理手
　　冊，才能具備修護的能力；但是在二十五年前，只要讀完五千
　　頁。新知識的暴增，僅靠有限的求學生涯和傳統的教學方式，
　　是不足以應付的。必須除了校內的學習之外，再另方面在其他
　　機構或媒體得到訊息，以便將自己所知運用在生活中。

(二) 將抽象觀念具體化，已獲取充分了解：文字和語言所表達的訊
　　息是比較抽象的，抽象的訊息，對於舊經驗基礎薄弱的人來說，

就比較不容易了解。如果利用圖片、影片、聲音等媒體就比語文的描述更容易了解了。媒體存在的價值就是使用愈具體的媒體，愈能表達真實的概念，使意思的表達愈清楚。

(三) 縮短城鄉差距：都市和鄉村教學資源有很大的差距，主要是鄉村的學生家長對教育的重視比較不足、學生生活體驗少，如果運用教學媒體，將資源拍攝成影片學生也能觀賞到，學習就會更加倍。例如：對於從來沒有去都市玩過的鄉村學生而言，可能連捷運是什麼？101大樓是什麼？都不知道。利用圖片、影片、聲音等媒體等媒體來解釋，可能比你費盡唇舌去形容還要來的容易理解。

(四) 齊一教學水準：師資的良窳影響教學品質，利用媒體錄製優秀教師教學演示，大量拷貝分送各校觀摩，可以齊一教學水準。目前各縣教育處都以此方針宣導其所要實施的成果，以彰顯其成效。

(五) 活潑教學活動：傳統式的課堂講課也造成學生對學習失去興趣，教學媒體的聲光效果，可以吸引學生注意，產生興趣，減少學習過程的單調、呆板，使教學活動有所變化，提高教學品質。

(六) 實施成就感教學：電腦輔助教學，能讓學生循序學習，由易而難一關接著一關。在學習的過程中滿足學生的成就感，增加其學習的意願。

(七) 促進師生互動：教學媒體的設計、製作、選購和使用，適當地安排學生參與，可以促進教師、學生和媒體之間的互動，有助於對媒體的了解及增進師生情誼。

在激發學生學習興趣，提高學習效果，多媒體主張的是，如何將抽象的語文符號的教材給予「包裝」，設計利用圖片、掛圖、幻燈片、影片、電腦等多媒體，提供學生具體而豐富的學習內容。想要引起學生的學習興趣，激發學習的意願利用多媒體則可提供學生聽、看的間接經驗。成

長於這個時代的學生，他們透過各種科技所帶來的知識訊息取得與休閒娛樂的方式，透過媒體學習成為學生日常生活中的休閒與娛樂的重要媒介。因此，教育作者倘若僅具備傳統讀寫素養，可能已不足以因應相關的問題與挑戰。未來的教育工者必須擁有正確而具有批判性的數位科技與媒體方面的素養，才能在教學中有效地指導學生進行具批判性與創造性的學習。（林志忠等，2003：67-90）

第四節　閱讀教學與說演故事結合的新紀元

新加坡前總理李光耀在他要退休的一場演講中發表，呼籲新加坡的父母注重孩子的閱讀，因為二十一世紀變動得太快，傳統科技五年翻新一倍，高科技十八個月就翻新一倍。在資訊快速更新的時代，閱讀是最有效的方式。因為我們眼睛認字是平行處理，一分鐘可看四百到六百字不等，但耳朵聽話是序列處理，字與字之間必須留空白，不然兩個字就會糾結在一起，一般人的耳朵一分鐘聽一百六十個字。所以在高科技的時代，看得速度要比聽的速度快，閱讀是二十一世紀公民必備的競爭能力。（洪蘭，2006：54）

既然閱讀是二十一世紀公民所必須具備的競爭能力，那麼培養閱讀是勢在必行的休閒活動。然而根據《天下雜誌》進行的「全民閱讀大調查」顯示，臺灣人平均每週花在閱讀的時間是 7.5 小時。也就是說，民眾花在看書、看報紙、看雜誌的時間，每天平均不過一小時。如此貧乏的閱讀時間怎能有優質的閱讀風氣？臺灣師大教授林振春更指出閱讀是一種動機、一種能力、一種習慣、一種風氣，不僅是個人的責任，更是社會的責任。因此要落實全面提升閱讀風氣，他更具體指出應該：（一）全面培育民眾的閱讀能力；（二）加強各行各業讀書會領導人才的培育養成；（三）進行家庭情境的規畫設計；（四）動員民間社團以閱讀取代應酬（五）政府部門倡導學習風氣。（林振春，2001：4-5）閱讀應該從生

活中、從工作、從朋友中、從同事中開始，如果身旁的人都是愛書人，想要不愛閱讀也難。

在《協助孩子出類拔萃》一書中提供許多高成就孩子其生長過程中父母親的教養觀，其中不難發現成功的教養方式中良好的家庭生活教育奠定了這些孩子日後的學習。透過親子間甜蜜的接觸，引出孩子的興趣，而開發出的興趣則引導孩子以渴望、愉悅的心情去接觸、了解及研究各種事物；而強烈的求知慾，為他們獲取了廣博的知識，豐富了他們的生活；培養的良好習慣，也為他們奠下了成功的基礎。（蔡典謨，2000：411-466）在萬瓊月研究中指出，針對國小學生兒童讀物的閱讀興趣、閱讀態度及閱讀推動方案：學生自發主動閱讀高於被動的比率，故事內容、情節引發共鳴最易使學生產生興趣，學生喜歡閱讀的態度與其學業成就成正相關，男女生最喜歡的閱讀環境以家中為最受學生喜歡，這可能與在家舒適的環境有關。且經調查學生平均每星期花一小時閱讀，一學期平均閱讀十本為最多。（萬瓊月，2002）這樣的閱讀量倘若以繪本來說略嫌少了些，以兒童生活故事或其他小說而言則是要了解學生的閱讀能力再評估為妥。我們所要培養學生閱讀興趣的目的，乃在於充實學生的閱讀經驗，開拓學生的思想領域，發揮學生運用語言和文字發表的能力。（林美鐘，2002）但是如果所指導的閱讀讀物內容，學生不感興趣，便難以獲得預期的效果。因此選擇一個學生喜歡的故事甚至是笑話一籮筐也無妨，啟動學生閱讀的心靈是很重要的一道鎖，讓閱讀在此再次發酵吧！

若要讓閱讀增添其趣味化，說、演的穿插更是不可少。教育部近年來積極在各縣市輔導辦理表演藝術相關研習課程，提供一般中小學教師參與學習，以彌補教師專業的不足；但是針對教師研習的內容與成效來看，表演藝術需要安排較長的時間供教師研習，無法在短時間內達到成效。此外在教師教學時間不足、吸收能力有限的情況下，表演藝術的成效不彰也屬實情。（林文鵬，2008）說、演故事的表現，特別注重學生的旁白、對話多於動作。Wagner（1988）曾分析發現戲劇教學對學生的口語

表達、閱讀及寫作有顯著的影響。學生在進行表演時必須了解故事，才能確切用合適的語言文字來表達其所要象徵的對象。透過表演活動的演練，可以提升兒童的口語及寫作能力，至於閱讀、創意、寫作、批判思想、改編劇本、說演等正是將閱讀推向更高的境界方式。然而，儘管種種問題甚多。教師對閱讀與戲劇的結合如果有興趣，各項問題應是可排除的。

如果將第三節多媒體的應用視為教法的「化妝」，那麼一個上了妝的演員如何能引起觀眾的注意；如何使單調、枯燥、呆板的「老師講兒童聽」的教法給予再次「化妝」，使教學的方式生動、活潑，讓學生在直接參與的學習過程中，滿足學習興趣，提高學習效果，且讓學生獲得直接的經驗，幫助個體成長與適應的能力？將教材以說、演的方式呈現，可將抽象的語文符號具體化，這樣的表演可以人人是演員，也可以人人是觀眾。表演的內容是教材內容，不用再額外增加學習分量，教師也不會增加負擔，即興表演時間應以不超過十分鐘為限。這樣在課程中加入說、演，對老師的教學時數也較不會造成威脅。如果學生只是純粹的搞笑而沒有內容，久了這樣的動作非但不會吸引同學的注意，反而會有不好的效果。因此，故事提供了說、演的精髓，在說、演中所鋪陳的故事有助於老師從而進行有關心靈、社會、以及道德方面的重要教導，而說、演則能夠幫助學生在故事的意向中持續思考這些問題，並與故事所創造出的情境建立更密切的連結。

此外，在學習的過程主要是學習內容的習得，老師可以藉由說、演故事演出過程讓學生習得課程中的專業知識。例如當學生被老師要求想像、創作，並表演出一個公眾的議題——土石流的防禦及災害、新流感的知識及預防等，在決定角色時，我們都會預設立場決定誰表演什麼角色，但是以學生來說，他們可不這麼想。學生將會對特定的情況合宜地創造並發展角色，並且再為這角色及情節的過程中將會有所體驗，這樣的體驗可能是馬上產生、也可能一直隱藏在學生的思維中，等到有那麼一天遇到相同的情境或類似的問題時，便能加以運用於生活中。而如何

在表演的過程中去除明星的概念，強調團隊合作以及合作關係，讓表演者能截長補短，而不是針對少數人給予極大的挑戰，多數人卻感到缺乏挑戰性。如此一來就為比較擅長於肢體表達但拙於言詞的孩子們，提供了更寬廣的機會平臺。教育是發掘學生的長處，因此為師者不得不處處仔細觀察學生的能力及其所能達到的目標前進。

由於圖畫書可以重複看、重複聽、重覆讀，在林美鐘的研究中得知：「重覆讀同一本書，有助於兒童的獨立閱讀能力。」（林美鐘，2002）利用圖書館故事書親子共讀，或在教室裡大家朗讀，或讓孩子依著他們自己的意思去解說書中的故事，對孩子的語文訓練和表達說話的能力，都有很大的效果。學生學到的是，從閱讀中得到一個故事和閱讀的快樂。如果能在教材中加入戲劇化的教學，不僅深為學生們喜好，而且在國小七大領域的教學中具有聯絡學習的功能：

(一) 能夠增加學生語文能力：把教材內容編入臺詞，學生因為演出，必須了解臺詞，兒童興趣盎然，練習的過程中不斷的對話，不僅可增加印象，無形中增進學生語文的能力。

(二) 能夠幫助學生訓練記憶力：說、演的練習中，學生必須背誦臺詞，反覆練習，同時由親自的參與表演，自然幫助了記憶語文詞句的能力。

(三) 能夠培養學生想像力：學生為了表演，必須依照情節模仿探索各種表情與動作，甚至自己創作，無形中啟發了學生的想像力。

(四) 能夠增進學生的經驗：說、演的練習中，必須把教材故事中主角的喜怒哀樂，在故事的情節中出現。學生在表演模仿中，體會、觀察、比較人生的各種情境，也因而增加了生活的經驗。

(五) 能夠培養學生良好的社會行為：表演非一人所能獨自完成，需要集體的合作與巧思。由於是學生親自參與，更確實體會分工合作的重要性，且能舉一反三了解人與人、人與事、人與物的互動關係，隨機適應養成良好的社會行為。

(六) 能夠訓練學生技藝的能力：在演出當中，學生必須設計、製作簡單的道具，景物以及音效、化妝等工作，因而會增進了美勞、音樂技藝的能力。

(七) 能夠活潑學生學習的心態與動作：在演出的時候，兒童必須盡情的演出，運用全身的動作與表情，增強了敏銳的反應、靈活的動作等自我訓練。

(八) 能夠培養兒童欣賞的能力：演出的過程當中，是將語文、音樂、美術、體育等學科綜合的一起表演，學生在快樂的氣氛中自然薰陶，享受生活情趣，養成欣賞的能力。（陳杭生，1986：14）

　　關於閱讀，我相信「一個故事，處理多次，效果相乘」，故事與遊戲孩子覺得特別好玩。我們還將故事演出來，或配合情節為故事配背景音樂。這是透過肢體動作、人際及音樂等智能管道處理故事。我發覺一個故事經過多元的智能管道處理多次，學習效果加成，孩子有多元的學習，也玩得很開心。（田耐青，2007：16）「教育戲劇」基本上是由任課老師，在課堂內所靈活運用的一種學習與教學方法。教育戲劇不以表演為取向，重視教學過程中學生透過說、演活動的歷程。因此，基本上應當落實在課堂中。（張曉華，2004：16）說、演故事中的語言包括臺詞及表示劇情的語言節奏，為了開發聲音的表情，如哼哼唱唱、喀搭聲、嗡嗡聲、口哨聲等，或是用不同的重音、速度、強弱等來說話，都是以增進聲音的表現性為主。臺詞的運用可由擔任角色者發揮，語言節奏的運用可表達人物的個性或劇情，增加戲劇的音樂性。戲劇能改變兒童氣質，有劇本就有文學。說、演是一門綜合藝術，結合了語文、音樂、美術、舞蹈等。創意是逼出來的，在沒有錢、沒有人的情況下，只能運用人類的資源，那就是創意。再沒有比創意更好、更珍貴的東西了，尤其是運用在兒童戲劇上。

　　由於這樣的構想一直在我心中迴響著，如果學校能主動規畫語文多元活動，擬出一段時間讓各班在不同日期相同時間或同一日期相同時間

來個創意秀，應該會有別出心裁的形式呈現。果真不假，校方利用今年2009 年六月六日端午節補假上午八點至九點半，實施四年級以上語文成果發表會。緣由是希望老師能結合其他領域以說、演的方式來呈現語文的多種面貌。由於不想叨擾老師太多時間，所以連預演也沒有舉行。活動當天事先與參加演出的班級講解進退場方向及表演當中秩序的自我管控等問題後。活動就在輕鬆的氛圍中進行開來，其中與電腦媒體結合者有兩班，一班以一位學生出遊後對自己這次旅遊的景點十分有趣，將照片傳給他的同學。由於兩人所說的一串照片中每次所說的非同一張，因此引出了一些爆點。例如甲學生此時看著的是一張小木屋，他在電話中對乙說：「這是我最喜歡的地方，我們如果出遊都會在此住上一晚。」；此時乙學生的電腦畫面出現的是一張墓園照片，乙就驚訝的說：「你是說你們如果出遊都會在此住上一晚。」甲：「沒錯呀！這裡的環境優美、空氣清新讓人有心礦神怡的感覺。」乙：「我看到它只有毛骨悚然的感受，想不到你和你家人有這種癖好……。」另一班是以拍攝生活影片的方式加上一些旁白作為效果，由於影片中都是學生熟悉的人物，再加上一些逗趣的語料編製而成，現場不時會引起陣陣的笑聲及歡呼聲。另有班級是以鐵獅玉玲瓏的相聲加表演的方式，將十二生肖中各動物的競賽過程以說、唱、逗、趣的方式呈現。

　　教育的目的，是教導我們的學生有獨立思考的能力與健全的人格，不是成為一臺影印機。而且每個孩子的特質都不一樣，他應該展現自己獨特的特質才對。閱讀，藉由說和演是真善美教育的呈現。戲劇本身就具備有許多信念，在改編劇本的過程當中去實現願望和夢想，都可透過戲劇順利傳達給學生，並且效果遠比說教好，較易被學生接受也是良好的教學媒介。例如演蛀牙的故事，小朋友回去一定會記得刷牙……從教育觀點看，知識是為了在生活中應用，戲劇演出生活中的事件，對學生的學習是很有幫助的，也能夠幫助他們馬上運用在生活中。

第五章　說故事在閱讀教學上的應用

第一節　讀者劇場在閱讀教學上的應用：
以寓言故事為例

　　文字語言原本就有感染人的力量。「愛不釋手」、「掩卷遐思」都是被感染的表現。可是當把文字語言變成為聲音語言的時候，那感人的力量，不僅是直接立即反應而已，其力量將更強烈。也就是說，朗讀比文字語言帶給讀者更豐富的情感，更具體的形象……不論是自己朗讀，或是聽別人朗讀，都需要有一定的語言藝術素養和造詣，這不但包括從文字語言到有聲語言的轉換能力，以及從有聲語言推及到文字語言的思維判斷能力，還包括深廣的學識、熟練的技巧，更包含著語言的感受力和對語言完美的鑑賞力。朗讀的技巧有停頓、速度、人物區分、情感、語調、重音。這些技巧在讀者劇場中都應用的到。（何三本，1997：148-152）

　　讀者劇場（又名 Reader's Theatre/ Readers Theatre/ Readers' Theatre 等等）或近似的閱讀劇場，近年在香港及世界各地大行其道，臺灣也不落人後。除了為英語學習領域大力催生之外，老師把「讀者劇場」引入課堂，可為學生的學習及閱讀帶來一番新氣象。「讀者劇場」的特性：是小型的讀後戲劇表演，能有效加強學生的閱讀興趣及深度。它不需要舞臺全景製作或華麗而繁瑣的舞臺服飾及化妝，更不用小演員死記背誦劇本；學生在看似無意但又經過細心安排的環境下，可以再次重新領悟圖書的內容。因為它擺脫了傳統戲劇過分背誦劇本的限制，及透過生動活潑的方式，讓學生們把生活經驗與文本閱讀連繫起來，無拘無束地發揮自己的

創意及表達讀後情感，這樣的行為加強他們對文本內容的理解及對閱讀的興趣。說得更仔細些讀者劇場就是：語言的教學透過朗讀、對話、韻律甚至劇本創作的方式，讓聽、說、讀、寫的功能交互作用而產生新的創意。這樣的方式讓參與者更加投入，對於初學者可以用節拍韻律、唸誦方式讓他們漸漸拋掉緊張的感覺。有時加入拍手、跺腳的節拍，一方面可增加流暢性；一方面可袪除讀者心中的不安。對於有基礎口語技巧能力者，則可以給予比較有故事性、情節比較複雜的劇本。這種故事性較強的劇本，演出者可以運用種種的聲音表情如憤怒、緊張、興奮等不同的語調來加深觀眾的印象。甚至加入一些手勢或簡單的走位，除了可增加故事的氛圍之外，最重要的是了解演出者本身是否了解劇本裡面的文句或意涵。（鄒文莉，2005：24-27；鄭鳳珠譯，2005：18-23）它跟一般性的朗讀和朗誦的差別，如下表所示：

表 5-1-1　朗讀、朗誦、讀者劇場的比較（整理自何三本，1997：179）

	朗讀	朗誦	讀者劇場
性質	語文教學的一種手段，是朗誦的基礎。	語文教學的一種手，也是藝術表演的一種形式。	語文教學的一種手，也是藝術表演的一種形式。
要求	正確、流利、有感情地將書面文字變成有生命的聲音語言。	聲情並茂，要發揮原作品的神髓，打動聽眾心絃。	以口語語調為主，表情、動作為輔。可將原作品改編創作。
方法	眼睛直看著書面文字，聲音明亮清澈，不使眼神、表情、動作。	誦材熟悉到背誦地步，眼神可以離開誦材，講求眼神、動作、表情，可配合上音樂，運用歌唱及舞蹈。	熟悉創作文本，眼神可以離開誦文本，講求口語語調，組員們合作、排練，透過練習可加深閱讀理解。
功用	聽、說、讀	聽、說、讀	聽、說、讀、寫

　　讀者劇場的功用，就因為它能廣泛且簡易地使用在課堂上，目前儼然已成為一股新潮流，以下就（讀者劇場）RT 的功用來論述說明：

(一) RT 是一種可以引起高度學習動機的策略。RT 的戲劇成分使得學生將文學中的小說、詩文、信件、散文、札記及新聞專欄轉換為語言學習，原本枯燥的語言文字可以以另一種生動活潑的方式來呈現，每個人都有機會練習、成功的進行，並增加自己的自信心。

(二) 抑揚頓挫的閱讀可以反映出讀者對於語句及句型的了解。學生試著用不同的朗讀方式，來詮釋不同意義，透過音量高低、重音和語調，RT 讀者深入所讀內容，賦予角色及文字生命。當 RT 讀者呈現角色時，他們不但反映文本，也同時重新評估及修正自己對文本內容的理解，更進一步理解到口說語言的多樣性。

(三) RT 可增進閱讀的流暢度。流暢度對閱讀有非常大的影響，Blau 認為，無論文本原來所要表達的想像力、幽默感是多麼的引人入勝，一旦缺乏了流暢度，優秀的文本充其量只是一堆糾結紛亂的文字罷了。何謂流暢度？流暢度是指能夠正確並很快的唸出文本的能力，而且流暢度可以讓讀者了解他們正在閱讀的內容，讀者不斷的複誦可以增加流暢度。美國國家閱讀委員會曾建議兩項關於閱讀流暢度的教學方式，分別是重複朗讀和個人默讀。在重複朗讀的方式中，RT 是近來最廣泛應用在課堂上的活動，對於初學者來說，他們必須花比較多的精力來認生字，閱讀自然就不通順；即使當孩子可以閱讀快速但卻沒有注意到語氣的高低起伏、停頓、速度和語調，他的閱讀也不算流利。流利的讀者可以知道語氣何時該作調整，可以建構出所讀文本的意義，大幅提升閱讀流暢度。在 RT 的活動中，學生第一次會自己先默讀或由兩人一組來閱讀文章，接著會整組一起練習，並輪流擔任不同角色來體驗不同的感情、情緒，揣摩不同的人格特質，最後在公開的場合表演給觀眾看，所以讀者劇場可以引發學生不斷地閱讀文章，流暢度因此而產生。

(四) RT 可以增加學生的社會互動。RT 活動中，是由大家一起朗讀
　　 同樣一份劇本，每個人被分配到的部分並不多，有時是全體一
　　 起朗誦，對於較害羞的孩子會有較低的焦慮感，不致造成嚴重
　　 的心理壓力。在許多活動，是需要同儕間互相溝通、合作、分
　　 配角色，因此可以培養高度參與的動機。教師在分配角色時可
　　 以參酌學生的程度，程度較差者給予較容易掌握的角色，程度
　　 較好者則分配較為吃重的任務，同儕之間並不會視對方為全組
　　 的絆腳石，反而藉由團隊合作培養出難得的默契和自信心。（張
　　 宛靜，2007）

　　讀者劇場該如何進行？腳本必須有創造齊聲朗讀的機會，引導學生
參與。也就是說，每個學生都要一起參與朗讀。低年級讀者劇場腳本的
重點如下：

(一) 發給每個學生一份劇本。

(二) 選取一些非常容易唸的句子由某一個角色唸。

(三) 讓學生齊聲朗讀。

(四) 故事結構必須非常簡單易懂。

(五) 閱讀過程中必須創造很多重複的句子，供學生反覆唸誦。

(六) 請學生用色筆把自己該唸的臺詞和標有「All」的句子畫上顏色。

(七) 中、高年級就可以以短劇的方式呈現，分配好角色後將自己的
　　 部分唸一遍，上臺唸第二次，師生再討論，重新分配角色、交
　　 換劇本、再讀一遍，直到引起學生的興趣為止。像這樣將文本
　　 加以分工，學生將自己所要唸的句子反覆的練習，不必去背臺
　　 詞、不必有過多的道具、不必強調走位……把太多不必要的事
　　 務拿掉，就能專注在句子的口語表達、增加閱讀的流暢度、甚
　　 至可注重到臉部表情、節奏等。學生在與他人合作讀劇時，不
　　 僅會注意自己所分配到的句子，同時也會注意同學所讀的句
　　 子，因此也會增加他的語彙能力。國內目前讀劇的趨勢越來越

　　流行，主要是它符合學生們喜愛的「說故事」或「表演」的天性。而且它可以立即上手，老師和學生從事起來也較有興趣。（鄭鳳珠譯，2005：18-23）

　　由此可見，以讀者劇場的方式來呈現寓言故事應該是很適合的。主要原因是寓言故事淺顯易懂，短而美。寓言以簡約的手法刻畫人物，在短短不到 300～500 的字數中，就能把故事情節寫得波瀾起伏，這些在小說中才看得到風趣對話以及富有生命力的語言藝術手法，在寓言中都可看見。它具有極強的滲透力，其精神和手法常常滲透到別的作品上。寓言可說是小說的源頭，古代的寓言以詩歌或散文為主，寓言式有寄託性又有故事性，是它區分於其他文體或非文體的根本依據。寄託性使它與神話傳說、歷史傳記、笑話、童話、故事、小說、戲劇等敘事文體區隔開來。故事性又使它與議論文、詠物詩、比喻、格言諺語等非敘事文體劃清界限。也因此它的使用範圍相當廣泛，如腳本繪畫、漫畫、雕畫、動畫……（陳玉玲，2007：40-42）如果將讀劇應用於寓言故事中，學生能明瞭其要意，觀眾在聽的過程當中也清楚；其二是讀者劇場較注重說者的口語能力與聽者的聽辨能力，寓言故事時間短，避免因為時間過久聽眾易注意力不集中。至於取材要以能互動、有對白的、生活中帶點警惕的作用最佳。以下以〈青蛙和牛〉（林海音譯，1976：70-72）為體裁，以讀者劇場的方式來呈現。

　　這是一篇動物寓言，故事結構採順敘法，照故事發生的原因、經過、結果敘述出來，使情節脈絡清楚。表達技巧反覆，老蛙因為一而再、再而三的遭受小蛙言語的挫折，進而未認清自己的能力而產生懊惱之事。寓言的目的在啟發智慧，讓讀者體會「言外之意，絃外之音」，因此「寓言故事」藉由故事中的情節與人物來傳達主題，善用「比喻」的寫法引發讀者作聯想，並不會直接將主題說出。寓言故事體最難的部分就是「主題詮釋」；所以應當讓學生先清楚「文本情節」外，其次就是要引發團體討論，老師不要直接把主題詮釋的內容直接「灌輸」給學生，而是利用

反覆閱讀、團體討論的方式引導學生說出有關寓言故事的「主題詮釋」。
（劉穎韻，2006：190）當中的讀者分配及教學活動設計如下：

表 5-1-2　〈青蛙和牛〉讀者分配表

故事名稱	〈青蛙和牛〉		出處	伊索寓言，林海音譯
分配讀者	內容			
旁白	有一天， 小青蛙們從外面慌慌張張的跑著、跳著回來了， 他們是到河邊的草地上去玩的， 他們還從沒有到過那麼遠的地方！ 所以，就把所看見的怪事情對他們的爸爸報告。			
小蛙	喘吁吁的說：「啊！爸爸，我們剛才看見一個全世界最可怕的妖怪！ 他是那麼大，頭上長著犄角，還有一根長尾巴和四個蹄……」			
老蛙	老蛙笑著說：「那不是什麼妖怪，別驚奇。那不過是一隻牛罷了， 而且他也沒有你們說的那麼大。假如我高興的話，孩子們，我也可 以把我弄成像牛一樣大的，不信，你們瞧著我！仔細看喔！」 於是老蛙就鼓起氣來，使自己的身體脹大了。			
老蛙	「看，是不是像我現在這麼大？是不是呀！」			
小蛙	「還要大！還要大！」 於是老蛙又鼓足了氣，再問小蛙們，是不是像牛一樣了。			
小蛙	「還要大，爸爸，大要多哪！」			
小蛙	小蛙們齊聲的喊著「你就是把自己吹炸破了，也到不了我們在河邊 上看見的牛那樣大呀！」 小蛙們說的這句話，很傷老蛙一向驕傲的心，於是他賭氣的使足了 力氣吹。			
老蛙	吹呀！吹呀！最後只聽到「砰」的一聲。			

表 5-1-3　〈青蛙與牛〉教學活動設計

教學活動設計：			
教學領域	語文領域	教學時間	二節（80 分鐘）
教學名稱	＜青蛙和牛＞	教學者	林秀娟
教學目標	1.藉由寓言故事的生動活潑有趣，引發學生閱讀理解的能力。		

先備知識	2.能使學生自我探索覺知環境與個人的關係。 3.運用戲劇的效果，從事藝術創作去體驗生活環境。				
先備知識	1.能仔細聆聽故事。 2.了解什麼是寓言故事。 3.了解什麼是讀者劇場。				
能力指標	【語文】 5-1-4-2　能和別人分享閱讀的心得。 5-3-7-1　能配合語言情境，欣賞不同語言情境中詞句與語態在溝通和表達上的效果。 5-2-14-2 能理解在閱讀過程中所觀察到的訊息。 【藝術與人文】 1-1-1　嘗試各種媒體，喚起豐富的想像力，以從事視覺、聽覺、動覺的藝術活動，感受創作的喜樂與滿足。 1-2-4　運用視覺、聽覺、動覺的創作要素，從事展演活動，呈現個人感受與想法。				

能力指標	教學步驟	教學時間	教學資源情境布置	指導要點注意事項
語文 5-2-14-2	一、引起動機 （一）聽一段蛙鳴聲，讓學生猜猜看並試著模仿蛙鳴聲，全班分組、分部鳴叫。 （二）想想看，蛙的氣囊會不會破掉？ S1：會。 S2：不會。	3 2 3	CD蛙鳴聲	鼓勵學生踴躍發表自己的想法
語文 5-3-7-1 語文 5-1-4-2	二、準備活動 （一）帶讀故事文本＜青蛙和牛＞。 （二）將故事文本全班共同討論，老蛙、小蛙們、旁白的聲音應該如何，他們各自的動作、表情又該是如何呈現的？ （三）分配角色 　　依全班25人分成5組，每組5人。一人飾演老蛙、人飾演小蛙、一人飾演旁白。	 3 8	故事文本	教師可以趁機將自己的意見帶入 鼓勵學生踴躍發表自己的想法

藝術 1-1-1	（四）排劇討論 　　　將故事人物分成老蛙、小蛙們、旁白劇情讀出故事內容，請小組進行情節討論及想像，如何展現劇中人物的動作、表情、語調才是最佳狀態。	10		鼓勵學生能勇於展現自我
藝術 1-2-4	（五）人人參與 　　　依照組別樂於上臺讀劇的，將先安排上場，讓優秀者帶頭表演。 （六）最佳演員 　　　票選出 5 組中最佳老蛙、小蛙們、旁白重新組合成一組再讀劇一次。	3 3	譜架 3 支	小螺絲也能起大作用，鼓勵參與
	三、統整活動 　　　具體描述各組及個人的優點，讚美學生的表現。 　　　～～～ 第一節結束 ～～～	5		
藝術 1-1-1	一、準備活動 （一）改編寓言故事。 （二）改編的故事要有隱喻作用。 二、各組發表	20		
藝術 1-2-4	三、統整活動 （一）具體描述各組及個人的優、缺點。 （二）將各組創作繕打製成小書。 　　　～～～ 第二節結束 ～～～	15 5		分組討論教師了解學生討論情形

　　這樣的故事每組約 5 分鐘就可朗讀完，從學生的讀劇中了解他們大都能了解寓言故事的內容。組員中，如果有人較膽怯，則較會影響同一組同學的讀劇心情。如果有人較大方，整組的氣氛較易受改變。有記者報導暖西國小校長林奇佐說，讀者劇場不同於傳統戲劇表演活動，而是以不同情緒的口語表達唸讀出劇本中人物的臺詞，不需多餘的肢體呈現和誇張的舞臺效果，更容易吸引學童的興趣，甚至主動要求演出，從中

培養對閱讀的喜愛。該校 5 年 1 班導師黃名杰和實習老師徐子晴合作，帶著學童選讀《孩子王大鬧閻羅殿》。徐子晴說這本書的程度適合高年級學童，讀者劇場只著重演出者的聲調、語氣表演，所以隨時隨地都可以練習，不會造成小朋友的負擔。黃名杰說，高年級原本就有劇本形式的課文內容，所以小朋友並不陌生，大家都很投入，因為要扮演孩子王、船長、廚師、閻羅王和判官等角色，大家會認真討論，分配工作、找出合適的扮演者，在小組成員熟悉劇情的過程中，充分達到聽、說、讀、寫的目的。徐子晴開玩笑說，以前課堂上的師生課文朗讀，「平板的音調讓人無聊到想睡覺」，加入讀者劇場的教學模式，小朋友都躍躍欲試，找回學國文和閱讀的樂趣。讀者劇場就是「讀劇」，用聲音來演戲，不需要舞臺和道具，小朋友只要手持劇本唸出對話就可以了，學生能從中學到根據的情境脈絡，以自身的理解自然去詮釋角色，像是「大野狼」的故事中，學生會揣摩大野狼的語調和叫聲，加上共同學習的效果，讓閱讀變得有趣。（翁聿煌，2009）學生對這種有變化的語文學習感到興趣，主要是它有別於傳統的教學，其次是讀者劇場對學生來說較輕而易學，學生要破除其擔心、害怕的壓力也比較小的緣故。

第二節　故事劇場在閱讀教學上的應用：以童話故事為例

　　故事的積極意義是指「用一定的次序，把許多事情排列起來」，因而產生「故事化」動人的效果。「故事化」是一種迷人的、有力的、精緻的情節推進過程，有了這個過程才會為故事的敘述增加趣味、展現魅力、吸引讀者關注故事的發展，直到故事結束為止。（蔡尚志，1989：4）「故事」的定義以廣義來說，不僅突破過去的舊事蹟，進入「現實生活」，而且又進入到「想像性故事」，甚至運用寫作技巧，將情節加以虛構，而這些虛構情節是為了達成「合乎兒童心理」、「開闊視野」、「充實生活」、「豐

富思想」等等的目標所必須具備的條件和技巧。這些條件技巧的講究，就是在進行創作故事。（何三本，1997：255）

　　至於故事的長度也是很重要關鍵。對於學生來說，五至十分鐘的長度最適宜，超過的話，學生的注意力就會跑掉。為了避免學生的注意力跑掉，故事的精采度就必須要被檢驗。故事要精采，必須能先感動自己。依故事情節發展的先後順序，將它發展的軌跡一一分析出來加以編號，這些編號組合成的便是此篇故事的基本架構，以「1」為開始；從「2」編號分析是上升、下降還是高潮頂點。尋找出故事情節發展層次及脈絡原因，要營造故事的氣氛也就比較容易了。而故事除了要吸引學生外，其背後所蘊涵的教育意義對學生的影響也值得深思。黃雲輝認為故事的教育意義有：（一）使兒童對優良事蹟產生崇拜的心理；（二）增進兒童能力與待人態度；（三）增加兒童嘗試和學問，增廣見聞；（四）促進兒童同儕間的彼此情誼；（五）加強兒童閱讀能力與注意理解力。（黃雲輝，1979：9-10）

　　兒童故事的特質就是「兒童性」。優良的兒童故事，在在顯露了「坦率純真的童真」、「引人入勝的想像」、「充滿遊戲的興味」、「引人心絃的情趣」、「豐富感人的愛心」五個特質。而故事的包含甚廣，如兒童故事、童話故事……等。蔡尚志在兒童故事原理中，以三個同心圓來說明它們三者的關係，可說比喻的十分恰當：

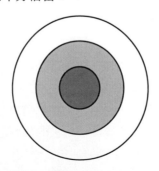

圖 5-2-1　◯故事、◯兒童故事、●童話（資料來源：蔡尚志，1989：10）

在我國兒童文學的分類中,「童話」就是專稱,特指「情節與事物,則純出想像,是虛幻的,也完全是杜撰的」兒童故事。童話的定義一般人常常把兒童故事誤以為是童話,其實這是錯誤的觀念。童話只是兒童故事的一環,它是兒童文學最重要的體裁,具有濃厚的幻想和趣味編織成的故事,且以兒童為主要的演講對象。童話的類別可分為(一)古典童話;(二)藝術童話;(三)現代童話三種。古典童話:由十七世紀法國的貝洛爾首創,他將平日熟悉的民間故事改寫成適合兒童閱讀的故事。因此,民間故事起初以口頭文學出現,代表人民智慧的結晶;古典童話是根據古代典籍、民間流傳編寫和整理而來。雖然它們來源不同,可是實質上的意義卻是相同的。古典童話的代表作有阿拉伯的《一千零一夜》、貝洛爾的〈鵝媽媽的故事〉和〈三隻小豬〉等等。其主要有四項特徵:(一)善用幻想式的擬人誇張口氣;(二)通常有魔法神技出現;(三)都有固定的模式;(四)善有善報,惡有惡報,出現令人滿意的結果。藝術童話:也稱為「創作童話」,是安徒生根據古典童話的特質,加以改編和創造而演變出來的。其主要作品有安徒生的〈賣火柴的女孩〉、〈姆指姑娘〉、〈國王的新衣〉和〈醜小鴨〉等等。藝術童話有兩大成就:(一)有活潑的創作性;(二)擴大了童話的領域。現代童話:是用童話的體裁寫現代的事物、觀念、現象等,只要是我們身邊有的事物、發生過的事件,都可以運用想像的手法,生動有趣地表現出來。(蔡尚志,1989:193-212)現代童話的價值與功能是:(一)孩童經由進入一個不同的世界的替代性經驗,可以發揮想像力;想像一些不存在的事實,不但有趣而且蠻有挑戰性;(二)孩童可以增進不同方向的思考能力,在故事中讀者對現實世界有一種新的透視,對事件的描述會有多一層的領悟;(三)可以帶領孩童逃離現實世界。由於移情或認同作用,孩童進入童話後會發覺自己更優,那些不幸的生活經歷,並非只有他一人所承受的;(四)孩童可以從童話中領略到幽默的樂趣,脫離現實世界讓作者有機會充分發揮天馬行空的想像力,塑造不同的幽默情境。(張子樟,1998:152-154)

　　綜合各學者對於故事融入於教學的高度與多面向的肯定，學生可經由聽、說、讀、寫、看的歷程中，同時產生聯想、內省與情感的交流。在教室裡有意義的故事教學倘若經由教師適當地引導，無論是學生的語文能力、價值澄清、還是人際關係、情緒紓解等方面有很大的幫助，尤其是在人際關係上，可看出同學間的人際互動。藉由合作學習讓學生更了解團體中每一分子的努力與否，對大家都有相當的影響。一般文學作品是書面文字，靠視覺來了解的；詩歌朗讀吟唱是靠語言來傳達的，是靠聽覺來理解的；戲劇是將文學搬到舞臺上，是靠動作扮演給觀眾看的。至於道具的應用，可以依據故事情節而定，則沒有絕對的必然性。學生的聲音和動作就是最好的肢體動作，勿讓過多的道具影響了學生敘述故事的流暢性。故事是無限想像的延伸，而這也是故事最迷人的一點。藉由上臺表演，希望學生能在公開場合，不怯場、以更從容、具流暢性和變通性的表達自己的體驗感受。

　　學生喜愛故事的原因，大都是因為情節的發展性，大部分的故事都會有重複性，藉由它的重複性來製造高潮，並且選用學生喜愛動物的純真、可愛一面，讓學生以故事劇場的方式來演出。期盼學生在演出的過程當中也能體會該故事真正的意涵，讓學生去深思故事中的境界。此節童話故事選用漢聲出版社的《鱷魚放假了》（漢聲雜誌，1984），劇中學生的角色分配及教學活動設計如下：

表 5-2-1　《鱷魚放假了》角色扮演分配表

故事名稱	《鱷魚放假了》	作者	漢聲雜誌	出處	漢聲出版社
演員	主要人物：蟾蜍大胖、小母雞毛毛、松鼠小保、鱷魚阿雄 次要人物：公車司機 1 人、公車輪子 2 人、烏龜 3 人 打板：1 人、河水：4 人、大樹：1 人、小樹：3 人、小花：5 人、 道具：2 人、旁白：5 人				

演員	內容
旁白	每天一大早，蟾蜍大胖、小母雞毛毛和松鼠小保都會一起去對岸上學。他們搭著公車來到一條很寬的河邊就要先找他們的好朋友鱷魚先生阿雄。這時，阿雄還在睡大覺呢！
三人	他們就會大聲喊著說：「起床了，阿雄，我們要去上學了。」
鱷魚	鱷魚先生阿雄：「啊！又要去上學了？」（阿雄打著長長的哈欠說道）。
母雞	毛毛接著說：「對呀，你載我們過河，我們的書才不會濕啊！」「快一點啦！」
鱷魚	鱷魚阿雄懶懶地回答：「好吧，全部上來吧！」（他們爬到阿雄背上，阿雄就游向河的對岸了。）
旁白	在渡河的過程中大胖、毛毛和小保，嘴巴一直嘀嘀咕咕的發著牢騷，「阿雄朝直走」，「別晃的這麼厲害嘛，阿雄。」「阿雄快點呀！」一路上阿雄都忍氣吞聲的。到了對岸大胖、毛毛、小保就一起去了學校而阿雄就再回去睡覺了。
旁白	日子就這樣一天一天的過去了，有天早上他們三人跟往常一樣來到了河邊。
蟾蜍	叫著：「阿雄，阿雄。」「唷呵，阿雄！」但是還是沒找到阿雄。（做出東張西望的樣子）
松鼠	小保說道：「我沒聽到他的鼾聲耶！」
母雞	毛毛說道：「怎麼辦？我們快要遲到了。」
	三人同時說：鱷魚不見了怎麼辦
	鱷魚不見了（音樂：雪人不見了）
小花	鱷魚怎麼不見了 鱷魚怎麼不見了
	鱷魚沒有手只有腳 慢慢地爬
	鱷魚是個獨行俠 鱷魚是個獨行俠
	鱷魚不會喊呀不會叫
	那昆蟲出來它就把牠吃掉囉
	鱷魚原來不合群 只愛單獨住
	鱷魚是個獨行俠
	鱷魚不見了
	鱷魚怎麼不見了 鱷魚原來不合群
	雖然它有頭呀也有腦
	但太陽出來它就出來曬太陽

	這時候阿雄從水裡浮出來了，
	阿雄就開口說道：「我在放假！」
三人	他們三人異口同聲的說道：「現在不是假期啊！」「快載我們過河。」
	鱷魚緩緩的說著：「對我來說是假期，是我們鱷魚的假期。」
母雞	毛毛問道：「鱷魚的假期？那是什麼意思啊！」
鱷魚	阿雄答道：「就是鱷魚不必聽任何人指揮的意思。」
蟾蜍	大胖問：「要放多久？」
鱷魚	阿雄鱷魚說：「也許好多好多年喔！」說完阿雄就走了。
旁白	這時大家七嘴八舌吵了起來：
蟾蜍	大胖：「好啦，現在要怎麼辦？」
母雞	毛毛：「我怎麼知道！」
松鼠	小保：「大家快想辦法啊！毛毛，你在想什麼？」
母雞	毛毛：「我想我們須要一條新鱷魚」。
蟾蜍	大胖接著說：「這不是想，這簡直是天方夜譚在做夢嘛！」
旁白	大家你一句，我一句的說著。毛毛覺得他們太吵了，就自己獨自找了一個安靜的地方去想辦法了。
烏龜	烏龜兄弟正好經過，問道：「嗨！毛毛，你在幹什麼？」
母雞	毛毛回答道：「想事情啊！」
烏龜	烏龜：「想什麼事情啊！」
母雞	毛毛：「鱷魚放假了！我們不能上學了。」毛毛告訴烏龜兄弟他們的遭遇，並請烏龜兄弟幫忙。
旁白	於是毛毛興沖沖的將他的辦法告訴了他們：「我們可以請烏龜兄弟依序排列到對岸，當作我們的墊腳石，然後我們一路踩過去不就成了嗎！」
	當他們依序跳上烏龜兄弟的背上時，數著烏龜一號、二號……耶？烏龜三號跑那去了？說時遲，那時快一不小心他們三人都掉落水裡了。
烏龜	這時烏龜三號跑出來說：「我在這裡啦！」
	回到了岸邊，他們把課本攤開來曬。
蟾蜍	大胖邊跑邊喊著：「嘿，我找到了一塊板子耶！」
母雞	毛毛看了之後：「嫌太短不能作橋。」
松鼠	小保拿起來也看了看：「太小浮不起來。」
蟾蜍	大胖說道：「我知道，我有一個更好的辦法。就是拿它當蹺蹺板將我們彈過去。」「你們聽喔！小保你坐在板子這一頭，我從樹上往下跳。跳到板子的那一頭，你就可以飛過河去嘍！」

旁白	結果他們試了好幾回，不是掉在原地，就是掉落水裡。沒有一次成功過。研究了之後，決定由大胖載毛毛和小保過河。於是他們拿著書本文具就出發了。
母雞	才一上路毛毛就埋怨說：「搖來搖去真不舒服」。
松鼠	小保接著說：「游歪了！游歪了！」這樣邊游邊發著牢騷，嘴裡唸唸有詞的說著：「要是有阿雄在該多好！」
旁白	結果就在這時，大家一不小心失去重心就都又掉入水中了。
松鼠	小保說：「救命啊！我不會游泳的，我快淹死了。」
旁白	就在這時候他們腳底好像踩著了東西，而且還慢慢的浮上水面上來。
松鼠	小保：「耶！萬歲，是阿雄耶！」
蟾蜍	大胖：「阿雄，你不是在放假嗎！」
鱷魚	阿雄回答到：「放假也可以找些事情做做啊！」「來吧，我載你們過河吧。」
蟾蜍	大胖：「阿雄游的真好，又平穩又舒服」。
母雞	毛毛：「阿雄的游泳技術真是一流」。
松鼠	小保：「有阿雄在，我們就不用怕掉進水裡，也不用怕上課遲到了。」
三人	這時他們三人異口同聲的說道：「阿雄，謝謝你，有你在真好！」

表 5-2-2　《鱷魚放假了》教學活動設計

教學活動設計：			
教學領域	藝術與人文領域	教學時間	五節（約 200 分鐘）
主題	常懷一顆感恩的～～～「心」	子題	《鱷魚放假了》
教學目標	1.藉由繪本故事的生動活潑有趣，引發學生閱讀理解的能力。 2.能使學生自我探索覺知環境與個人的關係，體察他人對我們的付出。 3.運用戲劇的效果，從事藝術創作去感受他人的付出。 4.從活動中去體會施比受的行動更令人喜悅，而樂於做一位付出者。		
先備知識	1.了解社會上各種行業的人對社會的貢獻。 2.學生已在二下課程中有教室劇場的概念。		
能力指標	【語文】 5-1-4-2　能和別人分享閱讀的心得。 5-3-7-1　能配合語言情境，欣賞不同語言情境中詞句與語態在溝通和表達上的效果。		

能力指標	教學步驟	教學時間	教學資源情境布置	指導要點注意事項
	5-2-14-2 能理解在閱讀過程中所觀察到的訊息。 【藝術與人文】 1-1-1 嘗試各種媒體，喚起豐富的想像力，以從事視覺、聽覺、動覺的藝術活動，感受創作的喜樂與滿足。 1-2-4 運用視覺、聽覺、動覺的創作要素，從事展演活動，呈現個人感受與想法。 2-1-6 體驗各種色彩、圖像、聲音、旋律、姿態、表情動作的美感，並表達出自己的感受。			
語文 5-1-4-2	【主題群書介紹】 在國語第四單元「感謝在我心」課程中，引導學生體察生活中有許多人在為我們付出；並且希望學生能推薦繪本有關「關懷、付出」的主題書帶來分享。 一、引起動機 【教師提問】 （一）一年一次歲末的才藝表演即至，各班大多以舞蹈為主，請班上學生提出表演的形式，請學生能表決出與眾不同的表演方式。 　　例如：手語歌、舞蹈、戲劇…… （二）從主題群書中挑選一本全班最喜歡的繪本。	10	請學生帶主題群書一同分享 先改編劇本	國語課程中實施 鼓勵學生踴躍發表自己的想法 教師可以趁機將自己的意見帶入
語文 5-3-7-1	【統整】 1.引導學生說出戲劇。 2.並在主題書群中挑選具生動、活潑、有趣且與學生經驗相似的情節為劇本＜鱷魚放假了＞。	10		
藝術 1-1-1	二、準備活動 （一）導讀繪本《鱷魚放假了》。 （二）將繪本改編為劇本——全班共同討論增加劇本部分。	20 40	結合學生想法再次改編劇本	
藝術 1-2-4	例如： 　　1.公車司機載學生上學。			鼓勵學生踴躍發表

| 藝術
2-1-6

語文
5-2-14-2 | 2. 插入歌曲＜鱷魚不見了＞，中場舞蹈演出。
3. 增加一小段學生想出的過河法子。
（三）分配角色
　　當同一個角色有兩人以上想擔任時，以讀者劇場形式選擇。
（四）人人參與
　　依照學生樂於上臺表演的勇氣與自信，將班上每一位同學接安排上場，增加場景人物。
（五）道具說明
（六）排劇討論
　　將故事人物分成下列劇情演出，請小組進行情節討論及想像，如何展現劇中人物的動作、表情、語調才是最佳狀態，以老師入戲和旁述技巧兩種方式指導學生。
　1. 公車司機伯伯和兩個車輪子。
　2. 烏龜三隻。
　3. 5 朵小花的舞蹈。
　4. 主要人物蟾蜍大胖、小天鵝毛毛和松鼠小保、鱷魚阿雄。
　5. 旁白 5 人。
　6. 音樂 1 人。
（七）首次彩排。
（八）利用攝影過程再度以旁述指導學生，並且隨時喊「卡」讓學生實際上臺再詮釋一次。
（九）第二次彩排
（十）第二次討論
三、故事劇場（歲末演出） | 10

10
40

20

20
20 | 呼拉圈 1 個
雨傘 2 支
抱枕 3 個
滑板 1 個

攝影

單槍、筆電

各項道具 | 自己的想法
鼓勵學生能勇於展現自我
小螺絲也能起大作用，鼓勵參與
以老師入戲和旁述技巧兩種方式指導學生
引導學生能深入生活觀察，有時為了效果要誇張
學生了解流程演出
鼓勵學生著重在聲音、表情、動作盡情演出 |

　　洪銀杏研究中指出我們的語文教科書限於篇幅的限制，有時無法將教材完整的表達出來，但是完整真實的兒童讀物能帶給學生更充實的文

學和生活經驗。（洪銀杏，2001）因此，如果選用童話故事藉由它的半真半假的狀態，故事可用說、角色扮演、戲劇、編唱歌謠等方式進行，可啟發學生的語言潛能、增進語言表達的能力、發展創造的想像、更可培養閱讀、問答及發表的興趣。戲劇教學活動主張從經驗中學習，因透過戲劇的角色扮演模仿生活環境、人的情感，所以才能讓學生激起創意，得以產生經驗的特質，學生樂於把自己建在虛構的遊戲世界裡。希望提供他們一個敢表現、願意表現、可以自由、自然展現想像力和創造力的舞臺；是輕鬆沒有壓力的，不要要求孩子表演如同大人般一板一眼，而是將孩子最天真無瑕的一面呈現出來，經由肢體的動作間接強化語言上的表現。（戴斐樺，2006）在邱翠珊的研究調查中，在十次故事教學的方式中，學生最喜歡的故事是邊說邊玩，其次是當個舒服享受的聆聽者。選擇學生喜愛的方式進行活動，對受教者而言才是最有益的收穫。

表 5-2-3　學生對說故事進行方式的看法（資料來源：邱翠珊，2004：137）

方式	人數	百分比
老師用自己的話說	9	32
朗讀故事	2	7
老師問學生回答	2	7
同學間討論	5	18
邊說邊演	10	36

　　將童話故事運用圖畫書來教學較易進行，圖畫書具備圖文並茂的特質，加上故事內容架構較完整；往往創作性戲劇說故事活動中導讀學生較易了解，對戲劇也較易進行。圖畫書能激發學生想像力，在說故事與戲劇活動中，以語言、肢體語言、交流彼此的經驗，發現學生常常能更專注於傾聽故事、一心參與戲劇活動，甚至加入討論。（謝華馨，2003：105）這樣的表演，學生的接受程度高，因為在半真半假的情境中，他們能適度的舒展情感，在束縛已久的社會桎梏中暫時得到解放。

第三節　室內劇場在閱讀教學上的應用：
以兒童生活故事為例

　　室內劇場是讀者劇場和故事劇場的綜合體，每一組都要負責故事的部分情節，他們一組組圍成圓圈坐下，這樣他們可以看到彼此。第一組開始表演，當他們完成後，第二組繼續，就像翻閱一頁頁的書一樣，每一組只知道故事的一部分。因此最興奮、最有挑戰性的事，便是看到這個故事的展開；並且當他們發現負責的那一部分，包含更多的內容，他們會根據需要調整。室內劇場對一個正在準備階段的學生而言，是個可以公開演出的類型。就像室內樂一樣，他不是為觀眾演出，而是為了給每位參與者帶來快樂而演出。（鄭黛瓊譯，1999：175）室內劇場包括的四大區域，有前臺（宣傳、票務、會計、公關）、後臺（舞臺、燈光、化妝、服裝、道具、音效）舞臺、觀眾席，在空間上是已經規畫妥善。因此，當老師或領導者分配好工作後，每個人都知道他的位置在哪裡以及該負責哪項工作。一齣戲劇中有它要傳達、表現要項，這些要項稱為戲劇元素。戲劇元素是指焦點、對比、象徵、張力。（同上，5-9）這此不再細說，待第六章再詳談，室內戲劇有它的相關規定：如演出時間不要遲到、不要吃東西、演出中不任意走動、不可拍照、安靜，甚至要求大家手機務必要關機，以免影響大家觀賞的品質。

　　利用教室空間，布置不同形式舞臺（鏡框式舞臺、開放式舞臺、中心式舞臺、黑盒子劇場等舞臺）。教室中較常用到的是鏡框式舞臺，讓學生嘗試演出並體會演員身體位置、走位與觀眾的關係；也讓學生試著從觀眾的角度來觀察。透過同學的分享，學生較能在空間上適宜的展現劇中的情節；並且以室內劇場的方式讓每一組的學生輪流演出，可避免學生的演出壓力。再者，室內劇場的好處是，不受外在環境的影響，演員演出的一切都在掌控之中。室內劇場為各種表演、演講所使用的室內場

地，大型的室內劇場會注意燈光、音響、環境的舒適度、空調系統溫度等；小型如教室內劇場、家庭劇場等都是經常使用的場所。

　　現代社會多元化，生活情況也越來越複雜，一個人只靠自己親身所體驗而直接獲得的生活經驗畢竟是很有限的，一定要儘量吸收自身以外的生活經驗，來彌補己身經驗的不足。「兒童故事」有如萬花筒，題材包羅萬象，描述不同的時間、環境、立場的生活型態，足以擴大學生的生活經驗。而且大部分的故事是取材於兒童生活中較會遇到的困難事件，故事中還會提供解決問題、排除困難的方式，讓學生在閱讀時能參考性的解決問題。這樣的題材，重點在能深入兒童生活的內涵，不但親自具體教導兒童在各種艱苦困難的生活情況下，如何面對現實、運用智慧、冷靜而技巧地克服困難，並且鼓舞學生要以堅毅、希望、勇敢、負責的態度，代替沮喪、悲傷、恐懼、消極等不良的生活意識，以增進兒童的生活適應力，豐富兒童的生活創造力。（蔡尚志，1990：38）目前這樣的校園生活或兒童故事書籍還真不少，小兵出版社、小魯出版社、東方出版社等都有相關出版品。本節兒童生活故事選自小兵出版社小兵成長系列中草魚潭的孩子一書中〈壘球和西瓜皮〉（王文華，1998：73-80）。相關劇中學生的角色分配及教學活動如下：

表 5-3-1　〈壘球和西瓜皮〉角色扮演分配表

故事名稱	〈壘球和西瓜皮〉		作者	王文華	出處	小兵兒童叢書
第一幕	丟西瓜皮				演員	第○組
第二幕	升旗時				演員	第○組
第三幕	敢作敢當				演員	第○組
演員	旁白					走位
旁白	怪都怪那天天氣太熱，像有九個太陽曬一樣。我終於可以知道后羿射太陽的偉大了。我和李天貴吃完營養午餐，就拿了西瓜到外頭吃。					太陽出來
李天貴	「你看！」李天貴吃完西瓜，把西瓜皮掰成一小塊一小塊，再一塊一塊的往圍牆外面丟。					在舞臺的右前方往左方指著

彭佳平	「我可以丟得比你遠。」我趕緊把手中的西瓜吃完，也	
旁白	和李天貴一樣把西瓜皮掰成小塊往外丟。	兩人邊吃邊說
	我發現要丟得遠，西瓜皮不能太小也不能太大。太小沒	邊丟
	有重量，飛不遠就被風給擋下了；如果太大太重，飛到	
	中途可能就掉下來了。這個道理和打水漂兒差不多。	
	很快的我們兩個都抓到訣竅，一下子就丟得又遠又準。	
	兩塊西瓜皮很快就丟完了，於是我們跑進餐廳向白雅莉	
	她們女生要了好幾塊，再回來丟。	
	圍牆外不遠就是我們草魚潭的活動中心，那是大人開村	
	民大會的地方。我們比賽看誰能把西瓜皮丟進去活動中	
	心。	
李天貴	「你看到那扇窗戶了嗎？」李天貴問。那扇窗戶是活動	
	中心的廁所……	
彭佳平	「好。」	
旁白	好朋友就是他心裡想什麼，你能馬上知道，還能……	
	於是，一塊塊帶著汁液的西瓜皮像一顆顆自動護航的飛	
	彈，在藍色的天空劃出一道道圓弧，飛進窗戶。	
	身旁不知道什麼時候圍來了一群低年級的，每一次我們	低年級出現
	命中目標，他們便想起一陣歡呼。因為以這麼多觀眾，	拍手、歡呼
	我不得不要求自己投得更準。	
彭佳平	「好了，沒有了。」我把最後一塊西瓜皮準準的丟去，	兩手一攤聳肩
	轉身聳聳肩膀對他們說。	
低年級	「再丟！再丟！你好厲害！丟得好準哦！」世界上就是	鼓掌、宴木的
	有這麼多愛看讓鬧的人，他們一張張小臉充滿仰慕的望	眼光
	著我們。	
彭佳平	「沒有啦！」我兩手一攤！	兩手一攤
李天貴	沒想到李天貴從廚房拿了兩顆雞蛋來，「就這兩顆，最	高興的跑來
	後一次哦！」	
旁白	在這些觀眾的熱情注視下，當然那兩顆雞蛋也以優美的	哇！、拍手、
	姿勢，進了活動中心的廁所。	鼓掌
	我和李天貴回頭一鞠躬，還答應他們隔天再來一次比	敬禮說拜拜
	賽。	
	～～～　第一幕結束　～～～	
	第二天早上升旗的時候，一向不太來學校的村長和村幹	村長和幹事走
	事到學校來。我們都覺得很奇怪。	來
	他們和校長交頭接耳，又不時瞄瞄我們。	

校長	一會兒，校長板著臉走到臺上，說：「昨天是誰把西瓜皮丟到活動中心廁所去的？」	
低年級	不用說，全校的人全往我們班看。昨天鼓掌的低年級這會兒全都背叛我們，一個個伸出手，指著我和李天貴大聲說：「是大哥哥他們！」 我心裡是恨得牙癢癢的。	喔～～～、伸出手指點著
張大勇	張大勇老師鐵青著臉，走到我和李天貴後頭，又繞到我們眼前，把他的指關節弄得「卡卡」作響。	互按著手掌
	～～～　第二幕結束　～～～	
	升完旗，我們兩個人被派去把那間廁所掃乾淨，包括沿路散落的西瓜皮。	
彭佳平 李天貴	那間廁所的地上，除了西瓜皮、雞蛋外，還有美濃瓜和小番茄，那些根本不是我們丟的，可是這會兒全要我們兩個掃乾淨。 掃果皮很快，不過那兩顆糊在牆上的雞蛋變得又臭又硬，可真難清。	做打掃狀，嘴中還滴滴咕咕
彭佳平 李天貴	「以後只能丟西瓜皮，一定不能丟雞蛋。」我們下了這個結論。	拿起蛋殼無奈樣
張大勇	洗完廁所，我們還要代表學校去參加鄉運壘球擲遠。「讓你們有將功贖罪的機會！」張老師咬著牙說。 能不能將功贖罪我不知道，不過這一陣子天天在張老師的督導下練壘球。已經把我的手練得快斷掉了。真慘！	

表 5-3-2　〈壘球和西瓜皮〉教學活動設計

教學活動設計			
教學領域	語文領域	教學時間	二節（80 分鐘）
教學名稱	＜壘球和西瓜皮＞	教學者	林秀娟
教學目標	1.藉由兒童生活故事的趣味化，引發學生喜愛它進而能加以將生活故事戲劇化。 2.能使學生體察自我與人我的環境關係。 3.運用戲劇的效果，從事藝術創作去體驗實際生活。		
先備知識	1.能仔細聆聽故事。 2.了解什麼是室內劇場。 3.了解什麼是兒童生活故事。		

能力指標	【語文】 5-1-4-2　能和別人分享閱讀的心得。 5-3-7-1　能配合語言情境，欣賞不同語言情境中詞句與語態在溝通和表達上的效果。 5-2-14-2 能理解在閱讀過程中所觀察到的訊息。 【藝術與人文】 1-1-1　嘗試各種媒體，喚起豐富的想像力，以從事視覺、聽覺、動覺的藝術活動，感受創作的喜樂與滿足。 1-2-4　運用視覺、聽覺、動覺的創作要素，從事展演活動，呈現個人感受與想法。 2-1-6　體驗各種色彩、圖像、聲音、旋律、姿態、表情動作的美感，並表達出自己的感受。			

能力指標	教學步驟策略說明	教學時間	教學資源情境布置	指導要點注意事項
語文 5-1-4-2 語文 5-3-7-1 語文 5-2-14-2	一、準備活動 （一）導讀故事文本「疊球和西瓜皮」。 （二）將學生依故事的組別人數加以分組。 （三）將故事文本全班共同討論，彭佳平、李天貴、校長、張大勇老師、低年級學生、旁白的聲音應該如何，他們各自的動作、表情又該是如何呈現的？	10 5 5	 故事文本	學生能仔細聆聽 鼓勵學生踴躍發表自己的想法
藝術 1-1-1 藝術 1-2-4 藝術 2-1-6	二、教學活動 （一）以室內劇場方式分組輪流演出。 （二）決定組別所擔任的幕次。 （三）決定每組旁白人員。 （四）排劇討論。 　　　將故事人物彭佳平、李天貴、校長、張大勇老師、村長和村長的幹事、低年級學生、旁白劇情讀出，請小組進行情節討論及想像，如何展現劇中人物的動作、表情、語調才是最佳狀態。 （五）人人參與 　　　依照幕次上臺演出。（如果空間足夠可以讓全部的學生依照組別排成一圈，再依幕次輪	 20 20	 道具請組員自行尋找替代物	 鼓勵學生踴躍發表自己的想法 尋求整組的共識 鼓勵學生能勇於展現自我

	番演出）			
	三、演出分享	20		合作學習，鼓勵參與
	（一）對室內劇場的模式發表想法？			
語文	S1：很好玩。			
5-1-4-2	S2：以前同學看著我，我都會害羞。			
語文	S3：我要演了，旁白的聲音還沒出來。			分組討論
5-3-7-1	（二）你覺得文中的兩位小朋友丟西瓜皮事件你的看法是？			
語文	S1：活該。			
5-2-14-2	S2：我也覺得很好玩。			教師了解學生討論情形
	S3：我曾經和哥哥在家對著牆壁丟柳丁，等柳丁裂開了再剝開來吃。雖然媽媽回來看牆壁黃黃的很不高興，還要我和哥哥拿抹布把牆壁擦乾淨，但是每次想到這件事我都很快樂。			
	（三）如果是你，你會不會像他們這麼做？			
	S1：會，因為很好玩。			
	S2：不會，又要清理很麻煩。			
	S3：又不一定會清理？			
	（四）你認為他們該不該清洗活動中心廁所？			
	S1：應該。			
	S2：不應該。又不是全部都是他們丟的。			
	（讀書會中待續）			

　　這是一篇以本土兒童生活為主，最能貼近臺灣小孩的生活的兒童叢書。故事發生在南投縣南港溪畔的草魚潭國小，是個超級純樸的國小。王文華在書中簡介裡自述：「這本書裡，愛生氣，怕狗的張大勇老師，其實就是他自己的寫照。」書中年輕憨厚的張大勇老師，帶著他的寶貝學生們過著瘋狂又膽顫心驚的日子，充滿創意啟發及多元教育意涵。因為它的學生不但吱吱喳喳，意見超級多，還會逃課去釣魚，踢球進菜園，放狗追老師。狀況百出，天天都有人上門告狀……。王文華塑造了以第

一人稱的彭佳平來作嚮導，再請出搗蛋鬼李天貴、運動健將陳文吉、恰北北的白雅莉、愛告狀的蕭國湘、膽小的詹淑惠等，讓校園重見溫馨、幽默又趣味的生活。讓趣味化的兒童生活經驗融入學生的閱讀中，藉由橋樑書中的故事情節提高兒童閱讀的興趣。

　　課程教材的編寫與教學倘若未能與學生生活經驗結合，學生的學習將會面臨問題。「理想課程」（Ideal Curriculum）和「經驗課程」（Experiential Curriculum）在實踐上是有落差的。學生生活經驗在教學上的重要性，以三方面來加以述敘：（一）理解的學習：「學習是經由經驗介入，而在個人的知識或行為方面產生較為持久性改變。」也就是說，教學者和學習者的經驗納入學習活動中，學習者產生的經驗改變較持久。學校現行的教材應注意是否連結學生的舊經驗、是否以表徵形式呈現教材、現場或臨場的情境教學、應用新情境作為印證。（二）情境的學習：孔子認為「學而時習之，不亦悅乎？」就是強調要將學習內容與生活經驗相互印證。杜威的「做中學」也是大家熟悉的教育觀點，就是學校生活所學能實際應用於解決生活問題。（三）有意義的學習：「建立課程知識和學習者之間的意義連結，是課程決定必須考慮的重要事項。」人類內在的意識和外在發生的事件，必須等到行動者將此狀態作反省性的自我看待，此生活經驗才會產生意義。（范信賢，1998：2-9）因此，教學者勿以成人的眼光來看待課程，學校課程小組應儘量以學生生活中發生「真實」事件為課題才能引起共鳴。

第四節　三者在閱讀教學上的綜合應用

(一) 不同故事文本用不同說故事方式

　　同一時間用分組方式讓學生實施不同文本的說故事，選用學生熟悉的上述三篇文章中一部分來實施。因為這不同文本用不同的說故事方

式，在前幾節中都已經探究過了。礙於上課時數以及教學進度的關係下，將學生依照文本人物的需要分為三組，再讓各小組自行選定文本中部分情節，擷取他們有興趣的部分再加以演出。以一節課四十分鐘加以分配時間完成各組輪流上臺演出及分享，每組十分鐘，包括準備時間兩分鐘、演出時間八分鐘，三組共三十分鐘，課前解說、場地復原、統整分享共十分鐘。相關教學活動設計如下：

表 5-4-1　不同故事文本用不同說故事方式教學活動設計（一）

教學活動設計（一）			
演出方式	讀者劇場	教學時間	10 分鐘
教學名稱	＜青蛙和牛＞	教學者	林秀娟
演出人數	旁白、小蛙數人、老蛙（至少三人）、旁白		
教學目標	1.藉由寓言故事的生動活潑有趣，引發學生閱讀理解的能力。 2.能使學生自我探索覺知環境與個人的關係。 3.運用戲劇的效果，從事藝術創作去體驗生活環境。		
能力指標	【語文】 5-1-4-2　能和別人分享閱讀的心得。 5-3-7-1　能配合語言情境，欣賞不同語言情境中詞句與語態在溝通和表達上的效果。 5-2-14-2 能理解在閱讀過程中所觀察到的訊息。 【藝術與人文】 1-1-1　嘗試各種媒體，喚起豐富的想像力，以從事視覺、聽覺、動覺的藝術活動，感受創作的喜樂與滿足。 1-2-4　運用視覺、聽覺、動覺的創作要素，從事展演活動，呈現個人感受與想法。 2-1-6　體驗各種色彩、圖像、聲音、旋律、姿態、表情動作的美感，並表達出自己的感受。		
擷取文章演出部分	小蛙喘吁吁的說：「啊！爸爸，我們剛才看見一個全世界最可怕的妖怪！他是那麼大，頭上長著犄角，還有一根長尾巴和四個蹄……」老蛙笑著說：「那不是什麼妖怪，別驚奇。那不過是一隻牛罷了，而且他也沒有你們說的那麼大。假如我高興的話，孩子們，我也可以把我弄成像牛一樣的大的，不信，你們瞧著我！仔細看喔！」		

	於是老蛙就鼓起氣來，使自己的身體脹大了。			
	老蛙：「看，是不是像我現在這麼大？是不是呀！」			
	小蛙：「還要大！還要大！」			
	老蛙於是又鼓足了氣，再問小蛙們：「是不是像牛一樣了。」			
	小蛙：「還要大，爸爸，大要多哪！」			
	小蛙們齊聲的喊著「你就是把自己吹炸破了，也到不了我們在河邊上看見的牛那樣大呀！」			
	老蛙：你們這麼說好，我一定要比牛還大，讓你們看。			
	吹呀！吹呀！最後只聽到「砰」的一聲。			

能力指標	教學步驟	教學時間	教學資源情境布置	指導要點注意事項
語文 5-1-4-2 語文 5-3-7-1 語文 5-2-14-2	一、準備活動 （一）分配角色 　　　老蛙、小蛙數人、旁白。 （二）排劇討論 　　　將故事人物分成老蛙、小蛙們、旁白 　　　讀劇演出故事內容，請小組進行情節 　　　討論及想像，如何展現劇中人物的動 　　　作、表情、語調。 （三）譜架三支	2	故事文本	尋求整組的共識 教師了解學生討論情形
藝術 1-1-1 藝術 1-2-4 藝術 2-1-6	二、讀者劇場開麥啦 　　小蛙喘吁吁的說：「啊！爸爸，我們剛 　　才看見一個全世界最可怕的妖怪！他 　　是那麼大，頭上長著犄角，還有一根長 　　尾巴和四個蹄……」（喘氣聲、驚恐狀、 　　動作大、比犄角、比長尾巴、抬腳比 　　蹄……） 　　老蛙笑著說：「那不是什麼妖怪，別驚 　　奇。那不過是一隻牛罷了，而且他也沒 　　有你們說的那麼大。假如我高興的話， 　　孩子們，我也可以把我弄成像牛一樣大 　　的，不信，你們瞧著我！仔細看喔！」 　　於是老蛙就鼓起氣來，使自己的身體脹 　　大了。（一副不屑、自傲的樣子） 　　老蛙：「看，是不是像我現在這麼大？	8	道具請組員自行尋找替代物	學生能仔細聆聽 鼓勵學生能勇於展現自我

	是不是呀！」（得意樣） 小蛙：「還要大！還要大！」（失望樣） 老蛙於是又鼓足了氣，再問小蛙們：「是不是像牛一樣了。」（更得意樣） 小蛙：「還要大，爸爸，大要多哪！」（失望樣） 小蛙們齊聲的喊著「你就是把自己吹炸破了，也到不了我們在河邊上看見的牛那樣大呀！」 老蛙：你們這麼說好，我一定要比牛還大，讓你們看。 吹呀！吹呀！最後只聽到「砰」的一聲。			教師了解學生演出情形

表 5-4-2　不同故事文本用不同說故事方式教學活動設計（二）

教學活動設計（二）			
演出方式	故事劇場	教學時間	10分鐘
教學名稱	＜鱷魚放假了＞	教學者	林秀娟
演出人數	鱷魚、毛毛、小保、大胖、烏龜數隻、旁白		
教學目標	1. 藉由童話故事的趣味化，引發學生喜愛它進而能加以將故事戲劇化。 2. 能使學生體察自我與人我的環境關係。 3. 運用戲劇的效果，從事藝術創作去體驗實際生活。		
能力指標	【語文】 5-1-4-2　能和別人分享閱讀的心得。 5-3-7-1　能配合語言情境，欣賞不同語言情境中詞句與語態在溝通和表達上的效果。 5-2-14-2　能理解在閱讀過程中所觀察到的訊息。 【藝術與人文】 1-1-1　嘗試各種媒體，喚起豐富的想像力，以從事視覺、聽覺、動覺的藝術活動，感受創作的喜樂與滿足。 1-2-4　運用視覺、聽覺、動覺的創作要素，從事展演活動，呈現個人感受與想法。 2-1-6　體驗各種色彩、圖像、聲音、旋律、姿態、表情動作的美感，並表達出自己的感受。		

擷取文章 演出部分	大胖邊跑邊喊著:「嘿,我找到了一塊板子耶!」 毛毛看了之後:「嫌太短不能作橋。」 小保拿起來也看了看:「太小浮不起來。」 大胖說道:「我知道,我有一個更好的辦法。就是拿它當蹺蹺板將我們彈過去。」「你們聽喔!小保你坐在板子這一頭,我從樹上往下跳。跳到板子的那一頭,你就可以飛過河去嘍!」 結果他們試了好幾回,不是掉在原地,就是掉落水裡。沒有一次成功過。研究了之後,決定由大胖載毛毛和小保過河。於是他們拿著書本文具就出發了。 才一上路毛毛就埋怨說:「搖來搖去真不舒服」。 小保接著說:「游歪了!游歪了!」就這樣邊游邊發著牢騷,嘴裡唸唸有詞的說著:「要是有阿雄在該多好!」 結果就在這時,大家一不小心失去重心就都又掉入水中了。 小保說:「救命啊!我不會游泳的,我快淹死了。」 就在這時候他們腳底好像踩著了東西,而且還慢慢的浮上水面上來。 小保:「耶!萬歲,是阿雄」。 大胖:「阿雄,你不是在放假嗎!」 阿雄回答到:「放假也可以找些事情做做啊!」「來吧,我載你們過河吧。」 大胖:「阿雄游的真好,又平穩又舒服」。 毛毛:「阿雄的游泳技術真是一流」。 小保:「有阿雄在,我們就不用怕掉進水裡,也不用怕上課遲到了。」 這時他們三人異口同聲的說道:「阿雄,謝謝你,有你在真好!」

能力指標	教學步驟	教學 時間	教學資源 情境布置	指導要點 注意事項
語文 5-1-4-2 語文 5-3-7-1 語文 5-2-14-2	一、準備活動 (一)分配角色 　　鱷魚、毛毛、小保、大胖、烏龜數隻、 　　旁白 (二)排劇討論 　　將故事人物分成演鱷魚、毛毛、小 　　保、大胖、烏龜數隻出故事內容,請 　　小組進行情節討論及想像,如何展現 　　劇中人物的動作、表情、語調。	2	故事文本	尋求整組 的共識

藝術 1-1-1 藝術 1-2-4 藝術 2-1-6	二、故事劇場開麥啦 大胖邊跑邊喊著：「嘿，我找到了一塊板子耶！」 毛毛看了之後：「嫌太短不能作橋。」 小保拿起來也看了看：「太小浮不起來。」 大胖說道：「我知道，我有一個更好的辦法。就是拿它當蹺蹺板將我們彈過去。」「你們聽喔！小保你坐在板子這一頭，我從樹上往下跳。跳到板子的那一頭，你就可以飛過河去嘍！」 結果他們試了好幾回，不是掉在原地，就是掉落水裡。沒有一次成功過。研究了之後，決定由大胖載毛毛和小保過河。於是他們拿著書本文具就出發了。 才一上路毛毛就埋怨說：「搖來搖去真不舒服。」 小保接著說：「游歪了！游歪了！」就這樣邊游邊發著牢騷，嘴裡唸唸有詞的說著：「要是有阿雄在該多好！」 結果就在這時，大家一不小心失去重心就都又掉入水中了。 小保說：「救命啊！我不會游泳的，我快淹死了。」 就在這時候他們腳底好像踩著了東西，而且還慢慢的浮上水面上來。 小保：「耶！萬歲，是阿雄。」 大胖：「阿雄，你不是在放假嗎！」 阿雄回答到：「放假也可以找些事情做做啊！」「來吧，我載你們過河吧。」 大胖：「阿雄游的真好，又平穩又舒服。」 毛毛：「阿雄的游泳技術真是一流。」 小保：「有阿雄在，我們就不用怕掉進水裡，也不用怕上課遲到了。」 這時他們三人異口同聲的說道：「阿雄，謝謝你，有你在真好！」	8	道具請組員自行尋找替代物	教師了解學生討論情形 學生能仔細聆聽 鼓勵學生能勇於展現自我 教師了解學生演出情形

表 5-4-3　不同故事文本用不同說故事方式教學活動設計（三）

教學活動設計（三）			
演出方式	室內劇場	教學時間	10 分鐘
教學名稱	＜疊球和西瓜皮＞	教學者	林秀娟
演出人數	李天貴、彭佳平、低年級數人、旁白		
教學目標	1.藉由繪本故事的生動活潑有趣，引發學生閱讀理解的能力。 2.能使學生自我探索覺知環境與個人的關係，體察他人對我們的付出。 3.運用戲劇的效果，從事藝術創作去感受他人的付出。 4.從活動中去體會施比受的行動更令人喜悅，而樂於做一位付出者。		
能力指標	【語文】 5-1-4-2　能和別人分享閱讀的心得。 5-3-7-1　能配合語言情境，欣賞不同語言情境中詞句與語態在溝通和表達上的效果。 5-2-14-2 能理解在閱讀過程中所觀察到的訊息。 【藝術與人文】 1-1-1　嘗試各種媒體，喚起豐富的想像力，以從事視覺、聽覺、動覺的藝術活動，感受創作的喜樂與滿足。 1-2-4　運用視覺、聽覺、動覺的創作要素，從事展演活動，呈現個人感受與想法。 2-1-6　體驗各種色彩、圖像、聲音、旋律、姿態、表情動作的美感，並表達出自己的感受。		
擷取文章演出部分	「你看到那扇窗戶了嗎？」李天貴問。那扇窗戶是活動中心的廁所…… 「好。」 好朋友就是他心裡想什麼，你能馬上知道，還能…… 於是，一塊塊帶著汁液的西瓜皮像一顆顆自動護航的飛彈，在藍色的天空劃出一道道圓弧，飛進窗戶。 身旁不知道什麼時候圍來了一群低年級的，每一次我們命中目標，他們便想起一陣歡呼。因為以這麼多觀眾，我不得不要求自己投得更準。 「好了，沒有了。」我把最後一塊西瓜皮準準的丟去，轉身聳聳肩膀對他們說。		

「再丟！再丟！你好厲害！丟得好準哦！」世界上就是有這麼多愛看讓鬧的人，他們一張張小臉充滿仰慕的望著我們。
「沒有啦！」我兩手一攤！
沒想到李天貴從廚房拿了兩顆雞蛋來，「就這兩顆，最後一次哦！」在這些觀眾的熱情注視下，當然那兩顆雞蛋也以優美的姿勢，進了活動中心的廁所。
我和李天貴回頭一鞠躬，還答應他們隔天再來一次比賽。

能力指標	教學步驟	教學時間	教學資源情境布置	指導要點注意事項
語文 5-1-4-2	一、準備活動 （一）分配角色 　　　李天貴、彭佳平、低年級數人	2		
語文 5-3-7-1 語文 5-2-14-2	（二）排劇討論 　　　將故事人物分成李天貴、彭佳平、低年級數人演故事內容，請小組進行情節討論及想像，如何展現劇中人物的動作、表情、語調。	8	故事文本	尋求整組的共識
藝術 1-1-1 藝術 1-2-4 藝術 2-1-6	二、室內劇場開麥啦 　　「你看到那扇窗戶了嗎？」李天貴問。 　　那扇窗戶是活動中心的廁所…… 　　「好。」 　　好朋友就是他心裡想什麼，你能馬上知道，還能…… 　　於是，一塊塊帶著汁液的西瓜皮像一顆顆自動護航的飛彈，在藍色的天空劃出一道道圓弧，飛進窗戶。 　　身旁不知道什麼時候圍來了一群低年級的，每一次我們命中目標，他們便想起一陣歡呼。因為以這麼多觀眾，我不得不要求自己投得更準。 　　「好了，沒有了。」我把最後一塊西瓜皮準準的丟去，轉身聳聳肩膀對他們說。 　　「再丟！再丟！你好厲害！丟得好準哦！」世界上就是有這麼多愛看讓鬧的		道具請組員自行尋找替代物	教師了解學生討論情形 學生能仔細聆聽 鼓勵學生能勇於展

	人，他們一張張小臉充滿仰慕的望著我們。 「沒有啦！」我兩手一攤！ 沒想到李天貴從廚房拿了兩顆雞蛋來，「就這兩顆，最後一次哦！」 在這些觀眾的熱情注視下，當然那兩顆雞蛋也以優美的姿勢，進了活動中心的廁所。 我和李天貴回頭一鞠躬，還答應他們隔天再來一次比賽。		現自我 教師了解學生演出情形

(二) 不同故事文本用相同說故事方式

因為時間及場地的關係，將以上三篇故事如選用以讀者劇場的方式呈現（其他的方式依此類推），則將故事文本分給各小組，請各組依照故事文本內容給予分配讀者。讀劇時，是一人一句、兩人一句或多人一句，句子是要維持原句、加以修改或是要加入其他元素則讓組員們自行決定。讀劇中可加入節拍、動作、表情以讓句子更加豐富，故事在傳達上也較有情意。以一節課四十分鐘加以分配時間完成各組輪流上臺演出及分享，每組十分鐘，包括準備時間兩分鐘、演出時間八分鐘，三組共三十分鐘，課前解說、場地復原、統整分享共十分鐘。相關教學活動設計如下：

表 5-4-4　不同故事文本用相同說故事方式教學活動設計（一）

教學活動設計（一）			
演出方式	讀者劇場	教學時間	10 分鐘
教學名稱	＜青蛙和牛＞	教學者	林秀娟
演出人數	旁白、小蛙數人、老蛙（至少三人）		
教學目標	1.藉由寓言故事的生動活潑有趣，引發學生閱讀理解的能力。 2.能使學生自我探索覺知環境與個人的關係。 3.運用戲劇的效果，從事藝術創作去體驗生活環境。		

能力指標	【語文】 5-1-4-2　能和別人分享閱讀的心得。 5-3-7-1　能配合語言情境，欣賞不同語言情境中詞句與語態在溝通和 　　　　　表達上的效果。 5-2-14-2 能理解在閱讀過程中所觀察到的訊息。 【藝術與人文】 1-1-1　嘗試各種媒體，喚起豐富的想像力，以從事視覺、聽覺、動覺 　　　　的藝術活動，感受創作的喜樂與滿足。 1-2-4　運用視覺、聽覺、動覺的創作要素，從事展演活動，呈現個人 　　　　感受與想法。 2-1-6　體驗各種色彩、圖像、聲音、旋律、姿態、表情動作的美感， 　　　　並表達出自己的感受。
擷取文章 演出部分	小蛙喘吁吁的說：「啊！爸爸，我們剛才看見一個全世界最可怕的妖 怪！他是那麼大，頭上長著犄角，還有一根長尾巴和四個蹄……」 老蛙笑著說：「那不是什麼妖怪，別驚奇。那不過是一隻牛罷了，而且 他也沒有你們說的那麼大。假如我高興的話，孩子們，我也可以把我 弄成像牛一樣大的，不信，你們瞧著我！仔細看喔！」 於是老蛙就鼓起氣來，使自己的身體脹大了。 老蛙：「看，是不是像我現在這麼大？是不是呀！」 小蛙：「還要大！還要大！」 老蛙於是又鼓足了氣，再問小蛙們：「是不是像牛一樣了。」 小蛙：「還要大，爸爸，要大多哪！」 小蛙們齊聲的喊著「你就是把自己吹炸破了，也到不了我們在河邊上 看見的牛那樣大呀！」 老蛙：你們這麼說好，我一定要比牛還大，讓你們看。 吹呀！吹呀！最後只聽到「砰」的一聲。

能力指標	教學步驟	教學 時間	教學資源 情境布置	指導要點 注意事項
語文 5-1-4-2	一、引起動機 　（一）分配角色 　　　　老蛙、小蛙、旁白。 二、準備活動 　（一）排劇討論	2		尋求整組 的共識
語文 5-3-7-1	將故事人物分成老蛙、小蛙們、旁白 　　　　讀劇演出故事內容，請小組進行情節		故事文本	教師了解 學生討論

語文 5-2-14-2	討論及想像，如何展現劇中人物的動作、表情、語調。			情形
	（二）譜架三支 三、讀者劇場開麥啦	8	道具請組員自行尋找替代物	學生能仔細聆聽
藝術 1-1-1 藝術 1-2-4 藝術 2-1-6	小蛙喘吁吁的說：「啊！爸爸，我們剛才看見一個全世界最可怕的妖怪！他是那麼大，頭上長著犄角，還有一根長尾巴和四個蹄……」（喘氣聲、驚恐狀、動作大、比犄角、比長尾巴、抬腳比蹄……） 　　老蛙笑著說：「那不是什麼妖怪，別驚奇。那不過是一隻牛罷了，而且他也沒有你們說的那麼大。假如我高興的話，孩子們，我也可以把我弄成像牛一樣大的，不信，你們瞧著我！仔細看喔！」於是老蛙就鼓起氣來，使自己的身體脹大了。（一副不屑、自傲的樣子） 　　老蛙：「看，是不是像我現在這麼大？是不是呀！」（得意樣） 　　小蛙：「還要大！還要大！」（失望樣） 　　老蛙於是又鼓足了氣，再問小蛙們：「是不是像牛一樣大。」（更得意樣） 　　小蛙：「還要大，爸爸，要大多哪！」（失望樣） 　　小蛙們齊聲的喊著「你就是把自己吹炸破了，也到不了我們在河邊上看見的牛那樣大呀！」 　　老蛙：你們這麼說好，我一定要比牛還大，讓你們看。 　　吹呀！吹呀！最後只聽到「砰」的一聲。			鼓勵學生能勇於展現自我 教師了解學生演出情形

表 5-4-5　不同故事文本用相同說故事方式教學活動設計（二）

教學活動設計（二）			
演出方式	讀者劇場	教學時間	10 分鐘
教學名稱	＜鱷魚放假了＞	教學者	林秀娟
演出人數	鱷魚、毛毛、小保、大胖、烏龜數隻、旁白		
教學目標	1. 藉由童話故事的生動活潑有趣，引發學生閱讀理解的能力。 2. 能使學生自我探索覺知環境與個人的關係。 3. 運用戲劇的效果，從事藝術創作去體驗生活環境。		
能力指標	【語文】 5-1-4-2　能和別人分享閱讀的心得。 5-3-7-1　能配合語言情境，欣賞不同語言情境中詞句與語態在溝通和 　　　　　表達上的效果。 5-2-14-2 能理解在閱讀過程中所觀察到的訊息。 【藝術與人文】 1-1-1　嘗試各種媒體，喚起豐富的想像力，以從事視覺、聽覺、動覺 　　　　的藝術活動，感受創作的喜樂與滿足。 1-2-4　運用視覺、聽覺、動覺的創作要素，從事展演活動，呈現個人 　　　　感受與想法。 2-1-6　體驗各種色彩、圖像、聲音、旋律、姿態、表情動作的美感， 　　　　並表達出自己的感受。		
擷取文章 演出部分	大胖邊跑邊喊著：「嘿，我找到了一塊板子耶！」 毛毛看了之後：「嫌太短不能作橋。」 小保拿起來也看了看：「太小浮不起來。」 大胖說道：「我知道，我有一個更好的辦法。就是拿它當蹺蹺板將我們 彈過去。」「你們聽喔！小保你坐在板子這一頭，我從樹上往下跳。跳 到板子的那一頭，你就可以飛過河去嘍！」 結果他們試了好幾回，不是掉在原地，就是掉落水裡。沒有一次成功 過。研究了之後，決定由大胖載毛毛和小保過河。於是他們拿著書本 文具就出發了。 才一上路毛毛就埋怨說：「搖來搖去真不舒服」。 小保接著說：「游歪了！游歪了！」就這樣邊游邊發著牢騷，嘴裡 唸唸有詞的說著：「要是有阿雄在該多好！」 結果就在這時，大家一不小心失去重心就都又掉入水中了。 小保說：「救命啊！我不會游泳的，我快淹死了。」		

能力指標	教學步驟	教學時間	教學資源情境布置	指導要點注意事項
	就在這時候他們腳底好像踩著了東西，而且還慢慢的浮上水面上來。 小保：「耶！萬歲，是阿雄」。 大胖：「阿雄，你不是在放假嗎！」 阿雄回答到：「放假也可以找些事情做做啊！」「來吧，我載你們過河吧。」 大胖：「阿雄游的真好，又平穩又舒服」。 毛毛：「阿雄的游泳技術真是一流」。 小保：「有阿雄在，我們就不用怕掉進水裡，也不用怕上課遲到了。」 這時他們三人異口同聲的說道：「阿雄，謝謝你，有你在真好！」			
語文 5-1-4-2	一、引起動機 （一）分配角色 　鱷魚、毛毛、小保、大胖、烏龜數隻、旁白			尋求整組的共識
語文 5-3-7-1 語文 5-2-14-2	二、準備活動 （一）排劇討論 　將故事人物分成鱷魚、毛毛、小保、大胖、烏龜數隻、旁白讀劇演出故事內容，請小組進行情節討論及想像，如何展現劇中人物的動作、表情、語調。 （二）譜架三支	2	故事文本 道具請組員自行尋找替代物	教師了解學生討論情形
藝術 1-1-1 藝術 1-2-4 藝術 2-1-6	三、讀者劇場開麥啦 　大胖邊跑邊喊著：「嘿，我找到了一塊板子耶！」 　毛毛看了之後：「嫌太短不能作橋。」 　小保拿起來也看了看：「太小浮不起來。」 　大胖說道：「我知道，我有一個更好的辦法。就是拿它當蹺蹺板將我們彈過去。」「你們聽喔！小保你坐在板子這一頭，我從樹上往下跳。跳到板子的那一頭，你就可以飛過河去嘍！」	8	學生能仔細聆聽 鼓勵學生能勇於展現自我

	結果他們試了好幾回，不是掉在原地，就是掉落水裡。沒有一次成功過。研究了之後，決定由大胖載毛毛和小保過河。於是他們拿著書本文具就出發了。 才一上路毛毛就埋怨說：「搖來搖去真不舒服」。 小保接著說：「游歪了！游歪了！」就這樣邊游邊發著牢騷，嘴裡唸唸有詞的說著：「要是有阿雄在該多好！」 結果就在這時，大家一不小心失去重心就都又掉入水中了。 小保說：「救命啊！我不會游泳的，我快淹死了。」 就在這時候他們腳底好像踩著了東西，而且還慢慢的浮上水面上來。 小保：「耶！萬歲，是阿雄」。 大胖：「阿雄，你不是在放假嗎！」 阿雄回答到：「放假也可以找些事情做做啊！」「來吧，我載你們過河吧。」 大胖：「阿雄游得真好，又平穩又舒服」。 毛毛：「阿雄的游泳技術真是一流」。 小保：「有阿雄在，我們就不用怕掉進水裡，也不用怕上課遲到了。」 這時他們三人異口同聲的說道：「阿雄，謝謝你，有你在真好！」		教師了解學生演出情形

表 5-4-6　不同故事文本用相同說故事方式教學活動設計（三）

教學活動設計（三）			
演出方式	讀者劇場	教學時間	10 分鐘
教學名稱	＜壘球與西瓜皮＞	教學者	林秀娟
演出人數	李天貴、彭佳平、低年級數人、旁白		
教學目標	1.藉由兒童生活故事的生動活潑有趣，引發學生閱讀理解的能力。 2.能使學生自我探索覺知環境與個人的關係。 3.運用戲劇的效果，從事藝術創作去體驗生活環境。		

能力指標	【語文】 5-1-4-2　能和別人分享閱讀的心得。 5-3-7-1　能配合語言情境，欣賞不同語言情境中詞句與語態在溝通 　　　　　和表達上的效果。 5-2-14-2能理解在閱讀過程中所觀察到的訊息。 【藝術與人文】 1-1-1　嘗試各種媒體，喚起豐富的想像力，以從事視覺、聽覺、動 　　　　覺的藝術活動，感受創作的喜樂與滿足。 1-2-4　運用視覺、聽覺、動覺的創作要素，從事展演活動，呈現個 　　　　人感受與想法。 2-1-6　體驗各種色彩、圖像、聲音、旋律、姿態、表情動作的美感， 　　　　並表達出自己的感受。
擷取文章 演出部分	「你看到那扇窗戶了嗎？」李天貴問。那扇窗戶是活動中心的廁 所…… 「好。」 好朋友就是他心裡想什麼，你能馬上知道，還能…… 於是，一塊塊帶著汁液的西瓜皮像一顆顆自動護航的飛彈，在藍色 的天空劃出一道道圓弧，飛進窗戶。 身旁不知道什麼時候圍來了一群低年級的，每一次我們命中目標， 他們便想起一陣歡呼。因為以這麼多觀眾，我不得不要求自己投得 更準。 「好了，沒有了。」我把最後一塊西瓜皮準準的丟去，轉身聳聳肩 膀對他們說。 「再丟！再丟！你好厲害！丟得好準哦！」世界上就是有這麼多愛 看讓鬧的人，他們一張張小臉充滿仰慕的望著我們。 「沒有啦！」我兩手一攤！ 沒想到李天貴從廚房拿了兩顆雞蛋來，「就這兩顆，最後一次哦！」 在這些觀眾的熱情注視下，當然那兩顆雞蛋也以優美的姿勢，進了 活動中心的廁所。 我和李天貴回頭一鞠躬，還答應他們隔天再來一次比賽。

能力指標	教學步驟	教學 時間	教學資源 情境布置	指導要點 注意事項
語文 5-1-4-2	一、引起動機 （一）分配角色 　　　李天貴、彭佳平、低年級數人、旁白	2		尋求整組 的共識

語文 5-3-7-1 語文 5-2-14-2	二、準備活動 （一）排劇討論 　　將故事人物分成李天貴、彭佳平、低 年級數人、旁白演出故事內容，請小 組進行情節討論及想像，如何展現劇 中人物的動作、表情、語調。 （二）譜架三支		故事文本 道具請組 員自行尋 找替代物	教師了解 學生討論 情形 學生能仔
藝術 1-1-1 藝術 1-2-4 藝術 2-1-6	三、讀者劇場開麥啦 　「你看到那扇窗戶了嗎？」李天貴問。 那扇窗戶是活動中心的廁所…… 　「好。」 好朋友就是他心裡想什麼，你能馬上知 道，還能…… 於是，一塊塊帶著汁液的西瓜皮像一顆 顆自動護航的飛彈，在藍色的天空劃出 一道道圓弧，飛進窗戶。 身旁不知道什麼時候圍來了一群低年 級的，每一次我們命中目標，他們便想 起一陣歡呼。因為以這麼多觀眾，我不 得不要求自己投得更準。 　「好了，沒有了。」我把最後一塊西瓜 皮準準的丟去，轉身聳聳肩膀對他們 說。 　「再丟！再丟！你好厲害！丟得好準 哦！」世界上就是有這麼多愛看讓鬧的 人，他們一張張小臉充滿仰慕的望著我 們。 　「沒有啦！」我兩手一攤！ 沒想到李天貴從廚房拿了兩顆雞蛋 來，「就這兩顆，最後一次哦！」 在這些觀眾的熱情注視下，當然那兩顆 雞蛋也以優美的姿勢，進了活動中心的 廁所。 我和李天貴回頭一鞠躬，還答應他們隔 天再來一次比賽。	8		細聆聽 鼓勵學生 能勇於展 現自我 教師了解 學生演出 情形

(三) 同一故事文本用不同說故事方式

可以選定如〈壘球和西瓜皮〉此兒童生活為同一故事文本，以讀者劇場、故事劇場及室內劇場的方式逐一呈現，將故事文本分給各小組，請各組依照故事文本內容給予分配讀者。原文本中各組所選的情節部分可加以修改或是要加入其他元素，則讓組員們自行決定，但應顧及故事在傳達上較有情意。以一節課四十分鐘加以分配時間完成各組輪流上臺演出及分享，每組十分鐘，包括準備時間兩分鐘、演出時間八分鐘，三組共三十分鐘，課前解說、場地復原、統整分享共十分鐘。相關教學活動設計如下：

表 5-4-7　同一故事文本用不同說故事方式教學活動設計（一）

教學活動設計（一）			
演出方式	讀者劇場	教學時間	10 分鐘
教學名稱	＜壘球和西瓜皮＞	教學者	林秀娟
演出人員	李天貴、彭佳平、低年級數人、旁白		
教學目標	1. 藉由兒童生活故事的趣味化，引發學生喜愛它進而能加以將生活故事讀劇演出。 2. 能使學生體察自我與人我的環境關係。 3. 運用戲劇的效果，從事藝術創作去體驗實際生活。		
能力指標	【語文】 5-1-4-2　能和別人分享閱讀的心得。 5-3-7-1　能配合語言情境，欣賞不同語言情境中詞句與語態在溝通和表達上的效果。 5-2-14-2 能理解在閱讀過程中所觀察到的訊息。 【藝術與人文】 1-1-1　嘗試各種媒體，喚起豐富的想像力，以從事視覺、聽覺、動覺的藝術活動，感受創作的喜樂與滿足。 1-2-4　運用視覺、聽覺、動覺的創作要素，從事展演活動，呈現個人感受與想法。 2-1-6　體驗各種色彩、圖像、聲音、旋律、姿態、表情動作的美感，並表達出自己的感受。		

擷取文章演出部分	「你看到那扇窗戶了嗎？」李天貴問。那扇窗戶是活動中心的廁所……
	「好。」
	好朋友就是他心裡想什麼，你能馬上知道，還能……
	於是，一塊塊帶著汁液的西瓜皮像一顆顆自動護航的飛彈，在藍色的天空劃出一道道圓弧，飛進窗戶。
	身旁不知道什麼時候圍來了一群低年級的，每一次我們命中目標，他們便想起一陣歡呼。因為以這麼多觀眾，我不得不要求自己投得更準。
	「好了，沒有了。」我把最後一塊西瓜皮準準的丟去，轉身聳聳肩膀對他們說。
	「再丟！再丟！你好厲害！丟得好準哦！」世界上就是有這麼多愛看讓鬧的人，他們一張張小臉充滿仰慕的望著我們。
	「沒有啦！」我兩手一攤！
	沒想到李天貴從廚房拿了兩顆雞蛋來，「就這兩顆，最後一次哦！」在這些觀眾的熱情注視下，當然那兩顆雞蛋也以優美的姿勢，進了活動中心的廁所。
	我和李天貴回頭一鞠躬，還答應他們隔天再來一次比賽。

能力指標	教學步驟	教學時間	教學資源情境布置	指導要點注意事項
語文5-1-4-2	一、準備活動 （一）分配角色 　　　李天貴、彭佳平、低年級數人、旁白 （二）排劇討論	2		學生能仔細聆聽
語文5-3-7-1	將故事人物分成李天貴、彭佳平、低年級數人、旁白讀劇演出故事內容，請小組進行情節討論及想像，如何展現劇中人物的動作、表情、語調。		故事文本	鼓勵學生踴躍發表
語文5-2-14-2	（三）譜架三支		道具請組員自行尋找替代物	自己的想法
藝術1-1-1	二、讀者劇場開麥啦 　　「你看到那扇窗戶了嗎？」李天貴問。那扇窗戶是活動中心的廁所……	8		
藝術1-2-4	「好。」 　　好朋友就是他心裡想什麼，你能馬上知道，還能……			鼓勵學生踴躍發表自己的想
藝術	道……			

2-1-6	於是，一塊塊帶著汁液的西瓜皮像一顆顆自動護航的飛彈，在藍色的天空劃出一道道圓弧，飛進窗戶。 身旁不知道什麼時候圍來了一群低年級的，每一次我們命中目標，他們便想起一陣歡呼。因為以這麼多觀眾，我不得不要求自己投得更準。 「好了，沒有了。」我把最後一塊西瓜皮準準的丟去，轉身聳聳肩膀對他們說。 「再丟！再丟！你好厲害！丟得好準哦！」世界上就是有這麼多愛看熱鬧的人，他們一張張小臉充滿仰慕的望著我們。 「沒有啦！」我兩手一攤！ 沒想到李天貴從廚房拿了兩顆雞蛋來， 「就這兩顆，最後一次哦！」 在這些觀眾的熱情注視下，當然那兩顆雞蛋也以優美的姿勢，進了活動中心的廁所。 我和李天貴回頭一鞠躬，還答應他們隔天再來一次比賽。		法 尋求整組的共識 鼓勵學生能勇於展現自我 合作學習，鼓勵參與 分組討論 教師了解學生討論情形

表 5-4-8　同一故事文本用不同說故事方式教學活動設計（二）

教學活動設計（二）			
演出方式	故事劇場	教學時間	10 分鐘
教學名稱	＜疊球和西瓜皮＞	教學者	林秀娟
演出人員	李天貴、彭佳平、低年級數人、旁白		
教學目標	1.藉由兒童生活故事的趣味化，引發學生喜愛它進而能加以將生活故事戲劇化演出。 2.能使學生體察自我與人我的環境關係。 3.運用戲劇的效果，從事藝術創作去體驗實際生活。		
能力指標	【語文】 5-1-4-2　能和別人分享閱讀的心得。		

	5-3-7-1 能配合語言情境，欣賞不同語言情境中詞句與語態在溝通和表達上的效果。 5-2-14-2 能理解在閱讀過程中所觀察到的訊息。 【藝術與人文】 1-1-1 嘗試各種媒體，喚起豐富的想像力，以從事視覺、聽覺、動覺的藝術活動，感受創作的喜樂與滿足。 1-2-4 運用視覺、聽覺、動覺的創作要素，從事展演活動，呈現個人感受與想法。 2-1-6 體驗各種色彩、圖像、聲音、旋律、姿態、表情動作的美感，並表達出自己的感受。				

擷取文章演出部分

「你看到那扇窗戶了嗎？」李天貴問。那扇窗戶是活動中心的廁所……
「好。」
好朋友就是他心裡想什麼，你能馬上知道，還能……
於是，一塊塊帶著汁液的西瓜皮像一顆顆自動護航的飛彈，在藍色的天空劃出一道道圓弧，飛進窗戶。
身旁不知道什麼時候圍來了一群低年級的，每一次我們命中目標，他們便想起一陣歡呼。因為以這麼多觀眾，我不得不要求自己投得更準。
「好了，沒有了。」我把最後一塊西瓜皮準準的丟去，轉身聳聳肩膀對他們說。
「再丟！再丟！你好厲害！丟得好準哦！」世界上就是有這麼多愛看讓鬧的人，他們一張張小臉充滿仰慕的望著我們。
「沒有啦！」我兩手一攤！
沒想到李天貴從廚房拿了兩顆雞蛋來，「就這兩顆，最後一次哦！」
在這些觀眾的熱情注視下，當然那兩顆雞蛋也以優美的姿勢，進了活動中心的廁所。
我和李天貴回頭一鞠躬，還答應他們隔天再來一次比賽。

能力指標	教學步驟	教學時間	教學資源情境布置	指導要點注意事項
語文 5-1-4-2 語文 5-3-7-1	一、準備活動 （一）分配角色 　　李天貴、彭佳平、低年級數人、旁白 （二）排劇討論 　　將故事人物分成李天貴、彭佳平、低	2		學生能仔細聆聽

			故事文本	鼓勵學生
語文 5-2-14-2	年級數人、旁白演出故事內容，請小組進行情節討論及想像，如何展現劇中人物的動作、表情、語調。			踴躍發表 自己的想 法
藝術 1-1-1	二、故事劇場開麥啦 「你看到那扇窗戶了嗎？」李天貴問。 那扇窗戶是活動中心的廁所……	8	道具請組 員自行尋 找替代物	鼓勵學生
藝術 1-2-4	「好。」 好朋友就是他心裡想什麼，你能馬上知道，還能……			踴躍發表 自己的想 法
藝術 2-1-6	於是，一塊塊帶著汁液的西瓜皮像一顆顆自動護航的飛彈，在藍色的天空劃出一道道圓弧，飛進窗戶。			尋求整組 的共識
	身旁不知道什麼時候圍來了一群低年級的，每一次我們命中目標，他們便想起一陣歡呼。因為以這麼多觀眾，我不得不要求自己投得更準。			鼓勵學生 能勇於展 現自我 合作學 習，鼓勵 參與
	「好了，沒有了。」我把最後一塊西瓜皮準準的丟去，轉身聳聳肩膀對他們說。			分組討論
	「再丟！再丟！你好厲害！丟得好準哦！」世界上就是有這麼多愛看讓鬧的人，他們一張張小臉充滿仰慕的望著我們。			教師了解 學生討論 情形
	「沒有啦！」我兩手一攤！ 沒想到李天貴從廚房拿了兩顆雞蛋來，「就這兩顆，最後一次哦！」 在這些觀眾的熱情注視下，當然那兩顆雞蛋也以優美的姿勢，進了活動中心的廁所。 我和李天貴回頭一鞠躬，還答應他們隔天再來一次比賽。			

表 5-4-9　同一故事文本用不同說故事方式教學活動設計（三）

教學活動設計（三）			
演出方式	室內劇場	教學時間	10 分鐘
教學名稱	＜疊球和西瓜皮＞	教學者	林秀娟
演出人員	李天貴、彭佳平、低年級數人、旁白		
教學目標	1.藉由兒童生活故事的趣味化，引發學生喜愛它進而能加以將生活故事戲劇化演出。 2.能使學生體察自我與人我的環境關係。 3.運用戲劇的效果，從事藝術創作去體驗實際生活。		
能力指標	【語文】 5-1-4-2　能和別人分享閱讀的心得。 5-3-7-1　能配合語言情境，欣賞不同語言情境中詞句與語態在溝通和表達上的效果。 5-2-14-2 能理解在閱讀過程中所觀察到的訊息。 【藝術與人文】 1-1-1　嘗試各種媒體，喚起豐富的想像力，以從事視覺、聽覺、動覺的藝術活動，感受創作的喜樂與滿足。 1-2-4　運用視覺、聽覺、動覺的創作要素，從事展演活動，呈現個人感受與想法。 2-1-6　體驗各種色彩、圖像、聲音、旋律、姿態、表情動作的美感，並表達出自己的感受。		
擷取文章演出部分	「你看到那扇窗戶了嗎？」李天貴問。那扇窗戶是活動中心的廁所…… 「好。」 好朋友就是他心裡想什麼，你能馬上知道，還能…… 於是，一塊塊帶著汁液的西瓜皮像一顆顆自動護航的飛彈，在藍色的天空劃出一道道圓弧，飛進窗戶。 身旁不知道什麼時候圍來了一群低年級的，每一次我們命中目標，他們便想起一陣歡呼。因為以這麼多觀眾，我不得不要求自己投得更準。 「好了，沒有了。」我把最後一塊西瓜皮準準的丟去，轉身聳聳肩膀對他們說。 「再丟！再丟！你好厲害！丟得好準哦！」世界上就是有這麼多愛看讓鬧的人，他們一張張小臉充滿仰慕的望著我們。 「沒有啦！」我兩手一攤！		

沒想到李天貴從廚房拿了兩顆雞蛋來,「就這兩顆,最後一次哦!」在這些觀眾的熱情注視下,當然那兩顆雞蛋也以優美的姿勢,進了活動中心的廁所。

我和李天貴回頭一鞠躬,還答應他們隔天再來一次比賽。

能力指標	教學步驟	教學時間	教學資源情境布置	指導要點注意事項
語文 5-1-4-2	一、準備活動 (一)分配角色 　　李天貴、彭佳平、低年級數人、旁白	2		學生能仔細聆聽
語文 5-3-7-1	(二)排劇討論			
語文 5-2-14-2	將故事人物分成李天貴、彭佳平、低年級數人、旁白室內劇場演出故事內容,請小組進行情節討論及想像,如何展現劇中人物的動作、表情、語調。		故事文本	鼓勵學生踴躍發表自己的想法
藝術 1-1-1	二、室內劇場開麥啦 「你看到那扇窗戶了嗎?」李天貴問。那扇窗戶是活動中心的廁所……	8	道具請組員自行尋找替代物	鼓勵學生踴躍發表自己的想法
藝術 1-2-4	「好。」 好朋友就是他心裡想什麼,你能馬上知道,還能……			
藝術 2-1-6	於是,一塊塊帶著汁液的西瓜皮像一顆顆自動護航的飛彈,在藍色的天空劃出一道道圓弧,飛進窗戶。 身旁不知道什麼時候圍來了一群低年級的,每一次我們命中目標,他們便想起一陣歡呼。因為以這麼多觀眾,我不得不要求自己投得更準。 「好了,沒有了。」我把最後一塊西瓜皮準準的丟去,轉身聳聳肩膀對他們說。 「再丟!再丟!你好厲害!丟得好準哦!」世界上就是有這麼多愛看讓鬧的人,他們一張張小臉充滿仰慕的望著我們。			尋求整組的共識 鼓勵學生能勇於展現自我 合作學習,鼓勵參與 分組討論

	「沒有啦！」我兩手一攤！ 沒想到李天貴從廚房拿了兩顆雞蛋來， 「就這兩顆，最後一次哦！」 在這些觀眾的熱情注視下，當然那兩顆 雞蛋也以優美的姿勢，進了活動中心的 廁所。 我和李天貴回頭一鞠躬，還答應他們隔 天再來一次比賽。			教師了解 學生討論 情形

　　故事以何種方式說出沒有絕對的對或錯，這純粹與學生的反應有關。在第四節中再度互相搭配實施，無不是在為學生再度去探索容易接受的故事或演出形式，他們也必展現出最認真的一面。因此，這樣交互探索後能了解學生所喜愛的故事類型及演出方式；另外是對學生在擷取文本中部分情節選擇的態度。人類是群性的動物，自古就有合作的行為。倘若以閱讀與說演的結合，合作的關係依然是免不了的。在分組演出的過程當中，有些演出劇情倘若未全組上臺演出，則其他組員可給予協助。被同學常常拱著演出的學生，也時而會有怨言（我在帶領學生戲劇演出時，有一位塊頭高大、膚色較黑的女生，經常被要求演一些她不喜歡的如：演老蛙、演校長……）。教師應將合作學習組員間是「積極互賴」的觀念告知學生。（黃政傑、林佩璇，1996：18-28）大家的學習是浮沉與共，組員內每一個成員的成功，也就是小組的成功，進而在組內相互助長，彼此學習，共同達成任務為重才是。

第六章　演故事在閱讀學上的應用

第一節　相聲在閱讀教學上的應用：
以兒童傳記為例

　　相聲藝人常說：「相聲是相貌之『相』，聲音之『聲』」把相聲藝術看成以模擬形態和聲音為主要特點的一種技藝。」董每戡在〈說「丑」相聲〉裡說：「我疑今之『相聲』或系『象生』二字轉訛而成，可能在吳自牧之前的唐代便有此稱呼。在《我把相聲變小了》一書中對相聲有這樣的解釋：唐代，出現一種表演叫做『參軍戲』，據說和對口相聲極為近似。初期，『參軍戲』有兩個角色，一個叫『參軍』、一個叫『蒼鶻』，他們倆一智一愚、一主一從，以口語逗笑、互相揶揄調侃來取樂，內容取材於時事或故事，有預先設計的、也有應題即興的表演。宋代，是個百戲雜陳的時代，市民階層抬頭，民間娛樂大興，地方上甚至設有專供人消遣的地方，叫做『瓦舍勾欄』，這些學者們都懷疑可能與『相聲』有淵源。到了明、清流行的一種表演叫做『像聲』隔著一塊布幔，無論是風聲、雨聲、人聲、鳥聲或各種器物的聲響……其實裡頭也只不過只有一個人、一張桌子、一把椅子、一把扇子和一把撫尺就能說演的活靈活現，說穿了也就是口技表演。從這些記載可看出，『像聲』在北宋以前即已存在。」（引自何三本，1997：212；葉怡均，2007：20-27）

　　相聲的形式有單口、對口、群口；單口因為只能與觀眾互動，所以重視生動曲折的情節、引人發笑的故事，才能收到跌宕起伏、諧趣橫生的效果。對口是由甲（逗）乙（捧），兩人都要對主題有深刻的印象。甲

的「說」要有乙的烘托，才能簡明托出主題，才能刻畫出生動的人物，達到滑稽風趣、逗樂效果。群口則需要第三者在中間當「膩縫」，在中間調和，反應甲和乙所說的具體人物和事物，也就是將甲、乙所說加以潤飾。相聲的特點是「說」的藝術，屬於「以詞敘事」的說唱藝術，有別於戲劇對口相聲角色扮演的戲劇藝術。相聲也是「笑」的藝術。以笑為武器來揭露矛盾，塑造人物，評價生活。說和笑的特點，構成了相聲藝術的基本輪廓，因此而具有喜劇風格的語言藝術。相聲講究的是說、學、逗、唱，這四種不能單獨存在。「說」統居領導地位，是相聲的藝術基礎，確立了相聲演員與觀眾感情交流的表現方式，是其他三種因素的黏合劑。一般以說故事來敘事太顯得單調了，倘若以相聲的方式來敘事因為加上學、逗、唱，會讓敘事的過程中有了變化，頻添趣味性。（何三本，1997：212-220）

　　相聲應該具備的條件有：（一）通俗易懂；（二）明快動聽；（三）形象具體；（四）生動活潑；（五）用詞廣泛；（六）豐富多彩。根據以上的條件可知，越是想要大眾化、越是希望能引起共鳴的，就必須符合以上六項要點方可。（何三本，1997：212）1960 年左右，電影電視興起，臺灣的市場轉型，相聲演員被迫改行。到 1980 年設立了行政院文化建設委員會、各地紛紛興建文化中心，藝文團體如雨後春筍般的成立，其中包括了說唱團、曲藝團，更走向廣播電視乃至走入劇場，它的品質獲得高度提升，內容也更具有文藝價值。（葉怡均，2007：20-27）數年前，澎恰恰和許效舜的「鐵獅玉玲瓏」風靡一時，不僅在節目中演出、製成 DVD 販售、甚至都受到各校園爭相邀請，也帶動了相聲的創意風潮。這種創意的舞臺相聲因為趣味十足，加上演出人員的搞笑功夫，讓觀眾可以消除工作上的疲勞與緊張，也可以作為茶餘飯後的互相消遣資料。

　　傳記是：記載人物經歷的作品。最初出現在漢代，如《史記・三代世表》中有「傳記」一詞，只解說經典的文字；而表示記載一人生平始終的文體，至遲在南朝開始。如沈約《漢書・裴松之傳》載：「奉命作《三

國志注》，即鳩集傳記，增廣異文。」此處「傳記」一詞始有史料的意義，包括人物傳記在內。到了唐、宋時期，「傳記」的文體意義已漸為明晰，而現在傳記一般都指記述人物生平經歷的文字。（陳蘭村，1997：2-3）遠在西周，中國人最懂得歷史記載的重要，常由政府特置史官來專管這工作，史官是專業的、世襲，司馬氏一家便世襲著史官的職務。司馬遷的史記，是中國古代私人著史最偉大的書，首創屬紀傳體以人物為中心，是現代傳記的濫觴。（黃沛榮，1984：1-2）

　　兒童傳記是只專門寫給兒童看的傳記。兒童傳記的特色有：（一）資料來源較少提及；（二）較著重兒童時期的記敘；（三）不名譽的事件較可能予以省略；（四）紀錄可查的事件較可能加入生動的對話和場景。目前市面上的兒童傳記大都以套書型式出現，大約從 1960 年開始。東方出版社編輯委員首先花了兩年的時間，完成一套世界偉人傳記叢書二十五冊，有古代也有現代人物，有男也有女（女性僅三位聖女貞德、南丁格爾、居禮夫人），有學者、發明之王、政治家、世界文化的達人等，每冊都附有傳主的年譜。至今，因為傳記的廣大消費群使出版傳記成為各家出版商的必要出版品。兒童傳記文學是以文學的筆調，記敘某人物的生活史，提供兒童看的讀物。兒童傳記提供典範形成理想，對一個人的成長影響很大。諾貝爾化學獎得主李遠哲曾說：「中學的時候我看了很多傳記，除了《居禮夫人自傳》對我的影響深遠之外，像巴斯德、愛因斯坦等科學家的傳記也讀了不少。」（引自吳英長，2007：84-94）可見傳記在讀者的心中不僅是閱讀的功能，也在他的心中樹立了榜樣。

　　傳記所包含的有：（一）有生動描述的虛構部分、圖片、年譜、及解說的非虛構部分；（二）傳記涉及人物的生活史，對傳主的記敘包含了全部人生，但因對象是兒童，故事中會強調偉人的少年時代；（三）人物的選擇重複性不少，大概是來自翻譯的作品；（四）早期以政治家人物為主，逐漸變成多元化；（五）傳主不再以「過去式」為主，而現今的棒球明星之多，倘若透過專訪撰寫成傳記應是值得發展的（以棒球來說有鄭幸生、

陳金鋒、王建民等都已出了個人的傳記，敘述個人的成長經驗）；（六）傳主早期零散的出現，現在逐漸以專門分類，如音樂創作家合集、棒球之子等；（七）在傳主面目的呈現上，不以偉人永遠是「完人」，而刻意迴避其軟弱面或悲劇面；（八）每本傳記附有後記和解說。（吳英長，2007：88-89）閱讀人物傳記是一種具有「真實感」的奇特閱讀經驗，彷彿只要翻開書頁，就能隨著文字走進時光遂道，溜進主角成長與生活的時空，窺探他們精采的人生。看見這些人如何成長、如何學習、克服困難、解決問題和實現夢想。這樣的閱讀經驗對正逐步從他律釐清人生樣貌、漸漸形塑自我概念和價值觀的學生來說非常重要。

　　現代傳記要求傳主完整的真實面貌，人性化的表達出來。然而，傳記是屬於文學的一種，以處理個人生命的歷史為主，因此傳記必須兼顧文學、個體與歷史三要素。在歷史方面傳記要求正確、要符合事實言之有據，可不能像現在的週刊雜誌亂批一通，可信度只有讀者自行判斷了。而兒童傳記讀者又以兒童為主，所以非得以嚴謹的態度來處理不可。在個體方面，現代傳記要求傳主完整的真實面貌，把人性化自然的一面表達出來，最後就是最耐人尋味的文學方面。傳記如果只顧歷史與個體就變成鋪陳事實索然乏味，因此藉由故事線的引導可以將傳記史實的部分運用生花妙筆加入對話、場景、思想……等，這樣的作品稱為「虛構式傳記」（吳英長，2007：88-89），這是出版社長期以來為符合大眾消費者的寫作手法。如果要敘述一個人的傳記因為是陳述史實比較枯燥乏味，所以倘若以相聲的手法兩人互相一搭一唱，在趣味化中學習到知識，是學生所樂意接受的。以下就以參考《臺灣之光——王建民的故事》（陳崇建，2007）所自編有關王建民的傳記短劇與相聲劇作結合演出。相關劇中學生的相聲分配及教學活動如下：

表 6-1-1　《臺灣之光──王建民的故事》角色分配表

故事名稱	《臺灣之光──王建民的故事》	作者	林秀娟
演員	對口相聲劇本	參考資料	《臺灣之光──王建民的故事》文經出版社

甲：各位來賓，大家好！

乙：哈囉！大家好！

甲：我是○○○。

乙：我是×××。

甲：我們今天是來……

乙：來幹嘛你講清楚呀！

甲：是來介紹偶像的。讓你猜猜看，看你猜不猜的著！

乙：放馬過來，我呀！讀書不厲害，但是現今當紅的偶像，我沒有一個不認識的。

甲：你金足聽喔，這位人物他的口頭禪是「幹嘛！」

乙：什麼幹嘛！

甲：我是說他的口頭禪愛說：「幹嘛！」

乙：我了，他一定是經常搞不清楚事情。

甲：不，他腦筋清楚、長相斯文，常常做這動作。（壓帽緣，左手擺後面）

乙：我知道了，一定是我們的臺灣之光「建仔！」

甲：真～不愧有在看電視。一猜就猜中了。

乙：說了半天你還沒介紹呢！

甲：說起建仔，伊是三月三十一日出生在臺南市。

乙：阿彌陀佛，吃素配豆腐。好家在！好家在！

甲：為什麼好家在。

乙：幸好他沒有出生在四月一日愚人節。

甲：ㄅㄟ在愚人節出生，伊也是「真厲害」！九歲，參加崇學國小棒球隊。

乙：那按呢？崇學國小就是他「發跡」（發角）的地方。

甲：是的，就是伊ㄟ啓蒙地。11 歲，獲得第九屆 IBA 世界軟式少棒錦標賽中華代表隊，而且獲得「最佳投手」榮譽。

乙：哇塞！那時候他就會伸卡球了嗎？

甲：還不是時候，17 歲，入選第十七屆 IBA 世界青棒錦標賽中華代表隊。
　　因為要出國，意外發現自己在戶口名簿上登記的是養子。當時王建民受不了這個打擊，連夜趕車回臺南詢問父母。

乙：王爸（輕聲）、王媽怎麼說？

甲：發音要正確點，王爸爸說：關廟鄉三叔才是伊ㄟ親生老爸，原來是王建民小
　　時候，因為大伯沒有生小孩，親爸爸就把王建民過繼給他扶養。王建民因為
　　這個打擊，曾經無心打球；後來在師長的勸導下，才慢慢接受這個事實，並
　　繼續棒球之路。

乙：好家在！好家在！嘸，我們臺灣就少一顆星了。ㄚ 18 歲？

甲：18 歲，入選第三屆亞洲青棒錦標賽中華代表隊。

乙：19 歲？

甲：19 歲，入選第八屆荷蘭港口盃中華成棒代表隊。而且當時的他就擁有 193
　　公分傲人的身高，以及 95 公斤結實的體重。

乙：那不就是「型男殺手」了。

甲：不是「型男殺手」，他的封號是「斯文殺手」。

乙：是不是我們的「斯文殺手」遇見了「少男殺手──殺很大」
　　（甲乙兩人來一段投手投球，殺很大的瑤瑤揮棒……）

甲：2000 年正當是 20 歲時，被洋基隊以兩百零一萬美金簽下，成為洋基「農
　　場」的一員。

乙：阿你是講，他跑到國外是養「雞」喔！

甲：不是啦！農場又叫做小聯盟，是給年輕球員、受傷或暫時放下的大聯盟球員
　　比賽的地方，提供訓練、復健比賽機會。

乙：那要等多久才能輪到他上場。

甲：這～，就要看他各方條件囉。

乙：ㄚ 21 歲？

甲：21 歲，肩膀受傷，全年球季未出賽。

乙：怎麼一去就受傷了。

甲：運動員受傷是很常見的事，這時的建仔從教練那學會了一種像潛水艇一樣會
　　「沈」的新球路，叫做伸卡球。

乙：嚇死人，伊的球不僅會飛天擱會鑽地。

甲：不是球鑽地，是球會往下沈。

乙：ㄚ 22 歲？

甲：22 歲，入選第十四屆釜山亞運中華成棒代表隊。

乙：ㄚ 23 歲？

甲：23 歲，入選第二十二屆亞洲棒球錦標賽中華成棒代表隊。同年和吳嘉姈小
　　姐結婚。

乙：當公主遇上王子，又是那麼有名的人，一定是個世紀大婚禮！

甲：你錯了。王家低調的很！僅辦了三十桌邀請親朋好友，及王建仔的教練及幾
　　位好友。

乙：Ｙ24 歲？

甲：24 歲，入選第二十二屆雅典奧運中華成棒代表隊。

乙：Ｙ25 歲？

甲：25 歲，紐約洋基對正式登錄王建民為大聯盟球員，成為臺灣第三位登上大聯盟的棒球選手。

乙：真是「黑瓶裝醬油」沒底看，真正是給他拍拍手。（熱歌熱舞）

甲：他值得學習的是精神是……

乙：他每年賺給他爸 400 多萬美金，他爸爸就整天翹腳捻嘴鬚，算錢算不離（臺）

甲：是伊「面對挫折，就勇敢的走過。」另外，他的個性沈靜、堅毅、不計得失、不愛出鋒頭。也是受人喜愛的地方。

乙：難怪！你這麼崇拜他，攏講得嘴角全泡沫。

甲：看建仔打球，就是愛臺灣！

乙：咱攏來愛臺灣！

甲：我是○○○。

乙：我是×××。

合：下臺一鞠躬。

表 6-1-2　《臺灣之光──王建民的故事》教學活動設計

教學活動設計			
教學領域	語文領域	教學時間	二節（80 分鐘）
教學名稱	《臺灣之光──王建民的故事》	教學者	林秀娟
教學目標	1. 藉由人物傳記故事的生動活潑有趣，引發學生閱讀理解的能力。 2. 能使學生自我探索覺知環境與個人的關係。 3. 運用戲劇的效果，從事藝術創作去體驗生活環境。		
先備知識	1. 看過臺灣之光──王建民的故事。 2. 了解什麼是傳說故事。 3. 了解什麼是相聲劇場。		
能力指標	【語文】 5-1-4-2　能和別人分享閱讀的心得。 5-3-7-1　能配合語言情境，欣賞不同語言情境中詞句與語態在溝通和表達上的效果。 5-2-14-2 能理解在閱讀過程中所觀察到的訊息。		

	【藝術與人文】				
	1-1-1　嘗試各種媒體，喚起豐富的想像力，以從事視覺、聽覺、動覺的藝術活動，感受創作的喜樂與滿足。				
	1-2-4　運用視覺、聽覺、動覺的創作要素，從事展演活動，呈現個人感受與想法。				
	2-1-6　體驗各種色彩、圖像、聲音、旋律、姿態、表情動作的美感，並表達出自己的感受。				

能力指標	教學步驟	教學時間	教學資源情境布置	指導要點注意事項
語文5-1-4-2 語文5-3-7-1 語文5-2-14-2	一、準備活動 （一）帶讀相聲劇本《台灣之光——王建民》。	10	故事文本	鼓勵學生踴躍發表自己的想法
	（二）將故事文本全班共同討論，對口相聲的聲音應該如何表現，他們各自的動作、表情又該是如何呈現的？	10		教師可以趁機將自己的意見帶入
	（三）分配角色 依全 24 班人分成 4 組，每組 6 人。相聲、音效、動作演出等由組員互相搭配而定。	5	依組員討論而定	分組討論教師了解學生討論情形
	（四）舞臺場地			
藝術1-1-1 藝術1-2-4	（五）排劇討論 將製作好傳記，請演傳記劇本的增刪員參考讀出，請小組進行情節討論及想像，如何展現劇中人物的動作、語調才是最佳狀態。	15		
藝術2-1-6	二、相聲開鑼 依照組別上臺演出，組員間能人人參與合作學習，共同將老師指定的任務達成。	30 10		鼓勵學生能勇於展現自我合作學習人人參與演出
	三、統整活動 具體描述各組及個人的優點，觀察學生的具體表現，讚美學生的具體行為。			

　　相聲在口語表達上對學生的咬字、嘴型都十分的注重。其次是相聲運用了許多詼諧的手法，如：諧音字、國語的成語、臺語諺語加以反襯，讓平淡的敘述加一層風趣。也因為這樣的趣味化後，學生在準備相聲的過程中不知不覺已經獲得了許多相聲的知識。也從中了解每一個人物每個階段性的成長經驗，這樣的經驗不需經父母親反覆的嘮叨，而是從他崇拜的人物的史實中取得；而在學生的成長過程中成為正面、積極、陽光的借鏡。加以這樣不同場域的演出需要學生更多別出心裁的創意，當孩子的想像力經過一段時間的培養後，他們可能會在創意的表現上更成功，也能抒發他們的情緒。

第二節　偶戲在閱讀教學上的應用：
以傳說為例

　　現代偶戲在臺灣發展已經二十多年，教育部近年舉辦的創意偶戲大賽，包含棒偶（執頭偶、撐竿偶、杖頭偶）、光影戲（光影偶及投影機所運用的光影面具）、物品劇場以及懸絲偶等。偶戲的表現形式，也從早期的手套布偶發展到今日各類型的多元化偶。教育部近年舉辦的全國學生創意偶戲大賽也帶動了偶戲的風潮，各縣市教育處也將偶戲製作、演出列為研習之一。在目前國中小的藝術與人文課程當中，也舉辦針對教師、故事媽媽、說故事老師及對偶有興趣的偶戲研習進修的課程，課程中著重的是各種戲偶的演出形式介紹、製作、操作及演出呈現，讓教師能夠透過實作及實際操作之後學習到偶戲的製作及演出過程，進而再將此精神運用於教學當中，讓偶戲運用在教學上更多元、活潑而達到寓教於樂效果。臺灣現代偶戲發展目前正值一片燦爛光景。

　　偶戲要好看，除了製作精美的偶戲人物之外，偶的操作技巧非常重要。將偶當作為演出的「主體」來看待，也就是依據偶在文本中人物特質而去塑造它的造型、特性等製作一個獨一無二的人物，進而嘗試不同

的操作方式與思考角度。偶的造型及姿態所代表的意義以及偶與偶之間的互動及關聯性等，都是我們所要學習的。偶的種類很多，有棒偶、手指偶、布偶、紙偶、布袋戲偶等，父母或老師在說故事時，如果能配合故事內容，製作偶的道具，透過布偶的對話，作為說故事的輔助道具，可以使故事的講述更為生動有趣，成為更吸引孩子或成人注意力的有利武器。通常小朋友對於一個操控的人物「偶」出現在面前時，會十分的驚奇，又因為「偶」是故事中的人物，講述時，「偶」就出現在小朋友的面前，既有聲音又不停的在眼前轉動。這時的「偶」如故事書人物跳出了圖畫書一般，立體鮮活的呈現在孩子眼前。（何三本，1997：302-303）那種捕捉不到，控制不得的人物，變成這般神氣活現可觸摸到、可掌控得到的是一種興奮的感受。

　　學校中常用的偶戲又稱為傀儡表演的戲，是人在後面操縱。這些傀儡戲也可分為由成人操縱和兒童操縱兩種。在學校中我們通常以學校經費能負擔得起、及學生能接受的偶為主，來讓學生操作、學習。各種傀儡戲可分為：（一）木偶戲：這是一種大型木偶，高達兩尺，由成人在後臺上牽動拉線，讓木偶在前臺表演。（二）布袋戲：是中國式的布偶，又名掌中戲，利用手上的三隻手指操縱，隨著故事的情節內容由操縱者說出對話，演出故事。（三）布偶：是目前流行於各幼稚園中的絨布偶，造型活潑而多樣化，色彩鮮明，深受兒童喜愛。（四）皮影戲：皮影戲是流行於中國民間的一種地方戲，在臺灣南部較流行。（五）紙影戲：製作與皮影戲相同，目前流行於國小的一種偶戲，因為成本較低、容易組裝深受兒童喜愛。（六）手偶：是利用雙手表演的偶戲，演出者在白手套上繪出各種造型的玩偶，然後利用雙手，配合故事，敘述演出。（七）手影：用手掌、手指在燈光前，以投影方式在牆上設計出不同的動物或人的形象，以娛樂兒童的遊戲。（徐守濤，1996：402-403）

　　「大野狼為什麼沒吃掉十隻小羊？」「因為大野狼待在捷運站裡，捷運裡不能吃東西。」小朋友顛覆過去「大野狼」的壞人形象十分有趣。「皮

影館」在大理國小萌芽後，幾乎成了全校師生的最愛。校長邱豐盛說，從戲偶製作、劇本都是小朋友親手完成的。令人感動的是，有些學生個性害羞內向，透過皮影戲演出，卻聽到了他們豐富的聲音表情。三年級的陳威宇還說：「我連上廁所都在背劇本呢！」在表演過程中，小朋友國語、閩南語摻雜，非常有趣。邱豐盛說，皮影戲不僅訓練學生的語言表達能力，還可以開發學生的想像力。原本在中影演出皮影戲的蕭如訓說：「皮影戲也可以培養兒童重視團隊精神，就算只是負責燈光開關的工作，如果缺了一人，皮影戲還是沒法演下去。參與的每個人，都很重要。」（吳啟縱，2008）這是一則校園偶戲的真實報導，這樣的創意來自結合學生將情感注入戲偶靈魂，找到全新、細膩的偶戲演繹方式，以及人與偶互動的和諧感動的思維，讓創意得以遠流不止。

　　依據《現代漢語詞典》對「傳說」的解釋有二：（一）輾轉述說；（二）群眾口頭上的流傳關於某人某事的敘述或某種說法。（丁聲樹，2005：210）在以文字記錄歷史以前的漫長年代，因為尚未發明文字，所有的記述全靠長輩口頭傳說人們的生活和歷史給晚輩聽。等到有文字之後，由文人記錄耆老所敘述的故事加以整理，其中往往添加了說者的情緒及聽者的反應在內。這就是人為因素促使神話傳說又再一次轉化的原因。在屢經增刪潤色之後，神話傳說的內容都或多或少的發生了變化。在這些傳說中，有的原本充滿了神奇和怪誕的美麗故事；有的是基於後人對人物的憧憬與敬仰而來，並不可靠。當然，歷史故事並不就是真實的歷史。歷史必須真實。歷史故事卻只須擷取歷史中的某一片段，在不違背史實的原則下，僅可以容許故事作者自由編織一些假想的故事來充實歷史記述的不詳之處。但其先決條件，必須是可能發生的，就是不跟既有史實有牴觸矛盾。（蘇同炳，1969：107）

　　袁珂在《中國神話傳說》一書中指出「早期古典學派學者，以嚴格的區分「神話」和「傳說」二者有不同之處。神話大抵是以「神格」為中樞⋯⋯追神話演進，則為中樞者，漸近於人性，凡所敘述，今謂之傳

說……」（袁珂，1987：62-63）也就是說，開天闢地的盤古、燭龍神的故事才堪稱為神話，后羿射日、禹治洪水的故事必須稱為傳說。神話與傳說在中國和外國例子一樣，經常被混稱。這是從神話狹義的圈子中解放出來的。中國是世界上具有豐富多彩的神話傳說的文明古國之一，古代神話傳說是人類童年時代的歷史遺物，也是人類生存發展的基本文化現象。它涉及的層面相當廣泛，有宗教、法律、科學、藝術、民俗等，都在神話傳說中得到生動的體現。現在坊間有很多中國的神話傳說、臺灣的神話傳說等。

　　民間傳說故事分為描述性故事與解釋性故事。描敘性傳說，以敘述和描寫人物的事蹟為主，具有故事性的民間傳說，數量可真說是多的驚人。如古代各帝王／宰相／名將傳說、清官傳說、奸臣傳說、民族英雄傳說、文藝家傳說、技藝家傳說、名女子傳說……解釋性傳說，以某物某事某風物為出發點，引伸出一個人物故事，最後又回到解釋該物該事該風俗的成因，如澎湖的地方傳說多屬於解釋性的傳說，藉著這些傳說，說明了種種地理景觀、人為建築的由來，委婉的表達出他們對鄉土的熱愛、對自己生活的種種感受。而風水傳說中的「澎湖出皇帝」的傳說，結合了澎湖獨特的地理景觀和人文思想，是很有地方特色的一類傳說。（姜佩君，2007：191-209）可見傳說故事真是包山包海，外加包古包今。

　　〈牛郎織女〉、〈孟姜女〉、《梁山伯與祝英台》、《白蛇傳》是中國傳說故事中經典性的作品，也有人將它們列為中國四大傳統民間故事、四大傳說故事。四部都屬描述性傳說故事敘述的人物，可以是歷史人物或非歷史人物。只要是歷史人物是歷史上確有其人，但其所發生的事件可以是真的，也可以是虛構的。它們所以被列為中國四大傳說，是因有具有特殊的文學上的意義和價值。它們的內容不僅流傳時間久遠，流傳的地域有廣闊，有的甚至流傳到一個或幾個民族，有較強的現實性，即使有的作品具有幻想性情節，或出現了一些超自然的角色，有了某些神話的因素，從總體裁形式與表現方法看，仍是典型的描敘性傳說故事。

中國傳說故事舉一例，是英勇忠狗怎樣殺敵受賞、娶美麗公主為妻的故事：

據說，在高辛王當朝的時候，有一年娘娘忽然得了耳痛病，整整痛了三年多，百醫醫治沒有效驗。後來，從耳朵挑出了一條金蟲，形狀像蠶子，大約有三吋長。蟲一挑出來，耳痛病居然剎時間就好了。

皇后便用瓠籬盛著這條盤子裡的蟲，又用盤子蓋著。哪知盤子的蟲忽然變成了一條龍狗，遍體錦紋，五色斑斕，亮光閃閃。因為從盤子和瓠籬變出來，所以取名叫做「瓠籬」。

那時房王作亂，高辛王憂慮國家危亡，便向群臣說道：「若有人能斬房王的頭來獻，願把公主嫁給他。」話說這幾天瓠籬，突然不見了，了無蹤影。

卻說盤瓠離開了宮廷，一直走到房王軍中，見了房王，搖頭擺尾。房王見了這狗，向左右臣僚說：「高辛氏要滅亡了，連他的狗都撇下他跑來投奔我，看來我房王室當高興了。」於是便高燒火炬，擊鼓撞鐘，舉行宴會，為這好兆頭作為慶賀。那天晚上，房王喝得爛醉如泥。瓠籬便趁這個時機，猛咬下房王的頭，叼著他跑回去見高辛王。

高辛王見愛犬啣著敵人的頭跑回宮，不禁大喜過望，便叫人剁細肉來餵他。只見盤瓠把鼻頭伸過嗅一嗅便走開了，悶憫憫的去屋角睡覺了。就這樣過了兩、三天，任誰去叫他都不理會。

高希王心裡難過地向盤瓠說：「狗阿！你既不吃東西，也不理睬人，莫不是想要得到公主為妻，恨我不實踐諾言，實在是因為狗和人不可以結婚的呀！」

　　盤瓠說道:「王啊!請不要有憂慮,你只要將我放在金鐘裡面七天七夜,我就可以變成人了。」高辛王聽了,果真照辦!

　　一天、兩天、三天……到了第六天,期待結婚的多情公主怕牠餓了,悄悄打開金鐘一看,盤瓠全身變成了人,只留一個狗頭沒有來得及變,從此再也不能變了。

　　於是盤瓠從金鐘裡跳出來,披上大衣,公主則戴上狗頭帽,他倆就在皇宮裡結婚了。結婚後。他倆到南山的岩洞中居住……(袁珂,1987:97-100)

　　這個故事大同小異地流傳在中國南方,「盤瓠」這兩個字,就是現在大家口中傳說的「盤古」。三國時徐整作《三五歷記》,吸收了南方少數民族中「盤瓠」或「盤古」的傳說,加以古代經典的哲理成分和自己的想像,創造了開天闢地的盤古,填補了鴻濛時代的空白,成為我們中華人民共同的老祖宗。(袁珂,1987:97-100)有關盤古的神力和變化,還有種種傳說。有的說他哭泣流下的眼淚江河,他吐出的氣就成為長風、發出的聲音就成為雷鳴、眼睛的閃光為閃電。又有一說是他只要一歡喜就是麗日晴天,一懊惱就是烏雲密布,一吹氣就是刮颱風,一睜眼就是白天,一閉眼就是黑夜,記述的簡直就像是燭龍身一樣。

　　臺灣早期平埔族噶瑪蘭加禮宛社也有一個兄妹因貪失和傳說故事:

　　話說兩兄妹從宜蘭來到彭子浮莊加禮宛社,哥哥叫帖里姆卡瓦,妹妹叫做阿凡斯卡瓦。

　　有一天妹妹阿凡斯卡瓦去樹林裡找水,走到遠一點的地方發現了一處水池,她很高興,計畫開墾地下的平地為水田。為了主張自己發現的水池,要有個證據,他便脫下自己的圍裙,埋在水池旁邊,又在水池旁邊的草莖,用草繩綁了幾個結作為標誌,然

後回家告訴哥哥:「我發現了很好的水池,那個地方從來沒有人去過,因此我在水池邊的草莖上綁了幾個結作為記號。」

哥哥聽了,馬上跑去妹妹說的地方,這位貪婪的哥哥毫不講理的抽出開山刀,就把草繩結割下來丟掉。哥哥回去告訴妹妹說:「我發現了水池,我以為那個水池是你發現的,但是我找了水池四周許久卻找不到你所講的草繩結,所以那個水池是我發現的」。

妹妹聽到感到很驚訝,妹妹說:「我們一起去看看,除了草繩結之外,我還把圍裙埋在水池旁邊,那是我發現水池的最好證據。」兩兄妹到水池旁邊,妹妹用樹枝挖出了圍裙,顯然是妹妹的主張是勝利的,可是哥哥卻是不承認,繼續主張是他先發現的。終於兄妹兩失和,哥哥仗勢打了妹妹一巴掌,妹妹一氣之下跑到山裡不回家了,當了太魯閣族。由於這一段怨恨以後太魯閣族的子孫,出草就去馘加禮宛族的頭,回部落供為祭神用。(陳千武,1993:55-59)

很多原住民的傳說、神話裡都含有教人判斷善惡的寓意存在,這也是我們重視民間故事及傳說故事的價值所在。在現今的社會中正可用於品德教育的延伸,可見老祖先的智慧在後代發光發亮。傳說中也有許多是急中生智的有趣故事,而偶戲是學生很喜歡的一種演出方式,以下就以〈烏龜殼為什麼會有裂痕〉這則短篇傳說故事與偶戲作結合演出。國語日報社出版的〈烏龜殼為什麼會有裂痕〉(一心譯,1978),相關劇中學生的偶戲分配及教學活動如下:

表 6-2-1 〈烏龜殼為什麼會有裂痕〉角色分配表

故事名稱	〈烏龜殼為什麼會有裂痕〉	作者	一心譯	出處	國語日報社
演員	劇本				

演員	劇本
松鼠 烏龜	【第一幕】 有一天，松鼠和烏龜一起到森林採水果，沒走多遠，他們就發現了一顆水果樹，樹上長滿了又大又紅的蘋果樹。
松鼠	「你在樹下接。」我爬上去摘了丟給你。爬樹是松鼠的專長，說完，他就一溜煙似地爬到蘋果樹頂了。
松鼠	「接好，烏龜！」松鼠在樹枝上摘下第一個蘋果，往下丟以前先招呼烏龜。
烏龜	「沒問題，你儘管放心往下扔，我會接住的。」烏龜抬起頭也大聲地回答松鼠。
烏龜	烏龜聚精會神的抬著頭，望著松鼠扔下來的蘋果，正要伸手把蘋果接住，突然從樹後面竄出了一隻狼，狼跳起來一張嘴，就把蘋果叼走了。松鼠連扔了幾個蘋果，都被強盜一樣的狼給搶走了。體型笨重、動作緩慢的烏龜只有在一旁空生氣。
松鼠	「哼！貪心的狼，非得給你一點兒教訓，讓你以後再也不敢幹這種強盜的勾當。」松鼠在樹上看著也很生氣，他決定給這隻狼一點兒苦頭吃。
松鼠 狼	松鼠這次摘了一顆最大、最青的蘋果，對準樹下張著嘴的狼用力扔下去。果然，狼很高興又張大了嘴，準備把這個大蘋果接住，可是這顆蘋果太大了，松鼠又用力對準狼的喉嚨扔。（又大又硬的蘋果就卡在狼的喉嚨，可憐的狼要吐也吐不出來，要吞也吞不下去，就這樣活活的給噎死） 狼死了以後，烏龜才有機會接住松鼠扔下來的蘋果。松鼠扔夠了蘋果，爬下樹和烏龜倆大吃一頓。
烏龜	烏龜說：「這隻可惡的狼，有一對很不錯的大耳朵，可以做兩把喝湯的湯匙。」說完，烏龜就把狼的耳朵割下來帶回家，用作喝湯時的湯匙。
	【第二幕】 從此烏龜外出拜訪朋友時都會帶著狼耳朵湯匙，朋友請牠喝湯時都會拿出來用。不久，幾乎所有人都已經知道這個消息，烏龜是個厲害的獵人，因為牠手上有兩根狼耳朵湯匙。當然其他的狼也聽到烏龜用狼

狼	耳朵湯匙喝湯的消息，都非常氣憤。狼覺得烏龜竟然用狼耳朵湯匙，覺得被嚴重的挑釁。這個消息很快的傳到狼群頭目的耳朵裡。 「哼！這還得了，烏龜居然敢殺害我們的夥伴。非得給牠點兒顏色瞧瞧。你、你、還有你狼將軍，趕快去把烏龜捉來。」狼頭目怒氣沖天地指派了三隻狼去捉烏龜。
狼群	狼的速度遠比烏龜快得多，很快就把烏龜捉到了。但這時候，成群聚在一起的野狼，開始為了該如何處置這隻烏龜而爭吵。烏龜聽到狼爭吵的內容，決定運用智慧，再趁機行事。 有一隻狼說：「我知道要怎樣處置你了，烏龜。」「我們先升一堆火，再把你活的放進火堆裡烤熟。」
烏龜	烏龜：「那就請便，這種方法我喜歡。你沒看到我有強而有力的四隻腳，在我感覺到熱之前，就可以把火堆踩熄。」 這時狼群開始不喜歡這個想法，又經過一陣爭吵後。
狼群1	又有一隻狼說：「我有另一個新的想法，我們升起火堆，用一個大鍋煮熱水，再將你丟進鍋子裡，把你煮成一鍋烏龜湯。」
狼王	狼王：「烏龜湯最補了，可以讓我青春有體力、延年益壽。不錯！不錯！」
烏龜	烏龜又立刻回答：「我喜歡你的方法，你沒看見我的大腳嗎？在水煮熱之前，我可以用腳把鍋子踩爛。」 野狼們又改變想法，再次經過一陣爭吵。
狼群2	最後又有一隻狼出來說話：「好，我們知道怎麼對付你了。我們要把你抬到河裡最深的地方，把你丟進去，在岸邊看著你活活淹死。」
烏龜	此時，烏龜立即回答：「拜託！千萬不要這麼做。你們不要把我丟進水裡。」烏龜裝出一副可憐樣連聲的哀求著。
狼群	狼聽到烏龜的反應後，馬上抬著烏龜到了河岸邊，然後用全力把烏龜扔進河裡，作為烏龜應該受到的處罰。
烏龜	因為野狼非常用力，烏龜在掉進河裡之前，在空中翻滾幾圈，最後烏龜背上的殼撞到河中的大石塊，然後再彈進水裡，又咕嚕咕嚕的沉下去。
狼群	所有的狼都得意的笑了，總算為他們的夥伴報仇了。 然而，就在他們笑的最得意的時候，突然發現烏龜在河岸的浮出了水面。
烏龜 狼群	「笨狼！你們居然不知道，河就是我的家嗎？哈哈！再見了。」烏龜說完爬上岸就逃走了。只留下一群目瞪口呆的狼，在河邊氣的說不出話來。 烏龜被砸壞的殼不久就又長好的，只是那一道道裂痕，一直留傳下來。

表 6-2-2　〈烏龜殼為什麼會有裂痕〉教學活動設計

教學活動設計			
教學領域	語文領域	教學時間	三節（120 分鐘）
教學名稱	＜烏龜殼為什麼會有裂痕＞	教學者	林秀娟
教學目標	1.藉由動物傳說故事的生動活潑有趣，引發學生閱讀理解的能力。 2.能使學生自我探索覺知環境與個人的關係。 3.運用戲劇的效果，從事藝術創作去體驗生活環境。		
先備知識	1.能仔細聆聽故事。 2.了解什麼是傳說故事。 3.了解什麼是偶戲劇場。		
能力指標	【語文】 5-1-4-2　能和別人分享閱讀的心得。 5-3-7-1　能配合語言情境，欣賞不同語言情境中詞句與語態在溝通和表達上的效果。 5-2-14-2能理解在閱讀過程中所觀察到的訊息。 【藝術與人文】 1-1-1　嘗試各種媒體，喚起豐富的想像力，以從事視覺、聽覺、動覺的藝術活動，感受創作的喜樂與滿足。 1-2-4　運用視覺、聽覺、動覺的創作要素，從事展演活動，呈現個人感受與想法。 2-1-6　體驗各種色彩、圖像、聲音、旋律、姿態、表情動作的美感，並表達出自己的感受。		

能力指標	教學步驟	教學時間	教學資源情境布置	指導要點注意事項
語文 5-1-4-2 語文 5-3-7-1 語文 5-2-14-2	一、準備活動 （一）帶讀故事文本＜烏龜殼為什麼會有裂痕＞。 （二）將故事文本全班共同討論，松鼠、烏龜、小狼、狼頭目、狼群 1、狼群 2 的聲音應該如何表現，他們各自的動作、表情又該是如何呈現的？	15 15	 故事文本	鼓勵學生踴躍發表自己的想法 教師可以趁機將自

	（三）分配角色 依全 24 班人分成 2 組，每組 12 人。8 人操控偶戲。4 人負責其他 道具。	5		己的意見 帶入
	（四）舞臺場地、偶的類型以兩會議長 桌外蓋素面桌巾當演出舞臺，面 對觀眾的布面可加以布置當主題 及布景。其次請各組討論所要呈 現偶的類型。	5	會議長桌 巾	鼓勵學生 踴躍發表 自己的想 法
	（五）利用藝術與人文課程製作偶 　　　（紙影偶、創意布偶、現成的絨 布偶）	40	依組員討 論而定	鼓勵學生 踴躍發表 自己的想 法
	（六）排劇討論 將製作好故事偶戲分成松鼠、烏 龜、小狼、狼頭目、狼群 1、狼群 2 劇情，請演員讀出故事內容，請 小組進行情節討論及想像，如何 展現劇中人物的動作、語調才是 最佳狀態。	10		鼓勵學生 能勇於展 現自我 合作學習 人人參與 演出
藝術 1-1-1 藝術 1-2-4	二、偶戲開鑼 依照組別上臺演出，組員間能人人 參與合作學習，共同將老師指定的 任務達成。	20		鼓勵學生 踴躍發表 自己的想 法
藝術 2-1-6	三、統整活動 具體描述各組及個人的優點，觀察 學生的具體表現，讚美學生的具體 行為。	10		

　　民間傳說無論在知識教育、品德教育、語言教育等都有著重要的意義。傳說中所反映的戒貪、勤奮等寓意，透過最簡單的口傳方式，經由長輩和晚輩相處的親近、互動、融洽的氛圍中把故事一一流傳下來。口傳文學是最單純且最直接的傳播方式，在傳述的過程當中或多或少給予神化、美化，也將傳統的倫理道德觀念植入人們的心裡進而教化百姓。

倘若能將故事教學融入偶戲作為延伸活動，那麼傳說的神奇性就會帶給學生無限的想像力。依照故事文本不同的屬性與內容，讓學生能藉由在操作偶物時那誇張的語言、語調將內心的情感舒展出來，透過趣味的偶戲主角、大而誇張的道具、鮮豔的色彩等來吸引學習，學生們的學習熱忱只會增加不會減少。（林筠菁，2006：23、165）恐怕學生只盼著快些閱讀故事文本，再來一次偶戲演出，甚至是自行編寫劇本。

第三節　舞臺劇在閱讀教學上的應用：以少年小說為例

　　舞臺劇這幾年大受歡迎主要原因是多了一些明星的參與演出，以及本土文化的創作。這樣的巧思源自導演了解這些演員的憂慮──太少露臉又擔心觀眾忘了他是誰，於是讓演員多些演出機會，近距離與觀眾接近不僅可以吸引票房也能提升演員素質。其次是以生活中的體裁為議題，探討生活層面中我們忽略的概念，導演將這些議題再次挑起，劇情的張力有時透過衝突、人物間關係、情節的詭異、故事的迷團等透過演員的詮釋後，將故事線整個推至最大的張力，在故事的尾聲前整個引爆，讓觀眾有意想不到的結局才會回憶無窮。舞臺劇因為沒有 NG、沒有剪接的顧慮。因此，演員必須有一次搞定的決心，因為現場演出不容有錯，所以需要自行不斷地練習，組員間再排練；等到時間一到，道具、布景、配樂一應俱全布幕拉起時，便像俗諺所說：「臺下十分鐘，臺上十年功」，而這樣的演出，大都是需要經驗豐富的成人才能將劇情整個內斂到收放自如。就有「演什麼，像什麼」的信念，讓議題透過演出傳達到每個人的心中。

　　但是兒童戲劇就沒有如此限制了，戲劇教學的目的不是教孩子演戲，而是藉由孩子透過「角色扮演」的方式「在遊戲中學習」。這樣的教學方式，提供老師因小組間的互相討論更能多方的了解學生。如：（一）

傾聽孩子的心靈;(二)觀察孩子的行為;(三)培養故事組織的能力;(四)提升藝術欣賞的能力;(五)培養創造思考的能力。(何三本,1990:217)也就是一種綜合藝術,這樣的課程必須靠各領域間以跨領域的方式互相結合。「戲劇演出」如果要讓它是一齣好戲,必須能帶給學生多一些思維、多一些啟示,但它不一定是偉大的戲。唯有這樣,學生進行起來才會有學生的觀點進入、才是師生共構的概念、也才可能感動學生;因為,我們教育的對象是學生。如果一開始就把它界定在一齣公開的表演,而先前沒有相關的小活動的話,學生將會不知所措。平時應在班上有教材化演出的機會。有了暖身後讓學生有舞臺劇的概念再公開演出;否則制式化的學習,一再反覆的練習對學生而言就是一種包袱、一種負擔、一種壓力。

　　一般的舞臺劇大都是由「人」扮演的,這些表演者在舞臺上經由編劇的設計、導演的指導,扮演著故事中的人物,以內斂的情感表現敘述故事中發生的一切事情,讓臺下或幕前的觀眾忘情地欣賞,也就是戲劇四要素:劇本、舞臺、演員和觀眾所互相交織的結果。這樣的舞臺表現方式以:(一)成人表演給兒童看;(二)成人和兒童同臺演出表演給兒童看;(三)兒童表演給兒童看,三種方式呈現。兒童戲劇活動對兒童而言,是一種良好的學習活動;兒童可以在扮演別人時,在替換情境中學習以別人的方式思考問題,更藉由表演活動學習合群、合作和團隊精神。(徐守濤,003:392-404)這樣的表演方式要以學生所碰觸到的話題為主,學生在經驗中倘若曾遭遇或看過、聽過此話題,在演出中能夠將存在於個人情感和思想轉移至想像的情境世界中,藉由情境中舒展情感、解決問題、增長智慧,才能達到寓教於樂的教育作用。

　　一般的小說都屬於成人小說,沒有一位作者會為少數的消費群而寫作。若要論有心專為小孩而寫作的概念,則要回溯到十九世紀末年,一位英國作家叫做 R.L.斯蒂文遜,他寫《金銀島》這部小說,心目中的讀者就是他的兒子。(林良,1986:6)各種不同年齡的兒童,對語言文字

有著不同的理解能力，從學前階段的幼兒到初中的學生，他們的理解能力是逐步地提升的，因此語言的呈現應是由易而難、由簡單而繁複的。對於「少年」的定位，一般是指國小高年級及國中生而言；這樣的年紀大約是指 11-15 歲的少年為主。（洪文瓊，1989：196；林良，1986：6；施常花，1986：20；李潼，1986：41）他們的認知發展程度已可以逐漸作抽象思維、並能用合於形式邏輯的能力來推理問題，而閱讀少年小說的少年也正需要此種抽象推理的能力來理解文本的內容。

少年小說讀者既然是少年，題材必須是少年有興趣的、有感動的、有助於他們成長的。現代社會問題層出不窮，只要打開電視，新聞媒體報導無不以悚動的標題震撼觀眾為要。如：緋聞事件、兇殺事件、詐騙行為等，而這些偏差心理與行為最顯著的因素是不快樂生活經驗與缺乏適當的生活藝術及調適解決問題的方法。（施常花，1986：24）小說作品正能提供舒展人類不快樂情緒與提供生活藝術及調適解決的問題方法。少年正是人生旅程的轉捩點，充滿著破壞性情緒與問題，因此適時地了解孩子選擇他需要的小說，陪他一起度過「狂風暴雨」少年期，以防範少年偏差心理的形成及避免日後社會問題不斷地浮現。也因此，少年小說主要是描繪現實社會的生活（林秀英，2004：156），他們需要開始學習辨別是非善惡，必須給予符合他們心智的少年小說，協助他們提早認識社會環境。而且必須引發少年的閱讀愛好、選擇適合他們所能理解的文章、貼近他們的心理特點，對他們的成長才有助益。

少年小說在人物方面，應是他們本身或是他們所熟悉的人物。倘若以少年所熟悉的同儕人物或是景仰人物當作主角，能夠讓他們有認同的歸屬感，進而在內心作自我統整及調適。寫法常以正敘或倒敘的方式，配合著主題、人物，接下來就是經由故事將它們串聯起來；或以回憶的方式進行倒敘。少年小說彷彿是橋樑一般，扮演從童話跨越到小說的橋樑，因此又稱「生活教科書」，讓少年讀者從閱讀少年小說的過程中，所獲得的替代性經驗中，感受問題、面對問題、解決問題，從而認識別人、

尊重別人，進而了解如何與人相處。目前經由政府大力的鼓吹閱讀的風潮之下，以少年生活為體裁的書籍還真不少。這篇教案選擇的文本是白冰作家的《雁陣》，主要是故事情節中的事件也常在校園中發生過，讓學生以舞臺劇的表演方式演出，有個替代性的經驗而達到學生偏差行為改善的作用。以下就以《雁陣》這本短篇小說事與舞臺劇作結合演出。（白冰，1986）相關舞臺劇中人物分配及教學活動如下：

表 6-3-1　《雁陣》角色分配表

故事名稱	《雁陣》	作者	白冰	出處	香港：新亞洲出版社
演員	劇本（因篇幅過多，僅擷取主要情節）				
鐵虎 燕玲	在這欺侮的包圍之中，啞巴的性子變得越來越剛烈。把蛇皮裝滿沙子，有時他去山上逮綠色的無毒蛇，褪了皮，把蛇皮裝滿沙子，搭在肩上，當鞭子揮舞。有時，他用稀稀的馬糞抹遍全身，讓那些惡作劇的孩子不敢近前。他還養了條屬害的、但從不傷人的小狗，有時就靠狗的叫，嚇跑那些孩子。但他最屬害的一手，還是摔跤。自從他一連摔倒三個青年以後，在這小鎮上，名聲大震。那些拿他取樂的孩子們再也不敢對他動手動腳了，只是遠遠地喊他幾聲啞巴。摔跤，是他唯一值得自豪的本事，也是他唯一可以安慰自己，嚇唬別人的長處…… 【第一幕】 桃花鎮摔跤大王啞巴鐵虎先生： 從今天起，不許你在桃花鎮上摔跤，不許你再欺負任何孩子。如果不服，明天下午三點，在河灣進行摔跤決鬥，請務必準時光臨。 　　　　　　　　　　　　　　　　區少年摔跤冠軍　趙雷				
趙雷 鐵虎	……鐵虎看了紙條，蒙了、楞了、心裡冒火。我招誰惹誰欺負過誰！不許我再摔跤，這是要殺我！讓我變成任人打任人騎的爐子……				
小黃狗	……鐵虎突然想起，有一次，燕玲帶著一群孩子喊他啞巴，他追燕玲，燕玲跌倒在地，摔破了嘴唇。趙雷來為他報仇！鐵虎望著趙雷，眼睛噴火，緊了緊褲帶，哇地大叫一聲，直朝趙雷撲去…… 【第二幕】 ……趙雷怕了鐵虎，但這並不是因為他摔不過鐵虎，河灘決鬥他贏了，但是他卻覺得欠了鐵虎一筆無法償還的債，背上了一個沈重的包袱。從				

鐵虎 趙雷 鐵虎	河灘回來，燕玲囁嚅著向趙雷承認，是他們先罵鐵虎，鐵虎才追他們，這使趙雷的心裡更加難受…… ……「要和我比，好辦。」趙雷知道鐵虎最喜歡他的狗，就推託說：「那麼，你必須送給我這條狗。」…… ……鐵虎他猛脫下鞋，追著打著，把小黃狗往趙雷身邊打。怎麼打小狗也不走，鐵虎打累了，鞋扔飛了，小黃狗仍然委屈地望著鐵虎，可憐巴巴地哀叫著，躲著，叼起鐵虎的鞋，想送到鐵虎的手中。這時，鐵虎拾起一塊石頭，向他砸去，一失手，打中了牠的腦袋。小黃狗倒在了地上…… ……我從來沒有欺負過你們任何一個人。我只是不會說話，可是我想和你們宜起去田野裡逮螞蚱、捉蟈蟈；我想和你們一起去放牛、去游泳，在山野裡大喊幾聲，我真想做你們的朋友啊，你們知道嗎，你們…… 【第三幕】 兩個人緊緊地捉住對方的肩頭，一動也不動，在遠方墨綠的大山的襯托下，他們兩人組成一個「人」字，像是一座力的雕塑。整個草灘上，空氣凝結了，連天上的雁陣也像鑲在藍藍的天空上。許久，那倆的雙手開始發抖，雙手開始哆嗦，汗水滲出了額頭。突然，兩人同時摔倒在草灘上。 ……他們看到：藍天上，又再飛過雁陣，那一隊隊大雁，用強勁有力的翅膀，排開污血似的晚霞，把大大的「人」字描在蔚蔚藍藍的天空上，印在古老的閃著粼粼發光的易水河。

表 6-3-2　《雁陣》教學活動設計

教學活動設計			
教學領域	語文領域	教學時間	三節（120 分鐘）
教學名稱	《雁陣》	教學者	林秀娟
教學目標	1. 藉由少年小說中兒童生活故事為題材，引發學生閱讀理解的興趣。 2. 能使學生自我探索覺知環境與個人的關係。 3. 運用戲劇的效果，從事藝術創作去體驗生活環境。		
先備知識	1. 能仔細聆聽故事。 2. 了解什麼是少年小說。 3. 了解什麼是舞臺劇。		

能力指標	【語文】 5-1-4-2 能和別人分享閱讀的心得。 5-3-7-1 能配合語言情境，欣賞不同語言情境中詞句與語態在溝通和 　　　　　表達上的效果。 5-2-14-2 能理解在閱讀過程中所觀察到的訊息。 【藝術與人文】 1-1-1 嘗試各種媒體，喚起豐富的想像力，以從事視覺、聽覺、動覺 　　　　的藝術活動，感受創作的喜樂與滿足。 1-2-4 運用視覺、聽覺、動覺的創作要素，從事展演活動，呈現個人 　　　　感受與想法。 2-1-6 體驗各種色彩、圖像、聲音、旋律、姿態、表情動作的美感， 　　　　並表達出自己的感受。			
能力指標	教學步驟	教學 時間	教學資源 情境布置	指導要點 注意事項
語文 5-1-4-2 語文 5-3-7-1 語文 5-2-14-2 藝術 1-1-1 藝術 1-2-4 藝術 2-1-6	一、準備活動 （一）帶讀故事文本＜雁陣＞。 （二）將故事文本全班共同討論，鐵虎、趙 　　　雷、燕玲、一群孩子、小黃狗的聲音 　　　應該如何表現，他們各自的動作、表 　　　情又該是如何呈現的？ （三）分配角色 　　　依全 24 班人分成 2 組，每組 12 人。 　　　鐵虎、趙雷、燕玲、一群孩子 4 人、 　　　小黃狗，其餘道具組 4 人。 （四）排劇討論 　　　將製作好故事分成劇情，請演員鐵 　　　虎、趙雷、燕玲、一群孩子 4 人、小 　　　黃狗讀出故事內容，請小組進行情節 　　　討論及想像，故事可自行擷取小組需 　　　要演出部分即可。如何展現劇中人物 　　　的動作、語調才是最佳狀態。 二、舞臺劇開鑼 　　　依照組別上臺演出，組員間能人人參與 　　　合作學習，共同將老師指定的任務達 　　　成。	40 15 5 20 30	故事文本 依組員討 論而定	鼓勵學生 踴躍發表 自己的想 法 教師可以 趁機將自 己的意見 帶入 鼓勵學生 踴躍發表 自己的想 法 分組討論 教師了解 學生討論 情形 人人參與

	三、統整活動 　　具體描述各組及個人的優點，觀察學生 　　的具體表現，讚美學生的具體行為。	10		

　　《雁陣》這個故事是在敘述一位身體有缺陷的男孩（鐵虎）他本身是個啞巴，他承擔了別人沒辦法體會的痛苦。但是他並沒有向現實屈服，即使被人欺負，也要維護自己的尊嚴。看完了《雁陣》，心裡不僅湧現一股辛酸和心疼，社會上時常可見弱勢團體遭受鄙視及欺壓，而那些弱勢團體也無力反抗，最悲哀的是沒有人願意站起來替他們爭取權益，反而集結起來打壓他們，旁人也只是冷漠的觀看，並沒有伸出援手來援助他們，看了莫不叫人感到心寒，同時也讓我們頓悟自己是否曾經是那些冷漠人群的一份子？當然不是的。因此，當我們了解學生的生活中有些偏差行為發生時，可以不用說教，而借助故事的情節引導學生走出那一段人生體驗。

第四節　三者在閱讀教學上的綜合應用

（一）不同故事文本用不同演故事方式

　　從第五章的說故事劇本至第六章以演為主的故事劇本，都是希望老師能將故事書與劇場再度結合，讓學習效果相乘。本節與第五章第四節相同，都希望老師能運用一點時間進行一個短劇，讓學生能有更多元的學習。同一時間用分組方式讓學生實施不同文本的演故事，選用學生以熟悉的上述三篇文章中一部分來實施。因為這不同文本用不同的說故事方式，在前幾節中都已經探究過了。礙於上課時數以及教學進度的關係，將學生依照文本人物的需要分為三組，再讓各小組自行選定文本中部分情節，擷取他們有興趣的部分再加以演出，文本請參考前節。以一節課

四十分鐘加以分配時間完成各組輪流上臺演出及分享，每組十分鐘，包括準備時間兩分鐘、演出時間八分鐘，三組共三十分鐘，課前解說、場地復原、統整分享共十分鐘。相關教學活動設計如下：

表 6-4-1　不同故事文本用不同演故事方式教學活動設計（一）

教學活動設計（一）			
演出方式	相聲	教學時間	10 分鐘
教學名稱	《臺灣之光——王建民的故事》	教學者	林秀娟
教學目標	1. 藉由人物傳記故事的生動活潑有趣，引發學生閱讀理解的能力。 2. 能使學生自我探索覺知環境與個人的關係。 3. 運用戲劇的效果，從事藝術創作去體驗生活環境。		
能力指標	【語文】 5-1-4-2　能和別人分享閱讀的心得。 5-3-7-1　能配合語言情境，欣賞不同語言情境中詞句與語態在溝通和 　　　　　表達上的效果。 5-2-14-2 能理解在閱讀過程中所觀察到的訊息。 【藝術與人文】 1-1-1　嘗試各種媒體，喚起豐富的想像力，以從事視覺、聽覺、動覺 　　　　的藝術活動，感受創作的喜樂與滿足。 1-2-4　運用視覺、聽覺、動覺的創作要素，從事展演活動，呈現個人 　　　　感受與想法。 2-1-6　體驗各種色彩、圖像、聲音、旋律、姿態、表情動作的美感， 　　　　並表達出自己的感受。		

能力指標	教學步驟	教學時間	教學資源情境布置	指導要點注意事項
語文 5-1-4-2 語文 5-3-7-1 語文 5-2-14-2	一、準備活動 （一）分配角色 　　　甲、乙、音效。 （二）排劇討論 　　　讓班上三位同學擔任相聲演出，演出以 　　　小組討論的相聲部分劇本為主，注意相 　　　聲的詼諧性。	2	故事文本	鼓勵學生踴躍發表自己的想法 教師可以趁機將自

| 藝術 1-1-1 | 二、相聲開鑼
　　依照組別上臺演出，組員間能人人參與
　　合作學習，共同將老師指定的任務達
　　成。 | 8 | 依組員討論而定 | 己的意見帶入 |
| 藝術 1-2-4 藝術 2-1-6 | 三、統整活動
　　具體描述各組及個人的優點，觀察學生
　　的具體表現，讚美學生的具體行為。 | | | 分組討論教師了解學生討論情形 |

表 6-4-2　不同故事文本用不同演故事方式教學活動設計（二）

教學活動設計（二）			
演出方式	偶戲	教學時間	10 分鐘
教學名稱	＜烏龜殼為什麼有裂痕＞	教學者	林秀娟
教學目標	1. 藉由動物傳說故事的生動活潑有趣，引發學生閱讀理解的能力。 2. 能使學生自我探索覺知環境與個人的關係。 3. 運用戲劇的效果，從事藝術創作去體驗生活環境。		
能力指標	【語文】 5-1-4-2　能和別人分享閱讀的心得。 5-3-7-1　能配合語言情境，欣賞不同語言情境中詞句與語態在溝通和 　　　　　表達上的效果。 5-2-14-2 能理解在閱讀過程中所觀察到的訊息。 【藝術與人文】 1-1-1　嘗試各種媒體，喚起豐富的想像力，以從事視覺、聽覺、動覺 　　　　的藝術活動，感受創作的喜樂與滿足。 1-2-4　運用視覺、聽覺、動覺的創作要素，從事展演活動，呈現個人 　　　　感受與想法。 2-1-6　體驗各種色彩、圖像、聲音、旋律、姿態、表情動作的美感， 　　　　並表達出自己的感受。		

能力指標	教學步驟	教學時間	教學資源情境布置	指導要點注意事項
語文 5-1-4-2	一、準備活動 （一）分配角色 　　松鼠、烏龜、小狼、狼頭目、狼群 1、 　　狼群 2。	2	（故事文本）依組員討論而定	鼓勵學生踴躍發表

語文 5-3-7-1 語文 5-2-14-2	（二）排劇討論 　　偶戲分成松鼠、烏龜、小狼、狼頭目、 　　狼群 1 狼群 2 劇情，請演員讀出刪減 　　後劇本，請小組進行情節討論及想 　　像，如何展現劇中人物的動作、語調 　　才是最佳狀態。	會議長桌 桌巾	自己的想 法 教師可以 趁機將自 己的意見 帶入
藝術 1-1-1 藝術 1-2-4 藝術 2-1-6	二、偶戲開鑼 　　依照組別上臺演出，組員間能人人參與 　　合作學習，共同將老師指定的任務達成。 三、統整活動 　　具體描述各組及個人的優點，觀察學生 　　的具體表現，讚美學生的具體行為。	8 依組員討 論而定	鼓勵學生 踴躍發表 自己的想 法

表 6-4-3　不同故事文本用不同演故事方式教學活動設計（三）

教學活動設計（三）			
演出方式	舞臺劇	教學時間	10 分鐘
教學名稱	《雁陣》	教學者	林秀娟
教學目標	1. 藉由少年小說中兒童生活故事為題材，引發學生閱讀理解的興趣。 2. 能使學生自我探索覺知環境與個人的關係。 3. 運用戲劇的效果，從事藝術創作去體驗生活環境。		
能力指標	【語文】 5-1-4-2　能和別人分享閱讀的心得。 5-3-7-1　能配合語言情境，欣賞不同語言情境中詞句與語態在溝通和 　　　　　表達上的效果。 5-2-14-2 能理解在閱讀過程中所觀察到的訊息。 【藝術與人文】 1-1-1　嘗試各種媒體，喚起豐富的想像力，以從事視覺、聽覺、動覺 　　　　的藝術活動，感受創作的喜樂與滿足。 1-2-4　運用視覺、聽覺、動覺的創作要素，從事展演活動，呈現個人 　　　　感受與想法。 2-1-6　體驗各種色彩、圖像、聲音、旋律、姿態、表情動作的美感， 　　　　並表達出自己的感受。		

能力指標	教學步驟	教學時間	教學資源情境布置	指導要點注意事項
語文 5-1-4-2	一、準備活動 （一）分配角色 　　鐵虎、趙雷、燕玲、一群孩子4人、 　　小黃狗其餘道具組4人。	2		鼓勵學生踴躍發表自己的想法
語文 5-3-7-1	（二）排劇討論 　　將製作好故事分成劇情，請演員鐵 　　虎、趙雷、燕玲、一群孩子4人、 　　小黃狗讀出故事內容，請小組進行 　　情節討論及想像，故事可自行擷取 　　小組需要演出部分即可。		故事文本	教師可以趁機將自己的意見帶入
語文 5-2-14-2			依組員討論而定	
藝術 1-1-1	二、舞臺劇開鑼 　　依照組別上臺演出，組員間能人人參 　　與合作學習，共同將老師指定的任務 　　達成。	8		分組討論教師了解學生討論情形人人參與
藝術 1-2-4	三、統整活動			
藝術 2-1-6	具體描述各組及個人的優點，觀察學 　　生的具體表現，讚美學生的具體行為。			

（二）不同故事文本用相同演故事方式

　　不同的故事文本用相同演故事方式，因教學時間的關係且顧及學生學習狀況，將以上三篇故事選用偶戲的方式呈現（其他的方式以此類推），則將故事文本分給各小組，請各組依照故事文本中人物製作偶，製作的方式以學生討論的為主，偶甚至可以使用現成物也無妨。主要是能將故事的情節傳達給聽眾。將學生依照文本人物的需要分為三組，再讓各小組自行選定文本中部分情節，擷取他們有興趣的部分再加以演出，文本請參考前節。以一節課四十分鐘加以分配時間完成各組輪流上臺演出及分享，每組十分鐘，包括準備時間兩分鐘、演出時間八分鐘，三組

共三十分鐘，課前解說、場地復原、統整分享共十分鐘。相關教學活動設計如下：

表 6-4-4　不同故事文本用相同演故事方式教學活動設計（一）

教學活動設計（一）			
演出方式	紙影偶戲	教學時間	10 分鐘
教學名稱	《臺灣之光──王建民的故事》	教學者	林秀娟
演出人數	相聲 2 人、戲劇 4 人		
教學目標	1. 藉由少年小說中兒童生活故事為題材，引發學生閱讀理解的興趣。 2. 能使學生自我探索覺知環境與個人的關係。 3. 運用戲劇的效果，從事藝術創作去體驗生活環境。		
能力指標	【語文】 5-1-4-2　能和別人分享閱讀的心得。 5-3-7-1　能配合語言情境，欣賞不同語言情境中詞句與語態在溝通和表達上的效果。 5-2-14-2 能理解在閱讀過程中所觀察到的訊息。 【藝術與人文】 1-1-1　嘗試各種媒體，喚起豐富的想像力，以從事視覺、聽覺、動覺的藝術活動，感受創作的喜樂與滿足。 1-2-4　運用視覺、聽覺、動覺的創作要素，從事展演活動，呈現個人感受與想法。 2-1-6　體驗各種色彩、圖像、聲音、旋律、姿態、表情動作的美感，並表達出自己的感受。		

能力指標	教學步驟	教學時間	教學資源情境布置	指導要點注意事項
語文 5-1-4-2 語文 5-3-7-1 語文 5-2-14-2 藝術 1-1-1	一、準備活動 （一）分配角色 （二）排劇討論 　　將傳記中故事文由參加的 6 人共同討論聲音應該如何表現，他們各自的操控手法該是如何呈現的？ 二、傳記紙影偶戲開鑼 　　依照組別上臺演出，組員間能人人參與合作學習，共同將老師指定的任務達成。	2	故事文本	鼓勵學生踴躍發表自己的想法 教師可以趁機將自己的意見帶入

藝術 1-2-4 藝術 2-1-6	三、統整活動 　　具體描述各組及個人的優點，觀察學生 　　的具體表現，讚美學生的具體行為。	8	依組員討 論而定	分組討論 教師了解 學生討論 情形

表 6-4-5　不同故事文本用相同演故事方式教學活動設計（二）

教學活動設計（二）			
演出方式	填充布偶戲	教學時間	10 分鐘
教學名稱	《雁陣》	教學者	林秀娟
演出人數	鐵虎、趙雷、燕玲、一群孩子、小黃狗		
教學目標	1. 藉由少年小說中兒童生活故事為題材，引發學生閱讀理解的興趣。 2. 能使學生自我探索覺知環境與個人的關係。 3. 運用戲劇的效果，從事藝術創作去體驗生活環境。		
能力指標	【語文】 5-1-4-2　能和別人分享閱讀的心得。 5-3-7-1　能配合語言情境，欣賞不同語言情境中詞句與語態在溝通和表達上的效果。 5-2-14-2 能理解在閱讀過程中所觀察到的訊息。 【藝術與人文】 1-1-1　嘗試各種媒體，喚起豐富的想像力，以從事視覺、聽覺、動覺的藝術活動，感受創作的喜樂與滿足。 1-2-4　運用視覺、聽覺、動覺的創作要素，從事展演活動，呈現個人感受與想法。 2-1-6　體驗各種色彩、圖像、聲音、旋律、姿態、表情動作的美感，並表達出自己的感受。		

能力指標	教學步驟	教學 時間	教學資源 情境布置	指導要點 注意事項
語文 5-1-4-2 語文 5-3-7-1	一、準備活動 （一）分配角色 （二）排劇討論 　　　小組共同討論要取文章哪一部分演 　　　出以及該如何呈現老師指定的絨布	2	故事文本	鼓勵學生 踴躍發表 自己的想 法

語文 5-2-14-2	偶,主要演員的聲音應該如何表現, 他們各自的操控手法又該是如何呈 現的?	依組員討 論而定	教師可以 趁機將自 己的意見
	二、傳說填充布偶開囉	8	帶入
藝術 1-1-1 藝術 1-2-4 藝術 2-1-6	依照組別上臺演出,組員間能人人參與 合作學習,共同將老師指定的任務達 成。 三、統整活動 具體描述各組及個人的優點,觀察學生 的具體表現,讚美學生的具體行為。		分組討論 教師了解 學生討論 情形 人人參與

表 6-4-6　不同故事文本用相同演故事方式教學活動設計(三)

教學活動設計(三)			
演出方式	布偶戲	教學時間	10 分鐘
教學名稱	《雁陣》	教學者	林秀娟
演出人數	鐵虎、趙雷、燕玲、一群孩子、小黃狗		
教學目標	1.藉由少年小說中兒童生活故事為題材,引發學生閱讀理解的 　興趣。 2.能使學生自我探索覺知環境與個人的關係。 3.運用戲劇的效果,從事藝術創作去體驗生活環境。		
能力指標	【語文】 5-1-4-2　能和別人分享閱讀的心得。 5-3-7-1　能配合語言情境,欣賞不同語言情境中詞句與語態在 　　　　　溝通和表達上的效果。 5-2-14-2 能理解在閱讀過程中所觀察到的訊息。 【藝術與人文】 1-1-1　嘗試各種媒體,喚起豐富的想像力,以從事視覺、聽覺、 　　　　動覺的藝術活動,感受創作的喜樂與滿足。 1-2-4　運用視覺、聽覺、動覺的創作要素,從事展演活動,呈 　　　　現個人感受與想法。 2-1-6　體驗各種色彩、圖像、聲音、旋律、姿態、表情動作的 　　　　美感,並表達出自己的感受。		

能力指標	教學步驟	教學時間	教學資源情境布置	指導要點注意事項
語文 5-1-4-2 語文 5-3-7-1 語文 5-2-14-2 藝術 1-1-1 藝術 1-2-4 藝術 2-1-6	一、準備活動 （一）分配角色 （二）排劇討論 　　小組共同討論故事文本，鐵虎、趙雷、燕玲、一群孩子、小黃狗的聲音應該如何表現，他們各自布偶戲的操控手法又該是如何呈現的？ 二、布偶劇開鑼 　　依照組別上臺演出，組員間能人人參與合作學習，共同將老師指定的任務達成。 三、統整活動 　　具體描述各組及個人的優點，觀察學生的具體表現，讚美學生的具體行為。	2 8	故事文本 依組員討論而定	鼓勵學生踴躍發表自己的想法 教師可以趁機將自己的意見帶入 分組討論教師了解學生討論情形

（三）同一故事文本用不同演故事方式

　　以同一故事文本用不同演故事方式進行演出，將選定《雁陣》為同一故事文本，以相聲、偶戲、舞臺戲三種方式逐一演出。此次規定學生分組別依照故事文本分成三部分、三種演出方式將故事完整演出。第一組文本第一小節、第二組文本第二小節、第三組文本第三、四小節，文本請參考前節，以一節課四十分鐘加以分配時間完成各組輪流上臺演出及分享，每組十分鐘，包括準備時間兩分鐘、演出時間八分鐘，三組共三十分鐘，課前解說、場地復原、統整分享共十分鐘。相關教學活動設計如下：

表 6-4-7　同一故事文本用不同演故事方式教學活動設計（一）

教學活動設計（一）			
演出方式	相聲	教學時間	10 分鐘
教學名稱	《雁陣》	教學者	林秀娟
教學目標	1.藉由少年小說中兒童生活故事為題材，引發學生閱讀理解的興趣。 2.能使學生自我探索覺知環境與個人的關係。 3.運用戲劇的效果，從事藝術創作去體驗生活環境。		
能力指標	【語文】 5-1-4-2　能和別人分享閱讀的心得。 5-3-7-1　能配合語言情境，欣賞不同語言情境中詞句與語態在溝通和表達上的效果。 5-2-14-2 能理解在閱讀過程中所觀察到的訊息。 【藝術與人文】 1-1-1　嘗試各種媒體，喚起豐富的想像力，以從事視覺、聽覺、動覺的藝術活動，感受創作的喜樂與滿足。 1-2-4　運用視覺、聽覺、動覺的創作要素，從事展演活動，呈現個人感受與想法。 2-1-6　體驗各種色彩、圖像、聲音、旋律、姿態、表情動作的美感，並表達出自己的感受。		

能力指標	教學步驟	教學時間	教學資源情境布置	指導要點注意事項
語文 5-1-4-2 語文 5-3-7-1 語文 5-2-14-2 藝術 1-1-1	一、準備活動 （一）分配角色 　　鐵虎、趙雷、燕玲、一群孩子 4 人、小黃狗，其餘道具組 4 人。 （二）排劇討論 　　將故事中第一節文本加以討論，以相聲的方式說唱演出。 二、相聲開鑼（本教案特地將文本改成相聲） 　　甲：在秋天的天空裡飛著一隊隊大雁。他們用力的拍著翅膀，好像要刷掉這蔚藍中大片大片的血紅。	2 8	故事文本	鼓勵學生踴躍發表自己的想法 教師可以趁機將自己的意見帶入

藝術 1-2-4 藝術 2-1-6	乙：聽起來好像很悲哀。 甲：又悲哀的還在後頭。啞巴鐵虎一個 　　人坐在門前的木坎上，呆呆的仰望 　　天空。 乙：他在看什麼？ 甲：看雁兒成群飛，為什麼只有他是這 　　麼孤單。 乙：他都沒有朋友嗎？ 甲：因為他是啞巴。所以，過來和他玩 　　的都是存心想去取笑他。 乙：那他不是很可憐嗎？ 甲：看到他就唱歌。 乙：唱「前面的男孩看過來……」 甲：不是啦！沒這麼好聽，是「啞巴啞 　　巴穿喇叭，一吹吹到姥姥家……」 乙：怎麼唱這麼酸的歌。 甲：還有用石子丟他，往他的衣領裡丟 　　小動物。 乙：那不是很可惡嗎？ 甲：是的，但是沒有關係，他有秘密武 　　器！ 乙：喔～，是不是有機關槍。 甲：不是，有他小黃狗、還有摔跤這樣 　　功夫。 乙：「小」黃狗…… 甲：剛才他的鄰居燕玲送來了一封信。 乙：是情書嗎？ 甲：不是，是戰帖。 乙：他能打得贏嗎？ 甲：非贏不可，因為那將關係到他以後 　　的生存問題。 乙：那我一定要去看。		依組員討 論而定	鼓勵學生 踴躍發表 自己的想 法 分組討論 教師了解 學生討論 情形 人人參與

表 6-4-8　同一故事文本用不同演故事方式教學活動設計（二）

教學活動設計（二）			
演出方式	偶戲	教學時間	10 分鐘
教學名稱	《雁陣》	教學者	林秀娟
教學目標	1. 藉由少年小說中兒童生活故事為題材，引發學生閱讀理解的興趣。 2. 能使學生自我探索覺知環境與個人的關係。 3. 運用戲劇的效果，從事藝術創作去體驗生活環境。		
能力指標	【語文】 5-1-4-2　能和別人分享閱讀的心得。 5-3-7-1　能配合語言情境，欣賞不同語言情境中詞句與語態在溝通和表達上的效果。 5-2-14-2 能理解在閱讀過程中所觀察到的訊息。 【藝術與人文】 1-1-1　嘗試各種媒體，喚起豐富的想像力，以從事視覺、聽覺、動覺的藝術活動，感受創作的喜樂與滿足。 1-2-4　運用視覺、聽覺、動覺的創作要素，從事展演活動，呈現個人感受與想法。 2-1-6　體驗各種色彩、圖像、聲音、旋律、姿態、表情動作的美感，並表達出自己的感受。		

能力指標	教學步驟	教學時間	教學資源情境布置	指導要點注意事項
語文 5-1-4-2 語文 5-3-7-1 語文 5-2-14-2 藝術 1-1-1	一、準備活動 （一）分配角色 　　　鐵虎、趙雷、燕玲、一群孩子 4 人、 　　　小黃狗，其餘道具組 4 人。 （二）排劇討論 　　　將故事中第二節文本加以討論，以 　　　偶戲的方式演出。 二、偶戲開鑼 　　依照組別上臺演出，組員能人人參 　　與合作學習，共同將老師指定的任務 　　達成。	2 8	 故事文本 組員討論 而定	鼓勵學生 踴躍發表 自己的想 法 教師可以 趁機將自 己的意見 帶入

藝術 1-2-4 藝術 2-1-6	三、統整活動 　　具體描述各組及個人的優點，觀察學 　　生的具體表現，讚美學生的具體行為。			鼓勵學生 踴躍發表 自己的想 法

表 6-4-9　同一故事文本用不同演故事方式教學活動設計（三）

教學活動設計（三）			
演出方式	舞臺劇	教學時間	10 分鐘
教學名稱	《雁陣》	教學者	林秀娟
教學目標	1.藉由少年小說中兒童生活故事為題材，引發學生閱讀理解的興趣。 2.能使學生自我探索覺知環境與個人的關係。 3.運用戲劇的效果，從事藝術創作去體驗生活環境。		
能力指標	【語文】 5-1-4-2　能和別人分享閱讀的心得。 5-3-7-1　能配合語言情境，欣賞不同語言情境中詞句與語態在溝通 　　　　　和表達上的效果。 5-2-14-2能理解在閱讀過程中所觀察到的訊息。 【藝術與人文】 1-1-1　嘗試各種媒體，喚起豐富的想像力，以從事視覺、聽覺、動 　　　　覺的藝術活動，感受創作的喜樂與滿足。 1-2-4　運用視覺、聽覺、動覺的創作要素，從事展演活動，呈現個 　　　　人感受與想法。 2-1-6　體驗各種色彩、圖像、聲音、旋律、姿態、表情動作的美感， 　　　　並表達出自己的感受。		

能力指標	教學步驟	教學 時間	教學資源 情境布置	指導要點 注意事項
語文 5-1-4-2 語文 5-3-7-1 語文 5-2-14-2	一、準備活動 （一）分配角色 　　　鐵虎、趙雷、燕玲、一群孩子 4 人、 　　　小黃狗，其餘道具組 4 人。 （二）排劇討論 　　　將故事中第三、四節文本加以討論， 　　　以舞臺劇的方式演出。	2	故事文本	鼓勵學生 踴躍發表 自己的想 法 教師可以 趁機將自

藝術 1-1-1 藝術 1-2-4 藝術 2-1-6	二、舞臺劇開鑼 依照組別上臺演出，組員間能人人參與合作學習，共同將老師指定的任務達成。 三、統整活動 具體描述各組及個人的優點，觀察學生的具體表現，讚美學生的具體行為。	8	依組員討論而定	己的意見帶入 分組討論 教師了解學生討論情形 人人參與

　　在戲劇的演出氣氛中，倘若能將故事教學融入戲劇作為延伸活動。如：角色扮演、肢體表演、實際體驗、創作舞蹈、偶戲……等。依照故事文本不同的屬性與內容，提供不同的延伸活動給學生們參與，學生們的學習熱忱只會增加不會減少。（林筠菁，2006：23、165）另一方面是建立信心，希望要求的是每個學生即使是只有一句臺詞、一個道具協助，也都會發揮他最大的功用。同學間不能隨意去諷刺或壓倒別人言論，讓每個學生在戲劇中都能夠把它當作一個信心建立的地方。

第七章　相關理論建構實踐應用的場域

　　閱讀教學與說、演場域的結合已於第五章、第六章中有過讀者劇場、故事劇場、室內劇場、相聲、偶戲、及舞臺劇的理論建構實踐，本章將以說、演故事延伸至其他場域，如：表演、比賽、讀書會、家庭聚會及其他場域的演出，希望能提升各場域成效，分別敘述如下：

第一節　表演

　　在九年一貫的教育政策下，藝術與人文課程的推動對視覺藝術、音樂、表演藝術讓學生對審美教育可以有更不同的體認。而表演在學校的活動中，是不可缺的項目之一。因為表演藝術這種需面對面且必須在特定空間內欣賞的演出型態，會因為溝通的科技化而更顯得彌足珍貴。（廖順約，2006：277）有時是別出心裁的宣導活動；有時是行事曆中早已規畫因應特殊節日的表演活動；有時是課間的才藝表演。總之，表演因應的範圍還真不少。大多數的學生是很愛集體演出的，在演出中，每個人的表演方式不同，沒有誰的方式才是最正確的。因為在表演中，你就是主角。只有你的演出方式是否能讓同學所明白。而這明白包含的意味可就多著呢！你的語調是否清晰、你的音量是否能讓人聽的到，你的動作、眼神、表情等對表演的張力是否有加分的效果等，這都是需要逐一加以釐清、改善的。

　　表演的定義是指戲劇、舞蹈、技藝等把情節或技藝表現出來。（陳蘭村，1999：91）也有人說：「只要身體動起來就會有美麗的感覺。」有些孩子喜歡在有聚光燈的場合表演，也喜歡在人群面前表演；有些孩子喜歡在某特定對象前表演；更有些孩子則是不喜歡任何公開的演出，這三

種類型的孩子我們都必須給予尊重。孩子有機會在公開場合，作正式的
演出活動是很重要的心理成長歷程。表演的場合分為：（一）非正式場合：
指的是團體中半公開的表演活動，這樣的表演通常是即興的或反覆練習
某一個場景；（二）正式場合：包含了演員、布景、道具、服裝的製作以
及最重要的排練。正式的表演是：了解觀賞的對象、以何種表演的模式
較吸引觀眾。爾後，依照劇情的發展不斷地練習他們應該做的表情、動
作及臺詞，學生藉由不斷即興表演，反覆演出某個場景，比死背詳細描
述的臺詞，反而演的更好。（劉純芬譯，2005：63-65）

　　以下就以正式場合的表演結合讀者劇場或故事劇場、室內劇場、相
聲、偶戲、及舞臺劇的應用，並略舉下列不同的實施方式：（一）不同故
事文本用不同說、演故事方式；（二）不同故事文本用相同說、演故事方
式；（三）同一故事文本用不同說、演故事方式。

(一) 不同故事文本用不同說、演故事方式：這是最常見的表演方式，
　　通常主辦單位將表演的主題、時間、地點、觀眾確定後，表演
　　單位就會依照表演主題設計表演的活動內容及類型，了解表演
　　地點後再評估演出的人數分配。這種不同故事文本用不同說、
　　演故事方式，通常表演單位的演出類型較多元，又因為文本不
　　一樣，所以觀眾一次可以獲得多種不同知識。最常見的表演活
　　動有：晚會表演、戲劇表演等。

(二) 不同故事文本用相同說、演故事方式：通常應用在推廣某項表
　　演方式，例如：一個新的戲劇呈現方式，由專家學者自國外引
　　進或自行研發後，在各縣市大力的辦理相關推廣研習，為了了
　　解研習成員是否了解、能否加以應用，於是辦理同類型相關比
　　賽活動。例如：目前正夯的全國創意偶戲比賽，在全國各劇團
　　的推廣偶戲情況下，教育當局也了解偶戲結合的層面甚廣，除
　　了語文教育、審美教育、活潑趣味化，更有創意的概念融入。
　　其次是讀者劇場的應用，讀者劇場發源於國外，引進臺灣起因

是為了要讓學生學習流利英語技巧，藉由讀者劇場中反覆不斷地練習，加上每人分配到的句子不多，也許只有一句或一個擬聲語。但是學生在參加演出的同時，因為不斷地加以搭配練習，在排練中也以趣味化、生活化的方式學習，進而提升英語成效。目前經常看到的是英語讀者劇場的表演，其實它也適用於其他語言的練習，例如本土語言讀者劇場，可以藉由練習讓學生增加練習說本土語言的機會。

(三) 同一故事文本用不同說、演故事方式：這樣的表演性質比較少。因為同一故事文本如果反覆演了數次就失去它的新鮮感，故事進行到一半觀眾已知道答案，觀眾也可能就走了一大半。同一故事文本用不同說、演故事方式，如果要保有它的新鮮感，可以以一個故事文本分數個部分演出，而每個演出的類型不一樣。例如：前面第五章第四節第三個教學活動設計，以及第六章第四節第三個教學活動設計。這通常應用在教師已教授過多種戲劇的呈現方式，檢驗學生對教過的每一種戲劇的特性是否了解；其次是避免每種戲劇配合文本演出時，時間過於冗長。因此，以一種文本形式將該文本分成數幕，每一幕以一種說、演呈現。觀眾一次可以看到許多不同的表演方式，真是大飽眼福；但是對演出者而言，除非每一場的演員都不相同，否則是同一組我想一定會累得人仰馬翻。說、演故事的表演方式多元化，對教育的功能才能更深入。

說、演故事表演的功能有：（一）在課程方面：可結合戲劇、音樂、體育、語文等相關課程，變成輔助性的教學活動，讓平面的課程立體化、活潑化；（二）在輔導方面：表演能發揮獨特的功能，讓學生在角色扮演中，重新檢視或了解自己的行為，並達到與他人互動的關係，從表演的關係活動中觀察到學生的社會學習行為，進而達到輔導的效果；（三）生活教育方面：如交通安全、生活常規、性別教育、反毒宣導等，都可以

透過戲劇的方式，在戲劇情境中達到生活教育的目的；（四）在表演本質方面：表演就是藝術，藝術可以陶冶每個人的身心，透過表演藝術的教育可以豐富個人生活經驗，展現豐富的創意與想像力。（廖約順，006：137）因此，表演藝術的重點不在學生的演出成果，而在學生在此課程中學習到什麼或得到什麼。

第二節　比賽

依據教育部《國語辭典簡編本》對「比賽」二字的定義是：（一）比較本領、技能的高低或優劣；（二）指競技、較量的事情。（教育部，2009）比賽是激起學生對「獎金」的鬥志；現在的比賽，拿到獎金比得到獎盃來的有意義。有獎金的比賽，通常參賽者會比較多；比賽是「傳承」，藉由比賽讓大家互相觀摩學習，技藝得以再攀升，將這項能力得以傳承下去，有茶葉比賽、烹調比賽、球類比賽、戲劇比賽等。比賽是使參賽者提高該項比賽的學術修養或技能以增廣見識，學校提升知名度，增加收生人數。許多學校都會將學生對外參加比賽的優異表現，製作成紅布條懸掛於校門口附近，藉以彰顯學校的豐功偉業。

興趣是刺激學習的原動力，興趣可以令我們做事時更全神貫注，專心一致，即使稍有挫折也能忍耐、設法克服困難，所以成功的機會也會加大。激發學生熱愛學習語文的方法很多，最簡單的是從聲音語言入手，例如朗讀、詩歌吟唱、吟誦、詩歌表演、戲劇表演、相聲表演等。（何三本，2001：40-41）當學生表演時，站在臺上有一種高人一等的優越感，如果此次的表演受到喝采，對學生的日後的表演或比賽會有正增強的效益，甚至會燃起他們對學習語文的興趣。

比賽的場合分為：（一）非正式比賽場合：指的是團體活動中，半公開的比賽活動，這樣的比賽結果通常是由某一、兩個人共同決定。例如教室裡的小組說、演比賽，只以老師個人的直覺判斷哪一組呈現的比較

判斷優秀。(二)正式比賽場合:包含兩部分,一部分是參賽者該準備的,如:決定演出人數、布景、道具、服裝製作、排練、以及要熟知比賽規則,以針對該項比賽計畫要點加以準備;另一部分是主辦單位所規定的計畫。說、演故事的比賽標準通常有以下項目:比賽主題、比賽形式及內容、參加人數限制、比賽時間/場地、競賽時限、計時標準、評分標準、受獎標準、報名開始及截止日期等。如:生命教育親子說故事比賽,就是指比賽主題、比賽形式;參加人數限制,是指親子雙方各需要至少有一人參加,這「親」和「子」的比重應當相對的。比賽時間/場地,時間讓自己了解自己的進度,事前要先詢問場地的長、寬各幾尺,以便讓參賽者練習方位及走位。競賽時限,是指:(一)每隊說故事時間以 5 至 7 分鐘為標準;(二)依上項時間規定,講述時間不足 5 分鐘或逾 7 分鐘均予扣分;每不足或逾時 30 秒扣總平均分數一分,如未滿 30 秒者以 30 秒計算。計時標準:(一)以表演形式開始(依聲音或動作開始為基準)為計時之開始;(二)以表演形式結束(依聲音或動作結束為基準)為計時的結束。評分標準:(一)故事內容:40%(包括充實性、富啟發性、與生命教育的相關性);(二)語音、語調:30%(強調情感性與感染力,限國語發音;但為呈現真實情況時,穿插使用方言者不在此限);(三)儀態、表情:20%。這些要點都是參賽者所應該清楚的。

　　以下以正式比賽場合的表演結合讀者劇場或故事劇場、室內劇場、相聲、偶戲、及舞臺劇的應用,並略舉下列不同的實施方式:(一)不同故事文本用不同說、演故事方式;(二)不同故事文本用相同說、演故事方式;(三)同一故事文本用不同說、演故事方式。

　(一)不同故事文本用不同說、演故事方式:此方式通常用在表演比較多。這樣的比賽方式,通常主辦單位難以衡量他們所呈現的標準。如:以說故事比賽為例,倘若一組以偶戲參賽,另一組以舞臺劇方式呈現,評審對偶戲中操作戲偶的技巧以及舞臺劇中演員的神情、動作、表情,無法以一定的標準評分。因此,

　　較嚴謹的比賽，通常會把演出的範圍縮小，讓比賽的爭議性趨於零，讓參賽者能享有較公開、公平、公正的活動。

(二) 不同故事文本用相同說、演故事方式：在比賽時應用此種方式較多，通常比賽會以較便利的方式來進行，讓參賽者能感覺參加比賽並不難，否則一看到比賽辦法就打退堂鼓了。例如：目前正夯的全國創意偶戲比賽，因為比賽的團體很多而且戲偶的研發也越來越多種，因此又分為：1、手套偶戲類：凡以偶套於手中操作者均屬此，如布袋戲或指偶戲等；2、投影偶戲類：凡以偶影投射到螢幕者均屬此，如皮影戲或紙影戲等；3、綜合偶戲類：凡不屬以上1、2比賽的項目者均屬此，如懸絲偶、杖頭偶或綜合偶戲演出等。其次是政府為了促進新移民女性能及早對臺灣的認同在各縣市舉辦「新移民媽媽、親子說故事比賽」活動。期望藉由說故事比賽，讓新移民家庭的媽媽能善用圖畫書的功能——在家為孩子說故事，以促進家庭的和樂。所以比賽方式也非常簡單，只以說故事的方式辦理；至於親子間如何呈現就是個人的巧妙運用了。

(三) 同一故事文本用不同說、演故事方式：這樣的比賽性質不多見，在此不再敘述。

　　對於已經鎖定比賽方向的參賽者而言，賽前反覆的練習是必要的。比賽首重的是參賽者聲音要求：(一)必須清楚明確，能傳達一定的意義：舉凡音調的變化、字音的輕重，臺詞音調明朗性，音韻上的生動性，並且具有音律的節奏和速度。(二)必須賦予形象的變化，能傳達一定的情感：「聲」與「情」是臺詞藝術的兩大支柱，要使臺詞具有強烈的藝術感染力，達到動聽感人的目的。「聲」是臺詞的形式和手段；「情」是臺詞的內容和生命。(三)聲音的變化，要能表達人物的性格及心理狀態：進行人物再創造，講出具有性格化的語言。所謂：「聞其聲如見其人」，就是對臺詞性格化的要求。(詹竹薪，1997：153-155)揣測人物的聲音變

化上都應有適當的設計。以下分述幾種聲音的練習方式（詹竹薪，1997：287-293）：

（一）階梯型聲音變化練習：

如：

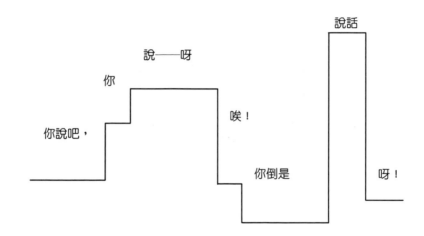

圖 7-2-1　階梯型聲音變化練習

（二）距離對話練習：

兩人站在一定的距離，互相喊話。

如：

明：媽——　媽——！

母：什麼事啊——？大呼小叫的——？

明：媽——，您——快——打——開——窗——子——看——！

母：這孩子，我正忙著——，沒有空——！

明：媽——您快看——對面朱伯伯家的客廳冒著煙……

（三）快口練習：

一口氣將該語句一氣呵成的唸完。

如：

我想和你們一起去放牛、去游泳，在山野裡大喊幾聲，我真想做你們的朋友啊！（一句）

你們知道嗎，你們……（語氣漸弱）

(四) 口吃練習：

口吃臺詞的設計，可以憋住氣，或以無聲的口形動作，或以延長尾音的說話上做練習。

如：

李伯母，您……您您您好（轉身介紹）這……這是敝友劉劉先生。

上述介紹了聲音的變化，接下來是動作的三個要素，是指：（一）「做什麼？」；（二）「為什麼做？」；（三）「怎麼做？」它們彼此互相關聯又相互約制。舉例來說你要招待一位突然來訪的客人，先要確認來訪客人與你的關係。可能是你的老同學，你的態度就要表現的極為熱忱；可能是你討厭的人，那麼你的態度就會表現的很冷淡。其次，還要掌握動作的基本步驟。動作是由意識、判斷、動作三個環節組成的，例如：大熱天回到家，看見桌上一杯開水，過去一摸，拿起來就喝下去了，一股涼快及舒服感覺湧上心頭。這時因為你已經事先知道有開水在桌上，所以判斷和動作兩個環節的技巧就要細部的表現出來。演員的每一個動作不是為了在舞臺上進行肢體的展示，更不只是為了出鋒頭，而是為了演出符合該角色的人物。當然，演員要注意的技巧上有許多，倘若以一位小學生來說，能體會肢體與聲音的變化應該是最容易意會的。

對於從未有上臺經驗的人而言，緊張的情緒會越接近比賽時間越強烈，如何放鬆心情以下例要項供參考：（一）放鬆身體：上場前在場外扭動身軀、活動四肢，以消除緊張。一旦上場，反而能不被緊張的情緒控制，充分表現自信，展現實力。（二）舒緩臉部肌肉：除了放鬆身體四肢，臉部的舒緩也很重要，我們可以做「臉部操」，用力的擠眉弄眼，緊閉雙

唇，再放鬆眉、眼、嘴唇，如此反覆收縮、放鬆臉部肌肉，可以讓臉部感覺鬆弛，有助於演說時吐字清楚，減少結巴、口吃的可能。（三）深呼吸：作深呼吸恐怕是消除緊張最普遍的方法，慢慢的深度的「呼」、「吸」，可以有效的控制身體和發音，還能鎮定思想、排除焦慮不安的感覺。（四）最有效的方法：那就是預先演練並充分準備，反覆再三地練習，直到內容、技巧都精熟為止。（王動陽，2006；陳知青譯，1986；崔立妍譯，1987）從預防緊張的角度而言，熟練才能有信心，才能面對觀眾時保持冷靜，所以預防的不二法門是「練習，練習，再練習！」

　　在生活中我們應當培養一顆敏銳的心，多看、多聽、多想的觀察力，勤作筆記、勤加練習。良好說、演故事的學習能夠使我們反應變得靈敏，且充分地表達自我的思想，使我們人際間的溝通更容易達成。

第三節　讀書會

　　目前讀書會種類非常多，本節將針對讀書會作概要的介紹，並針對說、演故事如何應用在讀書會上再加以說明。與兒童有關的讀書會性質有：（一）班級讀書會：對象以班級學生為主，由學校老師帶領，討論與交換生活經驗。（二）社區親子讀書會及社區兒童的讀書會：由專業老師帶領，讓社區親子之間以平等的態度自然交談與討論，學生的成員年齡較不一致，老師在帶領上需要有深入的技巧。讀書會的定義：讀書會是透過個人的閱讀與思考，與他人對話的過程；透過對話，使每個觀點充分激盪，尋找真理的各塊拼圖，共同建構圓滿的面相。（林美琴，1999）它應是一種以閱讀一本書為主軸的閱讀活動，此活動所有的流程與步驟，並非一成不變，而是彈性地依據成員的需求與特質來進行規畫。（王淑芬，1999）它更是一種學習團體，從做中領悟、做中學習，並從團體的互動與回饋中進行自我深度的覺察與培養反思的能力。（林振春，2001）從以上作家對讀書會的定義可知，讀書會是一種有彈性、多樣化的閱讀

聚會，在運作上依各個讀書會的團體目標差異而有不同，所能發揮的功能也會因為其實際運作方式的不同而有差異。它雖然是一種非正規的教育形式，但成員很清楚知道這個團體是以學習為目的，透過成員間的互動、討論，激盪出不同的看法。

　　班級讀書會所閱讀的文章可以是寓言故事、童話故事、兒童生活故事、兒童傳記、傳說、少年小說等，這些文本都是學生會接觸到的，但是倘若以少年小說而言，必須先從短篇小說開始讀起，以免學生突然要看長篇小說產生挫折感。班級讀書會，所規畫的時間可能是一天中的某一節，對學生的作息影響不大。通常是依主題概念進行：性別議題繪本如：《紙袋公主》、《頑皮公主不出嫁》、《薩琪到底有沒有小雞雞》；校園霸凌事件繪本如：《公園小霸王》、《不是我的錯》；生命教育議題繪本如：《再見，艾瑪奶奶》、《獾的禮物》、《傷心書》等。運用圖文並茂的繪本，來與學生共讀提出閱讀素材內容相關問題。除了文字知識的吸引之外，特別強調情意陶冶、生活經驗的體驗。而這樣的體驗可與第五章、第六章中說、演故事的演出方式結合。以下就以讀者劇場、故事劇場、室內劇場、相聲、偶戲、舞臺劇與讀書會的結合略作說明如下：

(一) 讀者劇場：這是一種最簡便，也最容易上手的活動。將學生分配好角色手持文本，將故事中精采的部分讀出，只要分配得好，讀劇中出現獨朗、合朗、輪朗、疊朗的音律之美。透過這樣的練習學生將文本又再一次品嚐，每讀一次就會有一次的感受。

(二) 故事劇場：可以讓學生分別依文本內容編劇，以一次演出為主，因為故事較長，每人所要記得情節較多，所以讓學生記得多少演多少，在即興創意中演出也會有不同的收穫。

(三) 室內劇場：將故事文本分成數幕，學生分組依幕次演出。每一組僅演一小部分，臺詞較少故較容易完成。

(四) 相聲：倘若要學生將故事情節變成相聲演出，劇本的形式要重新改過，對學生而言較為困難。

(五) 偶戲：戲偶對學生來說是非常親切的對象，學生操作著戲偶將心中的情感產生了「轉換」的作用。一般演出學生必須面對觀眾，對於害羞的學生而言是一大挑戰。如果將情感轉換在戲偶的身上，在操作的過程中可以忘了害怕。

(六) 舞臺劇：舞臺劇需要較多演出技巧的，倘若學生沒有經歷過此事，將無法意識到該人物的感受，經判斷出來的動作也會無法進入劇情。

　　社區親子讀書會及社區兒童的讀書會，由於來自四面八方，學生的年齡不一樣、家庭、學校的學習環境也不一樣。因此，所要導讀的問題應以因應生活問題為主，藉由要了解的生活問題再去尋找可切入的圖畫書、剪報、短篇文章、影片。

　　以下介紹我在社區圖書館帶領親子讀書會活動，且如何將劇場的活動導入讀書會中：

表 7-3-1　社區親子讀書會活動時間表

日期	書名／影片	內容	導讀老師	備註
9/5	自我介紹、兒童詩	親子（讀劇）	林秀娟	影印
9/12	《猜猜我有多愛你》	繪本（故事劇場）	林秀娟	圖書館代借
9/17	《大自然小偵探》	知識類	何藝文	影印
9/26	《蝙蝠與飛象》	短篇故事（對話）	林秀娟	影印
10/3	《明天過後》	影片	何藝文	DVD 出租店
10/4	影片討論	分享心得	何藝文	

(一) 讀者劇場：每期讀書會第一次活動，因為組員首次相見歡互相介紹之後，我會以兒童詩當開場活動，讓親子以讀者劇場模式讀詩，導讀完後，講解如何以讀者劇場讀詩，在讀詩中的無壓力、輕鬆的氛圍中，讓參與者減緩緊張的氛圍，且讓活動在不知不覺中，作當天活動的結束。以陳瑞璧（1989，232）中的消氣紙為例：

消氣紙

親：有一種包裝紙
　　塑膠的
子：有一個個小氣泡
　　壓下去會「嗶嗶剝剝」的
　　那種

1 組：有一種心情
2 組：喜歡把上面的氣泡
3 組：一個個壓破
4 組：聽它「嗶嗶剝剝」的
5 組：音響

All：嗶嗶剝剝
子：爸爸和媽媽吵架的聲音沒有了
All：嗶嗶剝剝
親：爸爸天天回家吃晚飯
All：嗶嗶剝剝
子：考不到一百分不會挨罵
All：嗶嗶剝剝
子：最喜歡吃的漢堡大減價
All：嗶嗶剝剝

親：消氣紙上的泡泡壓光了
子：我的氣也消了

(二) 故事劇場：以猜猜我有多愛你繪本故事，讓親子間依文本進行
　　動作創作，親子間多了肢體上的互動，活動中嘻笑聲不斷，感
　　受到家長都是很愛孩子的大家都很喜歡這樣的活動。
　　小兔子要上床睡覺了。他緊緊抓著大兔子的長耳朵。他要大兔子好
好的聽他說。

「猜猜我有多愛你」（小朋友在家長耳邊輕聲說）

「噢，我大概猜不出來。」大兔子說。（家長回應）

「我愛你這麼多」小兔子把手臂張開，開得不能再開。（小兔子把雙手打開）

大兔子有一雙更長的手臂，他張開來一比，說：「可是，我愛你這麼多。」（大兔子把雙手打開）

小兔子想：「嗯，這真的很多。」（疑惑）

「我愛你，像我舉的這麼高，高得不能再高。」小兔子說。（小兔子把雙手舉高，甚至墊腳尖）

「我愛你，像我舉的這麼高，高得不能再高。」大兔子說。（大兔子把雙手舉高，甚至墊腳尖）

……

小兔子閉上了眼睛說：「我愛你，從這裡一直到月亮。」

「噢！那麼遠。」大兔子說；「真的非常遠、非常遠。」大兔子輕輕的把小兔子放到葉子鋪成的床上，低下頭來親親他祝他晚安。（家長抱起孩子，摸摸她）

然後，大兔子躺在小兔子的旁邊，小聲的、輕輕的、微笑著說：「我愛你，從這裡一直到月亮，再……繞、回、來。」

對話〈蝙蝠與飛象〉：親子間一起圈出感動你們的對話，待會朗讀並分享為什麼？此部分由親子自行圈選，分享彼此的心得。

學習的發生，是來自學生從眾多刺激中作選擇的反應，並加以了解和熟悉；這些真正被學生所接受並反應的刺激，稱為「有效的刺激作用（Effective Stmulation）」，因此發問便是一項足以改變學生行為的重要技術。（張玉成，1999：5）運用發問的技巧，老師發問的最好方法是假裝很想知道答案，但是自己又不知道答案的樣子，藉此故意試探學生了解的程度，而引發討論。柯華葳和幸曼玲認為「討論」是一種說、聽和反

思的溝通過程，雙方在提出疑問與表達意見中，產生應用、解釋自己的觀念和改變、重組自己的看法。透過這個歷程，參與討論的人能由不同觀點來檢視議題，也在分享和衝突中讓彼此解決問題，包括接納別人的想法。（柯華葳等，1996）

　　參加讀書會後，許多參與者往往會有下列的發現及體會：（一）情緒能夠得到適當的紓解；（二）藉由團體的力量影響，督促自己去閱讀；（三）閱讀興趣獲得提升，閱讀範圍變得寬廣；（四）可以看到或聽到許多自己沒有想過的角度與想法；（五）生活因此更為豐富；（六）經由討論，可以很容易體會出事情的真相往往不是單一的思考變得更有創意、有彈性。透過讀書會的運作，參與者可以深入了解所閱讀的內容，學習討論、對辯的技巧，並培養思考能力和尊重別人意見及接受失敗、分擔責任的態度，並可體驗團結及共同生活的感受；而且所獲得的知識與日常生活直接相關，這些都是讀書會受到歡迎的原因。（王淑芬，1999；林美琴，2001）因此，讀書會中學生所感受的點不同，所引出的話題也就不同。如果再把說、演故事引進讀書會，那麼它的功效一定會倍增。

第四節　家庭聚會

　　家庭是孩子的第一個學校，父母是孩子一切的啟蒙老師，家庭對孩子的成長負有絕對的責任，家庭氣氛包含了物質與精神兩方面。物質是指食衣住行，精神是指父母親的文化水準、品德修養、文化藝術的興趣與愛好，這些都會影響孩子的品德修養。（何三本，2001：229）家庭的活動不外乎是陪孩子做功課、講故事、猜謎遊戲、談心、陪孩子參加各式的博物館或展覽，父母親的身教及言教影響孩子的一生。而家庭的聚會多半是烤肉、唱歌或是全家集體出遊；如何來點不一樣的家庭聚會，讓聚會的活動能與孩子在日常生活所學相關，又能提高家庭聚會品質才是重要。

　　家庭聚會的類型通常是以娛樂的性質居多，讓大家在工作之餘，在心靈上也能有些調適。因此，倘若能在娛樂間再加些不一樣的說、演故事活動，將孩子平常在學校所學的能力穿插在活動中，讓活動更多元化，也無非是不可能的事。家庭聚會最重要的便是規畫的人物，在家庭聚會中如果有人擅於規畫，活動則較易進行；其次是家庭中要有至少一位具有喜感的人物，能帶動整個的活動氣氛。在表演的過程中，大家也能有觀摩學習互為楷模的機會。再次是家庭聚會參與人員應以家族間成員為主，目前家庭普遍以三代聚會為主，倘若有同好要參與也無妨。聚會的日期可以選擇在某一個特殊節日，如：中秋節、農曆過年等，或以某一個家族間值得祝賀的日子。聚會的地點可以在家裡、或某個大家選定的聚會場合，如：餐廳、咖啡館、野外等。演出的形式可以事前規畫好，也可以集體即興表演。事前已規畫好的內容，活動過程較容易掌控；倘若臨時即興演出，則要孩子願意配合，家長倘若也能參與一角，不僅能有老師入戲的引導，更能融合整個氣氛。

　　以下便以前兩章所說的劇場型式讀者劇場、故事劇場、室內劇場、相聲、偶戲、舞臺劇運用於家庭聚會中，希望能帶給讀者更多的助益：

(一) 讀者劇場：這是一種最簡便，也最容易上手的活動。主導者能事先準備好詩歌、劇本，影印數份後再分配角色。手持文本將故事中精采的部份讀出，只要分配的好，讀劇中就會出現獨朗、合朗、輪朗、疊朗的音律之美。通常以讀詩最容易達到預期的效果。

(二) 故事劇場：可應用於家庭中的共讀活動的延伸，只要有一條故事線，一個簡單的情節，就可以獲得孩子們安靜，安靜的聽完故事後安排個演出活動。每次家庭聚會時，由於人數較多，可以讓孩子依文本內容編劇或改編，家長可以在旁邊協助，或參與演出。

(三) 室內劇場：將故事文本分成數幕，依小家庭分組依幕次演出。每一組僅演一小部分，臺詞較少所以較容易完成。

(四) 相聲：家庭聚會中要以故事情節變成相聲演出對一般的孩子較困難，除非他在學校有接觸過。倘若以社會事件或家族成員的故事串連較易完成；但是家族中說唱角色的確定是一大關鍵，是可遇而不可求的。

(五) 偶戲：戲偶對孩子來說是非常貼心的玩伴，對年長的長輩來說更是童年回憶。他們會說的：「想當初雲州大儒俠，是轟動武林驚動萬教的一齣戲。」，那是艱苦時代中甜美的回憶。有些長輩還會手操戲偶到校園裡指導一番。

(六) 舞臺劇：需要較多的排練，所以較不適合在家庭聚會中演出。

　　家，是深耕閱讀的重要環節，將閱讀立體化變成兒童劇並不一定要在舞臺上表演，它更是親子之間最甜蜜的遊戲。家庭戲劇是非常有創意的活動，因為它不一定要有華麗的背景或戲偶，在家裡只要準備簡單的一塊布，加上父母的引導和無限的想像，親子就可一起「玩」出一齣兒童劇。用過的襪子、手套、毛巾都可以充作兒童劇裡的角色，你只要將家中的物品加上兩個眼睛，偶的感覺就馬上出來了。兒童劇應該是親子共賞的活動，當看完一齣戲後，親子間會產生更多的互動和共同的話題，父母還可從孩子喜歡的角色身上，探究孩子的內心，進而協助孩子解決問題，甚至可以親子立即性的來一場即興表演。家庭劇場主要的目的有：（一）提供同樂的方法，增進親子情感。（二）藉此提升孩子的創造力。（三）保持和諧的家庭氣氛。（四）提醒父母，孩子是深具潛能的。此外，也希望透過「家庭劇場」最為兒童表達心中情感的管道及訓練工具。（游乾桂，1988：74-75）

　　家庭聚會倘若以戲劇來加深親子感情是最好不過的。因為以兒童愛模仿的特性讓孩子主導，他會將他喜愛的情景；也許是電視的、也許是繪本中的，擁有那樣的情景，不過別過於要求演出是否完美。（游乾桂，1988：74-75）讓孩子以日常生活取材，從玩中學習到的知識最佳，如：

《我的家》、《百年洋蔥賊與鹹蛋警察》。因為這只是一齣孩子想像的戲，要孩子從事創作一定要有愛心、耐心與恆心。通常是越有趣味，學生閱讀越容易進入情況。

　　一般家庭過年都會發紅包給孩子，我家也不例外。但是必須要有演出活動才行。每年媽媽的生日農曆十二月六日一到，小孩子們便要抽籤登記農曆過年時的演出順序及填寫細項。過年回娘家那天，我們大人負責作播放音樂、照相、錄影等打雜的事，小孩子則依照編號出場表演，表演完畢向爺爺奶奶拜年領紅包。全部表演完畢，票選出最佳表演獎再加碼給予獎金，有時會再來一個桌球空拍 PK 賽或是踢毽 PK 賽。今年的過年則仿效「百萬小學堂」設計有關林家的故事問題。如：我們的家鄉在哪裡？爺爺奶奶在哪一年結婚？林〇祐在那一年出生？這週誰掉了一顆牙？……以 2008 年農曆過年我家中孩子演出活動為例：

表 7-4-1　林家歡喜過春節才藝秀

編號	姓名	演出內容	備註
1	林〇琪	古箏	小桌子當古箏架
2	孫〇傑	魔術＋說笑話	撲克牌
3	孫〇恩	英語演說	
4	林〇均	競歌熱舞	CD
5	田〇云	扯鈴	扯鈴
6	林〇芳	搖擺呼拉圈	呼拉圈
7	林〇茹	童話故事	
8	林〇祐	爬行	

第五節　其他場合

　　說、演故事表演應用的活動場合在前面幾節都已分別敘述過，本節將再敘述數個其他場合供大家參考。

(一) 營火晚會：

政府機關或民間團體都會辦理育樂營活動。有的是有主題的育樂營，如：讀經育樂營、科學育樂營、與海豚共舞育樂營、棒球育樂營等，這種主題式的育樂營通常活動的天數較多，主要的課程都規畫在白天，晚上則安排晚會活動。晚會活動有分為室內表演活動及室外的營火晚會。而以營火晚會較能帶動現場氣氛。營火晚會的儀式、功能、技巧等不另加說明，僅以活動中可帶入的說、演故事活動為主要述說事項。營火的活動中，因為光線不足戲偶較不明顯、舞臺劇所要呈現的是感情的內在張力，此二者在晚會較不宜採用。晚會活動中以讀者劇場、故事劇場、相聲較能產生效果。將分述如下：1、讀者劇場：以讀劇的方式來分享故事；2、故事劇場：以故事劇場將毛利克在叢林裡與動物們相處的情形演出，並以遊戲穿插其中；3、相聲：將重責大任託付給幾位在戲劇表演上較放得開的成員，讓組員將所要表達的意念傳達，其中再穿插當時流行的語料。

(二) 圖書室：

本學期我利用午休時間在圖書室說故事實施了一學期後，發現每次說完故事學生總是搶著去尋覓那本書。這樣的說故事活動以低、中年級最易接受。高年級的學生則因敘述性的情節描繪太久易失去耐心，改採用自由閱讀的活動。說故事有助於：1、提升學生的閱讀動機；2、提升語文能力；3、增加與同儕、家人分享好書的機會；4、學生成就感的獲得與自信心的提升；5、學生發現更多好書；6、讓學生更願意將家中的好書帶來學校分享。（趙淑雲，2003：102）如何將戲劇活動帶入圖書館，讓圖書館不僅是放書的地方，它更是個欣賞戲劇的地方。開闢一個固定時間與高年級固定學生共同討論演出戲劇，將此週討論的活動，於下週星期二第二節下課時間在圖書館公

開演出。利用第二節下課二十分鐘，演出時間以十五分鐘至二十分鐘為限；演出的類型則以前兩章中六種方式為例。現列舉讀者劇場、故事劇場、相聲三種可行性較高者加以敘述：

1. 讀者劇場：固定每週五中午指導學生以讀者劇場的方式讀詩，每週五每人帶一篇詩體，選定演出篇名予以討論，分配讀劇次序並且實際演出。於下週二第二節下課時間於圖書室加以演出。

2. 故事劇場：選擇較有童趣的故事書加以演出賦予生命力。老師推薦書籍，由學生共同討論選定，討論演出角色後並練習演出。於下週二第二節下課時間於圖書室予以演出。

3. 相聲：要改編故事對學生而言較困難，以學生熟悉的校園生活事件為主，將同學認為有趣的校園話題帶入，自行加以組裝改編。讓大家對於身旁的事務能多一些觀察力，將看到的問題訴諸文字說、演出來。

(三) 同樂會：

　　每學期期末多數班級都會舉辦同樂會，為這半年來的師生關係、同儕合作於尾聲時加以祝賀，同樂會的表演方式大都以才藝表演及即興演出活動為主。依前兩章所說的演出類型，在同樂會的活動中以讀者劇場、故事劇場、偶戲演出的效果較優。而即興就是不加以預演，以大家溝通好的細節演出。在此將建議以本學期國語課本中有故事線文體加以演出。因為曾經上過的課程大家都較熟悉，故事劇場即興演出時也較能取得共鳴。將學生分成三組分別實施下列三種劇場：

1. 讀者劇場：以課文中的詩歌體加以分配讀劇人，現場演出。

2. 故事劇場：以課文中的故事體加以分配演出人員，現場演出。

3. 偶戲：可將劇情配合教室環境加以演出。將餐桌變成戲臺，
　　將抹布、拖把、拖鞋、板擦等只要再裝上兩個眼睛就是一個
　　人物了。至於故事可以課文為主，也可以圖畫書為主。

　　說、演故事的應用應該是多元的，只要說演者有意圖、有觀眾，就
可以把它的功效凸顯出來。

第八章　結論

第一節　重點的回顧

　　並非正科師範生出身的我，在代課數年後考上正式老師。這八年的代課生涯，讓我著實的體會到和學生相處在一起的樂趣。也因為這股樂趣，讓我勇往直前，如願的成為一位正式的老師，我也深深的勉勵自己一定要當位稱職的好老師。於是我參加研習、努力看書，將所學實際應用於教學上，再從教學中去作修正教學，期望藉由自己的努力彌補師資培訓過程中的不足。在指導的過程中發現學生喜歡聽故事、喜歡扮演活動、喜歡在遊戲中去探究為什麼？而引導學習的過程無非是將學生的被動化為主動，從學生喜歡的聽故事裡思考，該如何引導他們去看故事？從學生喜歡的扮演活動中衡量，該如何引導他們從事有意義的表演？也因此，我將本研究的範圍設定在閱讀教學與戲劇教學，又因覺得戲劇教學這名詞感覺與國小學生非常疏遠，希望能尋找出一個對學生較貼近的詞，以說、演故事來取代不僅有戲劇的意涵在裡頭，更將名詞的戲劇二字給鮮活化了。

　　不單是說、演故事，只要是需要耗費較多時間的活動，通常老師們都不喜歡參與。老師們不喜歡原因有趕進度沒有更多時間可以運用、沒興趣、想做但是對說演的呈現方式不懂、教室經營難以掌控等。課程通常是可以作橫的聯繫的，一個活動不是一個學習領域就可以完成，最完善的是各學習領域間的配合。沒興趣就是不想做，有些課程不該只以老師的角度來認定，倘若如此學生的學習長期下來就會有所偏頗。還有就

是為師者應當有一顆勇於嘗試的心。老師們的問題其實是可以破解的！
期望能尋求到解決之道。

　　因此，我開始著手收集有關說故事、演故事、閱讀教學、戲劇等文
章，由他人的理論在第二章的文獻探討中加以擷取應用，了解各個詞意
的定義以及其功用；再尋找說故事、演故事與閱讀教學活動之間的關聯，
試圖從中佐證讓資料可以更完善。在第三章說到本理論屬於理論建構，
經由命題的建立到命題的演繹及其相關條件的配置等程序而完成一套具
體系且有創意的論說。依我的能力及時間，就我所經驗、意識到的作整
理、討論，從中去探究閱讀與說演故事間的關係。所以必須運用現象主
義、敘事學等方法。依據周慶華在《語文研究法》中對心理學方法的說
法是：語言現象或以語言形式存在的事物所內蘊的心理因素的方法。也
就是說，個體行為包含了個人行為與社會行為。其中個體行為就得端視
其認知發展而定，而社會行為有可依角色理論、強化理論、認知理論來
解析。角色理論，該角色因為所屬的職位不同，常會透過群體及個人的
相互作用來影響其行為。強化理論，只透過刺激與反應之間的關係影響
其行為。至於認知理論，則是透過認知結構來解釋影響其行為的原因。（周
慶華，2004：80-86）

　　第四章將閱讀教學的課題，就整個教育現場的現狀與缺漏作一分
析。「如果我們是充滿期待而自發性的去讀書，那麼我們很容易進入狀況
樂在其中；如果我們百般不願意地被迫拿起書本，那麼讀書將淪為一項
無聊透頂的功課」。這樣的閱讀真有其效果嗎？反觀學生最愛的莫過於演
戲了。「將故事透過活潑多元的戲劇呈現，讓學生表演書中的角色，引導
對閱讀活動的喜愛。學生們對於看自己的同伴演戲都有高度的興趣，自
己也會很想要嘗試。然而，此項活動須經老師費心指導，學生花時間排
練，否則角色扮演會變成一場鬧劇。」（賴素玲，2005：39）從眾多的研
究中綜合意見；制式化的填寫學習單及閱讀心得報告的功課，為師者是
該審慎思考的。大部分的學者都鼓勵大量的閱讀經典小說，等到學生詞

彙儲存量夠多了，就能一次揮筆自如。如果在小學就強迫要寫一大堆學習單，不僅抹煞了寫的樂趣、也抹煞了閱讀的美事。因此，了解如何從平面的閱讀教學進行到鮮活樂趣的說、演能力上以及未來科技如何在這閱讀上作更大更廣的展延，也就成了第一線教師所要努力的目標。

　　第五、六章提到從閱讀活動結合說、演類型，讓閱讀的效果相乘，成果加倍。單一的故事寓言、童話、兒童生活故事、兒童傳記、傳說、少年小說閱讀活動為例，除了引導學生將文本加以閱讀；透過閱讀理解來評量學生的理解程度，其方式有閱讀理解測驗、故事重述、問問題、克漏字測驗、錯誤偵測等數種；其中「故事重述」就是施測者看受測者是否注意到故事的細節、概念及其他內容。藉由故事的重述、排練、同儕的對話了解故事的基模與架構，以及字彙的使用和片語能力與事件時序的排列，也可了解學生是否真正了解該故事。（吳姿倩，2008：12-15）也因此，將說、演故事的活動方式引入閱讀活動，讓學生在「故事重述」的經驗中，透過說、演活動將故事文本再次如鏡面轉移一般，呈現在自己的身旁。這樣的作用正符合學生愛玩、愛創作的個性。然而，這樣的歷程較費時，所以，教師在指導過程中得與其他學習領域互相結合。而希望能給在教育現場最前線的老師一些參考資料，並能運用在教學上，不怕麻煩、帶領風潮。建議能運用在教學上，每年的課程規畫中可實施兩種文本及一種戲劇搭配使用就可以了。不必求多，但求能有效的應用。

　　第七章則是其他場域的應用建構，各相關場域在生活中也是經常應用得到的。如表演、比賽、讀書會、家庭聚會、營火晚會、圖書室、同樂會。可見說、演的活動在生活中是經常被發掘的。這種需要再轉換產出的歷程能夠締造新機，也就是再創作是人類文化再提升的表徵，是一種能力的表現。這種二度轉換的歷程是為「展現生機」的好辦法；倘若轉換成功了，那麼很可能會回饋給相關的創作而刺激另一波的「創新之旅」（當然也有不經過二度轉換而直接創作綜合藝術品的）。

　　在我對閱讀工作的努力推行後，有一種無力感是——家長協助的區塊很難啟動。父母是影響孩子一生的關鍵人物，大人尚無法理解培養閱讀的習慣，對孩子日後的知識、想像力、人格行為的養成等難有一番助益。借用一句廣告詞「愛閱讀的孩子不會變壞！」父母親要如何以身作則培養孩子閱讀的習慣？大家不得不深思這個問題。因此，提升閱讀的主要方法應當是家庭及社會一起努力，培養閱讀的好習慣，才是促使學生變得更有內涵、更有學識的根本之道。

第二節　未來研究的展望

　　九年一貫的推動是向下紮根的第一步，培養兒童的思考、語言、知識、藝術品味、自我意識、群體意識、社會規範、處世技巧等，年齡層低的可偏向傳達簡單的事項及行為的說、演學習；年齡層越高，內容的教育意義也宜越隱越深，蘊藏高度智慧及處世哲學。（莊惠雅，2001：110）在國語科的學習當中，除了基本的語文活動外，培養兒童的人文素養也相當重要，而人文素養是在潛移默化中方能養成。因此，透過角色扮演讓兒童可以身歷其境，體驗到另一種人生經驗，說、演故事運用在國語科的教學，有相當多的表現。語言能力的發展，有賴於大量的閱讀與模仿，劇本的研讀與創作將可幫助兒童培養閱讀的興趣和習慣。此外，兒童在排演一齣戲時，口齒的清晰與否，佔了重要的因素，可見語言是表情達意的媒介。在情意豐富的語言環境裡，兒童才能體會到語言的感覺和意義，培養正確的語感。另外，在劇本的創作與改寫方面，教師或領導者要注意劇本的選擇必須配合兒童的語言發展，才不會增加兒童在閱讀理解上的負擔；而在劇本的選擇上，遣詞用字，要力求簡單淺顯，具體形象，而且聲音動聽，務使學生一看就能唸，一唸就能懂，享受獨立閱讀的樂趣，培養文字閱讀的信心。因此，跨世紀的九年一貫新課程應該培養具有多元的學習面向。

　　本論述受到時間及我個人能力不足的限制，因此只能在理論建構中隨機加附實務經驗給予彌補；此外，各場域中不同的說、演方式及故事文本並非都一致的，教案中的細節部分也有待教學者自行再修正使用；還有各類型的文學文本非常的廣闊，各類說、演的活動也在多樣化中一直延伸，這些都有待未來伺機再別為關注討論。在選擇文本時，僅能就我所熟悉的、接觸過的加以整理應用，說、演的活動也以校園中常見的為主，尚有許多我能力所不及處理以及無法納入研究的部分，同樣可以一併另行展望。希望這份論述能產生拋磚引玉、帶領風潮的效用，在忙碌的校園生活中，大家能不怕麻煩、勇於創新。期待未來有更多的同好能一起為語文及藝術與人文領域再度的創新，讓教育的靈泉奔流不息。

參考文獻

丁聲樹（2005），《現代漢語詞典》，北京：商務。

子魚（2007），《說演故事空手道》，臺北：天衛。

尹世英（1994），《劇場管理》，臺北：書林。

王文華（1998），《草魚潭的孩子》，臺北：小兵。

王桂蘭（1999），《遙遠的故事──古代神話傳說》，臺北：萬卷樓。

王萬清（1999），《多元智能創造思考教學》，高雄：復文。

王瓊珠（2004），《故事結構教學與分享閱讀》，臺北：心理。

王蘭（1993），《紅公雞》，臺北：上誼。

天下雜誌教育基金會策劃·編著（2008），《閱讀，動起來》，臺北：天下。

中華民國課程與教學學會主編（1999），《九年一貫課程之展望》，臺北：揚智。

白冰（1986），《雁陣》，香港：新亞洲。

田耐青等（2007），《閱讀達人是教出來的》，臺北：大好。

田瑞卿（2002），《神話在國小課程上的運用》，臺東：臺東師範學院兒童文學研究所碩士論文，未出版。

江文明（2005），〈RT 如何教讀者劇場 〉，《English works No.23 讀者劇場》，臺北：東西。

江連居主編（2002），《兒童讀書會樂趣多》，臺北：手藝家。

何三本（1995），《幼兒故事學》，臺北：五南。

何三本（1996），《幼兒教育輔導工作研討會論文集》，臺東：臺東師範學院。

何三本（1997），《說話教學研究》，臺北：五南。

何三本（2001），《九年一貫語文教育理論與實務》，臺北：五南。

李文彬譯（1993），佛斯特著，《小說面面觀》，臺北：志文。

李志強等譯(2007)，莎莉絲著，《即興真實人生──一人一故事劇場中的個人故事》，臺北：心理。

李忠屏（2004），《數位科技輔具生字教學系統對國小二年級學生國語科學習成效之研究》，屏東：屏東師範學院教育科技研究所，碩士論文，未出版。

李坤崇（2000），《課程統整與教學》，臺北：揚智。

李雪莉（2003），《臺灣的閱讀危機》，臺北：天下。

李瑞騰（1991），《臺灣文學風貌》，臺北：三民。

李潼（1986），《認識少年小說》，臺北：中華民國兒童文學學會。

余光中（2008.5.15），〈句短味長說幽默〉，《中國時報》E7版，臺北。

余振民譯（1997），威爾金森著，《教育的藝術》，臺北：光佑。

吳英長（2007），《兒童文學與閱讀教學》，臺東：吳英長老師紀念文集編委會。

吳明清等（2001），《九年一貫語文統整教學學術研討會論文集》，臺北：臺北市立師範學院。

吳姿倩（2008），《故事結構與理解能力對國小學童之閱讀理解的影響》，屏東：東教育大學教育心理與輔導研究所碩士論文，未出版。

吳啟縱（2008.5.30），〈大理皮影戲 顛覆童話印象〉，《國語日報》E16版，臺北。

吳惠玲（2003），《小學老師與兒童閱讀活動──以一個小學老師為例》，臺東：臺東師範學院兒童文學研究所碩士論文，未出版。

吳燈山（2007），《幽默說話課》，臺北：小魯。

吳鼎（1980），《兒童文學研究》，臺北：遠流。

沈中偉（2005），《科技與學習》，臺北：心理。

汪琪（1984），《文化傳播》，臺北：三民。

杜紫楓（1990），《演的感覺真好》，臺北：富春。

周小玉譯（2001），華倫著，《戲劇抱抱》，臺北：成長基金會。

周慶華（2002），《故事學》，臺北：五南。

周慶華（2004a），《語文研究法》，臺北：洪葉。

周慶華（2004b），《創造性寫作教學》，臺北：萬卷樓。

周慶華（2007），《語文教學方法》，臺北：里仁。

林文鵬（2008），《表演藝術在教學上之運用/以國小六年級為例》，臺東：臺東大學兒童文學研究所碩士論文，未出版。

林文寶主編（1989），《兒童文學論述選集》，臺北：幼獅。

林文寶（1994），《兒童文學故事體寫作論》，臺北：毛毛蟲兒童哲學基金會。

林文寶等（1996），《兒童文學》，臺北：五南。

林文寶等（2003），《兒童文學》，臺北：五南。

林玉体（1992），《說故事的技巧》，臺北：時報。

林良（1986），《認識少年小說》，臺北：中華民國兒童文學學會。

林志忠等（2003），《世代教師的科技媒體素養》，臺北：高等。

林玫君譯（1994），沙里斯貝莉著，《創作性兒童戲劇入門》，臺北：心理。

林玫君（2005），《創造性戲劇理論與實務》，臺北：心理。

林秀英（2004），《美術班少年小說閱讀指導之研究──以生命教育的探索為例》，臺東：臺東大學兒童文學研究所碩士論文，未出版。

林秀娟（2001），《閱讀討論教學對國小學童閱讀動機、閱讀態度和閱讀行為之影響》，臺南：臺南師範學院教育研究所碩士論文，未出版。

林佩璇（1996），《合作學習》，臺北：五南。

林武憲（1989），《兒童文學詩歌選集》，臺北：幼獅。

林武憲（1993），《兒童文學與兒童讀物的探究》，彰化：彰化文教。

林美鐘（2002），《屏東縣國民小學中高年級學童閱讀興趣調查研究》，屏東：屏東師範學院國民教育研究所碩士論文，未出版。

林振春（1997），〈從圖書館推廣服務談讀書會與家庭閱讀運動〉，《北市立圖書館館訊》，15‧1。

林振春（2001），〈培養閱讀風氣　營造學習風氣〉，《社教雙月刊》，2，4-5。

林海音譯（1976），《伊索寓言》，臺北：國語日報社。

林惠真主編（2001），《社會新興議題與彈性課程實施》，臺北：國際村。

林筠菁（2006），《運用故事教學發展學童同理心之行動研究》，屏東：屏東教育大學教育行政研究所碩士論文，未出版。

林煥彰（2007），《花和蝴蝶》，臺北：民生報社。

林葳威（1999），《朗讀演說入門》，臺北：國語日報社。

林麗英（1998），《家有學語兒》，臺北：信誼。

林顯水（2004），《車城鄉志》，車城：屏東車城鄉公所。

邱翠珊（2004），《故事教學對國小二年級學生語文能力的影響》，屏東：屏東教育大學國民教育研究所碩士論文，未出版。

姜佩君（2004），《屏澎湖民間故事研究》，臺北：里仁。

南一書版社（2007），《教師手冊四年級下學期第三單元》，臺南：南一。

范信賢（1998），〈「學生生活經驗中心」的道德課程編寫與教學〉，《教育部臺灣省國民學校教師研習會》，臺北：教育部。

洪月女譯（2001），古德曼著，《談閱讀》，臺北：心理。

洪文瓊（1989），〈少年小說的界域問題〉，《兒童文學論述選集》，臺北：幼獅。

洪杏銀（2001），《「教師即研究者」之行動研究：故事教學在低年級教室之實施》，嘉義：嘉義大學國民教育研究所碩士論文，未出版。

洪蘭（2006），《良書亦友》，臺北：遠流。

洪蘭（2008），《通情達理：品格決定未來》，臺北：遠流。

馬景賢（2000），《跟父母談兒童文學》，臺北：國語日報社。

胡寶林（1986），《兒童戲劇與行為表現力》，臺北：遠流。

祝振華（1980），《怎樣講故事說笑話》，臺北：黎明。

施常花（1986），〈論少年小說欣賞的教育心理療效功能〉，《認識少年小說》，臺北：中華民國兒童文學學會。

姜佩君（2007），《澎湖民間故事研究》，臺北：里仁。

柯華崴等（1996），《皮亞傑與維高斯基的對話手冊》，臺北：臺北市立師範學院兒童發展中心。

翁聿煌（2009.3.14），〈讀者劇場——引導學生愛上閱讀〉，《自由時報》E7 版，臺北。

徐世瑜主編（2002），《統整課程發展：協同合作取向》，臺北：心理。

夏明華（1991），《有效的說話教學策略》，臺北：臺北市教師研習中心。

袁珂（1987），《中國神話傳說》，臺北：里仁。

孫惠柱（1994），《戲劇的結構》，臺北：書林。

陳千武（1993），《謎樣的歷史——臺灣平埔族傳說》，臺北：臺原。

陳仁富譯（2001），海尼著，《即興表演家喻戶曉的故事：戲劇與語文教學的融合》，臺北：心理。

陳杭生主編（1986），《教材戲劇化教學研究——腳本編寫勢力一百篇》，臺北：臺灣省國民學校教師研究會視聽教育館。

陳玉玲（2007），《國小國語教科書寓言教材研究》，屏東：屏東教育大學中國語文學系碩士論文，未出版。

陳悌錦（2006），《故事高手 20 招》，臺北：國語日報社。

陳崇建（2007），《臺灣之光——王建民的故事》，臺北：文經。

陳淑敏（2006），〈如何引導幼兒閱讀故事書以增進幼兒的語言發展〉，《屏東教育大學學報》，24，41-60，屏東：屏東教育大學。

陳雁齡（2002），《中部地區推行閱讀活動及國小學童參與閱讀活動現況之調查研究》，臺中：臺中教育大學。

陳淑琴（1998），〈語文教育的另類選擇——全語文教學觀〉，《國教世紀》，2 月號，11-14。

陳蒼多譯（2001），毛姆著，《非道德小故事》，臺北：新雨。

陳麗桂等主編（2007），《中小學藝術與人文學習領域之教學與實務》，臺北：師大書苑。

陳蘭村（1997），《中國傳記文學發展史》，杭州：語文。

張允中（2002），《做一個人見人愛的說故事高手》，臺北：宇河。

張玉成（1999），《教師發問的技巧》，臺北：心理。

張世忠（2002），《九年一貫課程與教學》，臺北：五南。

張子樟（1998），《閱讀的喜悅》，臺北：九歌。

張文龍（2005），〈聽說讀寫的戲劇活動〉，《English works No.19 讀者劇場》，臺北：東西。

張宛靜（2007），〈讀者劇場於英語教學上的應用〉，《網路社會學通訊期刊》，66，檢索日期：2009.05.12，網址：www.nhu.edu.tw。

張清榮（1991），《兒童文學創作論》，臺北：富春。

張湘君等（2001），《多元智能輕鬆教——九年一貫課程統整大放送》，臺北：天衛。

張瑞菊（2002），《情意導向兒童閱讀教學活動設計之研究》，屏東：屏東教育大學國民教育研究所碩士論文，未出版。

張曉華（2003），《創作性戲劇教學原理與實作》，臺北：成長。

郭宗烈（2006），《修辭技巧融入童詩教學之可行性研究——以國小五年級為例》，屏東：屏東教育大學國民教育研究所碩士論文，未出版。

教育部（2001），《國民中小學九年一貫課程暫行綱要》，臺北：教育部。

教育部（2003），《國中小學九年一貫課程綱要：語文學習領域》，臺北：教育部。

教育部（2008），《九年一貫課程綱要》，檢索日期：2009.05.12，網址：http://dl2k.dc2es.tnc.edu.tw/capability。

教育部（2009），《教育部重編國語辭典修訂本》，檢索日期：2009.07.10，網址：dict.revised.moe.edu.tw。

莫莉譯（1995），伯頓著，《五毛錢的願望》，臺北：智茂。

許慧貞譯（2001），錢伯斯著，《打造兒童閱讀環境》，臺北：天衛。

黃沛榮（1984），《史記論文選集》，臺北：長安。

黃郇英（2005），《幼兒文學》，臺北：心理。

黃政傑等（1996），《合作學習》，臺北：五南。

黃連從（1988），〈文學作品戲劇化的教學探討〉，《兒童閱讀指導學術研討會論文集》，臺北：中華民國兒童文學學會。

黃雲輝（1979），〈推動國校講故事活動的意義及其方法運用〉，《教育輔導月刊》，12，48-52，臺北：臺灣師大。

游乾桂（1988），《家庭劇場》，臺北：桂冠。

莊惠雅（2001），《臺灣兒童戲劇發展之研究》，臺東：臺東大學兒童文學研究所碩士論文，未出版。

楊佳惠（2000），《創造性兒童戲劇研究》，臺東：臺東大學兒童文學研究所碩士論文，未出版。

楊家興（2000），《自學式教材設計手冊》，臺北：心理。

楊洲松（2003），《E世代教師的科技媒體素養》，臺北：高等教育。

楊惠菁（2005），《國小學童對於不同媒體形式文本的閱讀理解比較——以紙本童書和電子童書為例》，臺東：臺東大學兒童文學研究所碩士論文，未出版。

葛琦霞（2002），《教室V.S劇場 好戲上場囉！》，臺北：信誼。

葉怡均（2007），《我把相聲變小了》，臺北：幼獅。

萬瓊月（2002），《國小學生兒童讀物之閱讀興趣、閱讀態度及閱讀推動方案之研究——以龍豐國小為例》，臺東：臺東大學兒童文學研究所碩士論文，未出版。

甄曉蘭（2003），《課程行動研究——實例與方法解析》，臺北：師大書苑。

鄒文莉（2005a），〈讀出細胞──讀者劇場〉，《English works No.19 讀鄒文莉（2005b），〈有效又有趣的讀者劇場〉，《English works No.21 讀者劇場》，臺北：東西。

趙淑雲（2003），《運用說故事活動推廣兒童閱讀之研究》，臺東：臺東大學兒童文學研究所碩士論文，未出版。

趙雅博（1990），《知識論》，臺北：幼獅。

趙鏡中（2000），〈國小國語文課程與教學模式探討〉，《K-12 語文教育與統整性課程國際學術研討會論文集》，臺東：臺東師範學院語教系等。

趙鏡中（2001），〈國語文統整教學的「統整」在哪裡？〉，《九年一貫語文統整教學學術研討會論文集》，臺北：臺北市立師範學院語文教育學系。

齊若蘭等（2003a），《閱讀～新一代知識革命》，臺北：天下。

齊若蘭（2003b），《芬蘭教育──世界第一的秘密》，臺北：天下。

廖春文主編（2001），《九年一貫統整課程：理念與設計實例》，臺北：五南。

廖春文主編（2002），《九年一貫新興議題──主題統整課程設計實務》，臺北：師大書苑。

廖順約（2006），《表演藝術教材教法》，臺北：心理。

臺中市萬和國中（2008），〈讀圖〉，檢索日期：2008.12.15，網址：http://140.111.1.12/junior/scouting/tc_jr/318/01.htm。

漢聲雜誌（1984），《鱷魚放假了》，臺北：漢聲。

鄭燕祥（2006），《教育範式轉變：效能保證》，臺北：高等教育。

鄭鳳珠譯（2005），〈故事寫作的關鍵〉，《English works No.21 讀者劇場》，臺北：東西。

鄭黛瓊（1999），摩根著，《戲劇教學──啟動多彩的心》，臺北：心理。

鄭麗玉（2002），《認知與教學》，臺北：五南。

蔡正龍（2003），《教師運用「教學計畫與課程發展輔助系統」在統整課程之個案研究》，嘉義：嘉義教育學院國民研究所碩士論文，未出版。

蔡尚志（1990），《兒童故事原理》，臺北：五南。

蔡典謨（1996），《協助孩子出類拔萃──臺灣、美國傑出學生實例》，臺北：心理。

蔡育妮（2004），《繪本教學對國小一年級學童閱讀動機與閱讀行為之影響》，屏東：屏東師範學院國頻教育研究所碩士論文，未出版。

蔡玲（2004），《打造孩子閱讀的桃花源：親子共讀指導手冊》，臺北：臺北市政府。

蔡清田（2004），《課程統整與行動研究》，臺北：五南。

蔡雅泰（2006），〈從創作本質談作文教學策略〉，《師友月刊》，5 月號，臺北。

蔡穎卿（2007），《媽媽是最初的老師》，臺北：天下。

劉信吾（1999），《教學媒體》，臺北：心理。

劉純芬譯（2005），《假戲真做，做中學：以戲劇作為教學工具，幫助學生有效進入主題學習》，臺北：成長基金會。

劉穎韻（2006），《國小低年級兒童閱讀理解之個案研究——以寓言體為例》，臺北：臺北市立教育大學兒童發展研究所碩士論文，未出版。

劉鳳芯譯（2000），諾德曼著，《閱讀兒童文學的樂趣》，臺北：天衛。

潘麗珠（2008），《閱讀的策略》，臺北：商周。

謝佩芝（2006），《故事——打開兒童成長大門的金鑰匙》，臺北：書泉。

謝美寶（2003），《國小學生閱讀態度、家庭閱讀環境與閱讀理解能力關係之研究》，屏東：屏東師範學院國民教育研究所碩士論文，未出版。

謝華馨（2003），《應用創作性戲劇說故事教學活動之研究——以安和國小一年級為例》，臺東：臺東師範學院兒童文學研究所碩士論文，未出版。

歐用生（1999），〈從課程統整的概念評九年一貫課程〉，《教育研究資訊》，7（2），臺北：國民教育研究院。

賴素玲（2005），《「好書大家看」閱讀推廣活動在國小二年級的推行之行動研究》，屏東：屏東師範學院教育心理與輔導學系碩士論文，未出版。

盧金鳳（2007），《閱讀達人是教出來的》，臺北：日月。

薛梨真（1999），《國小課程統整的理念與實務》，高雄：復文。

戴斐樺（2006），《故事與戲劇活動在生命教育教學上的應用》，屏東：屏東教育大學教育行政研究所碩士論文，未出版。

聯經編輯部編（2002），《九年一貫的閱讀計劃》，臺北：聯經。

蕭富元等著（2008），《芬蘭教育——世界第一的秘密》，臺北：天下。

羅明華（2001），〈故事在兒童諮商中的應用〉，《輔導季刊》，37（1），10-20，臺北。

羅秋昭（2001），〈語文單元統整之教學設計〉，《九年一貫語文統整教學學術研討會論文集》，臺北：臺北市立師範學院語文教育學系。

蘇同炳（1969），《故事、傳說與歷史》，臺北：水牛。

社會科學類　PG0641　東大學術 26

說演故事在閱讀教學上的應用

作　　者 / 林秀娟
責任編輯 / 陳佳怡
圖文排版 / 楊家齊
封面設計 / 王嵩賀

發 行 人 / 宋政坤
法律顧問 / 毛國樑　律師
出版發行 / 秀威資訊科技股份有限公司
　　　　　 114 台北市內湖區瑞光路 76 巷 65 號 1 樓
　　　　　 電話：+886-2-2796-3638　傳真：+886-2-2796-1377
　　　　　 http://www.showwe.com.tw
劃撥帳號 / 19563868　戶名：秀威資訊科技股份有限公司
　　　　　 讀者服務信箱：service@showwe.com.tw
展售門市 / 國家書店（松江門市）
　　　　　 104 台北市中山區松江路 209 號 1 樓
　　　　　 電話：+886-2-2518-0207　傳真：+886-2-2518-0778
網路訂購 / 秀威網路書店：http://www.bodbooks.com.tw
　　　　　 國家網路書店：http://www.govbooks.com.tw

2011 年 11 月 BOD 一版
定價：300 元

國家圖書館出版品預行編目

說演故事在閱讀教學上的應用 / 林秀娟著. --
一版. -- 臺北市 : 秀威資訊科技, 2011.11
　面 ;　公分. -- (社會科學類 ; PG0641)
(東大學術 ; 26)
BOD 版
ISBN 978-986-221-842-6(平裝)

1.發表教學法 2.閱讀指導 3.說故事
4.表演藝術

521.425　　　　　　　　　　　100018424

讀者回函卡

感謝您購買本書,為提升服務品質,請填妥以下資料,將讀者回函卡直接寄回或傳真本公司,收到您的寶貴意見後,我們會收藏記錄及檢討,謝謝!如您需要了解本公司最新出版書目、購書優惠或企劃活動,歡迎您上網查詢或下載相關資料:http:// www.showwe.com.tw

您購買的書名:＿＿＿＿＿＿＿＿＿＿＿＿＿＿＿＿＿＿＿＿

出生日期:＿＿＿＿＿年＿＿＿＿＿月＿＿＿＿＿日

學歷:□高中 (含) 以下　　□大專　　□研究所 (含) 以上

職業:□製造業　□金融業　□資訊業　□軍警　□傳播業　□自由業
　　　□服務業　□公務員　□教職　　□學生　□家管　□其它＿＿＿

購書地點:□網路書店　□實體書店　□書展　□郵購　□贈閱　□其他

您從何得知本書的消息?

　　□網路書店　□實體書店　□網路搜尋　□電子報　□書訊　□雜誌
　　□傳播媒體　□親友推薦　□網站推薦　□部落格　□其他＿＿＿＿＿

您對本書的評價:(請填代號　1.非常滿意　2.滿意　3.尚可　4.再改進)

　　封面設計＿＿＿　版面編排＿＿＿　內容＿＿＿　文／譯筆＿＿＿　價格＿＿＿

讀完書後您覺得:

　　□很有收穫　□有收穫　□收穫不多　□沒收穫

對我們的建議:＿＿＿＿＿＿＿＿＿＿＿＿＿＿＿＿＿＿＿＿

11466
台北市內湖區瑞光路 76 巷 65 號 1 樓

秀威資訊科技股份有限公司 收

BOD 數位出版事業部

....

（請沿線對折寄回，謝謝！）

姓　　名：＿＿＿＿＿＿＿＿＿　年齡：＿＿＿＿　性別：□女　□男

郵遞區號：□□□□□

地　　址：＿＿＿＿＿＿＿＿＿＿＿＿＿＿＿＿＿＿＿＿＿＿＿＿

聯絡電話：(日) ＿＿＿＿＿＿＿＿＿＿　(夜) ＿＿＿＿＿＿＿＿＿＿

E-mail：＿＿＿＿＿＿＿＿＿＿＿＿＿＿＿＿＿＿＿＿＿＿＿＿